本书受到国家社会科学基金项目(18CTJ007)、河南省高等学校青年骨干教师培养计划(2018GGJS124)、全国统计科学研究一般项目(2019LY74)资助

柴士改——著

最终消费能源消耗核算研究

—— 基于经济高质量发展视角

THE RESEARCH OF
THE ACCOUNTING METHOD OF
FINAL CONSUMPTION OF
ENERGY CONSUMPTION

Based on the Perspective of
High-quality Economic Development

社会科学文献出版社
SOCIAL SCIENCES ACADEMIC PRESS (CHINA)

目 录

导 论 ·· 1
  第一节 研究背景与研究意义 ·· 1
  第二节 国内外研究现状 ··· 5
  第三节 主要内容与结构框架 ······································· 16

第一章 最终消费能源消耗及其碳排放核算模型 ············· 20
  第一节 最终需求间接能耗核算模型的改进研究 ·············· 20
  第二节 居民消费能耗碳排放核算模型 ·························· 31
  第三节 政府消费能源消耗与碳排放核算模型 ················· 39
  本章小结 ·· 50

第二章 居民消费能源消耗特征 ······································ 51
  第一节 居民间接能耗价格选择与比较 ·························· 51
  第二节 居民生活直接能耗特征 ···································· 59
  第三节 居民生活间接能耗特征 ···································· 69
  第四节 居民生活完全用能特征 ···································· 80
  第五节 城乡居民生活用能特征比较 ····························· 88
  本章小结 ·· 109

第三章　政府部门消费能耗及二氧化碳排放特征 ……………… 112

第一节　政府部门直接能耗特征 ………………………………… 112

第二节　政府消费间接能耗特征 ………………………………… 121

第三节　政府消费二氧化碳排放特征 …………………………… 127

本章小结 …………………………………………………………… 129

第四章　居民消费能源消耗影响因素 ……………………………… 131

第一节　居民生活直接能耗影响因素 …………………………… 132

第二节　居民消费间接能耗影响因素 …………………………… 154

第三节　不同收入阶层居民生活能耗差异 ……………………… 175

本章小结 …………………………………………………………… 185

第五章　居民消费能耗二氧化碳排放 ……………………………… 187

第一节　模型与数据说明 ………………………………………… 187

第二节　居民生活二氧化碳排放基本情况 ……………………… 191

第三节　居民生活直接二氧化碳排放计量 ……………………… 200

第四节　居民生活间接二氧化碳排放计量 ……………………… 207

第五节　居民消费结构对居民消费碳排放系数的
　　　　 阈值协整效应 …………………………………………… 215

本章小结 …………………………………………………………… 228

第六章　政府消费能耗及二氧化碳排放影响因素 ……………… 232

第一节　政府部门直接能耗分解 ………………………………… 232

第二节　政府消费间接能耗"三级"因素分解 ………………… 238

本章小结 …………………………………………………………… 247

第七章　最终消费与能源消耗及碳排放的协调发展……249
第一节　脱钩理论与模型……250
第二节　最终消费与能源消耗、二氧化碳排放的耦合状态……255
第三节　最终消费与能源消耗、二氧化碳排放的情景分析……267
本章小结……270

结　语……273

参考文献……278

图目录

图 2-1 居民生活直接用能消费支出比重与平均消费倾向的变动 ………………………………………………… 60
图 2-2 中国居民生活直接用能结构变动 ………… 62
图 2-3 中国居民生活能耗信息熵与优势度 ……… 64
图 2-4 居民直接能耗占居民完全能耗的比重 …… 66
图 2-5 各部门直接能耗占能源消费总量的比重 … 67
图 2-6 各部门直接煤炭消费占煤炭消费总量的比重 … 68
图 2-7 各部门直接汽油消耗占汽油消耗总量的比重 … 69
图 2-8 各部门直接电力消耗占电力消耗总量的比重 … 70
图 2-9 居民生活间接能耗占完全能耗的比重 …… 71
图 2-10 中国居民间接能源消费结构变动 ……… 72
图 2-11 中国居民消费结构变动 ………………… 76
图 2-12 居民消费项目间接能耗结构 …………… 79
图 2-13 能源消费总量与最终需求间接能耗 …… 81
图 2-14 最终需求能源消耗结构变动 …………… 82
图 2-15 居民完全煤炭消耗总量 ………………… 83
图 2-16 居民对不同能源的完全消耗 …………… 83
图 2-17 最终需求煤炭消耗量占煤炭消费总量的比重 … 85
图 2-18 最终需求用电占电力消费总量的比重 … 85
图 2-19 最终需求汽油消耗占汽油消费总量的比重 … 86

图 2-20	居民生活完全能耗结构变动	87
图 2-21	城乡居民能耗变动趋势	88
图 2-22	居民生活直接能耗与间接能耗占居民完全能耗的比重	90
图 2-23	中国居民人均生活直接能耗	92
图 2-24	城镇居民生活直接能耗结构变动	96
图 2-25	城镇居民生活间接能耗结构	100
图 2-26	城镇居民消费项目间接能耗结构	101
图 2-27	城镇居民各类消费项目间接煤炭消耗结构	103
图 2-28	城镇居民各类消费项目间接焦炭消耗结构	105
图 2-29	城镇居民各类消费项目间接汽油消耗结构	106
图 2-30	城镇居民各类消费项目间接天然气消耗结构	107
图 2-31	城镇居民各类消费项目间接电力消耗结构	107
图 3-1	政府部门直接能耗总量	114
图 3-2	政府部门直接能耗结构	118
图 3-3	政府部门与居民生活人均直接能耗水平	121
图 3-4	最终消费间接能耗	125
图 4-1	各个因素对城镇居民居住直接能耗变动的影响效应	141
图 4-2	城镇居民不同能源居住直接消耗的影响效应	147
图 4-3	城镇居民消费间接能耗强度对间接能耗总量的影响效应	160
图 4-4	1993年城镇居民消费项目平均消费倾向的影响效应	163
图 4-5	2017年城镇居民消费项目平均消费倾向的影响效应	163
图 4-6	城镇居民消费项目间接能耗的影响效应	165
图 4-7	各因素对农村居民间接能耗总量的影响效应	167
图 4-8	农村居民消费项目的平均消费倾向的影响效应	169
图 4-9	不同收入阶层的能源消费压力人口比例	178

图 5-1　居民生活直接二氧化碳排放量 …………………………… 192
图 5-2　人均居民生活直接二氧化碳排放量 ……………………… 193
图 5-3　各部门直接二氧化碳排放总量占终端能源消费二氧化碳
　　　　排放总量的比重 …………………………………………… 195
图 5-4　居民生活直接与间接二氧化碳排放占其完全二氧化碳排放的
　　　　比重 ………………………………………………………… 196
图 5-5　居民消费载能二氧化碳排放量 …………………………… 197
图 5-6　居民消费项目载能二氧化碳排放量比重 ………………… 198
图 5-7　最终需求二氧化碳排放占全社会二氧化碳排放总量的
　　　　比重 ………………………………………………………… 200
图 5-8　中国居民消费结构与碳排放系数的演变特征 …………… 220
图 5-9　平滑转移函数的变动 ……………………………………… 225
图 5-10　居民消费结构、城乡消费差异对居民生活碳排放系数的
　　　　　偏效应 ……………………………………………………… 227
图 7-1　居民消费、政府消费能耗等占相应最终消费的比重 …… 259

表目录

表2-1	居民消费项目对应的产品与服务部门分类 ……………	52
表2-2	居民消费价格指数构成项目 ……………………………	55
表2-3	不变价与现价计算的居民间接能耗的相对误差 ………	58
表3-1	政府部门直接能耗占终端能源消费总量的比重 ………	116
表4-1	农村居民居住直接能耗影响因素分解 …………………	148
表4-2	城镇居民交通直接能耗影响因素分解 …………………	151
表4-3	城镇居民生活直接能耗与人均可支配收入的分位数回归估计结果 ……………………………………………	181
表5-1	基于扩展STIRPAT的居民消费载能二氧化碳排放模型的拟合结果 ………………………………………	209
表5-2	模型设定的相关检验结果 ………………………………	224
表6-1	政府部门直接能耗因素分解结果 ………………………	235
表6-2	政府消费间接能耗因素分解结果 ………………………	243
表7-1	居民消费与居民生活直接用能及二氧化碳排放的脱钩和复钩界定 ……………………………………………	252
表7-2	最终消费与为满足最终消费需求的能耗及二氧化碳排放的脱钩分析 ……………………………………	257
表7-3	居民部门、政府部门不同能源直接消耗与居民消费、政府消费的耦合状态 ………………………………	262

导　论

第一节　研究背景与研究意义

一　研究背景

改革开放以来，中国的经济生产与消费高速发展，但也给资源环境带来巨大的压力，一方面消耗资源，另一方面带来环境污染、生态破坏等严重问题。数据表明，发达国家最终消费能源消耗及污染排放已逐步超过产业部门，人们逐渐意识到最终消费的直接与间接能源消耗、污染排放等已经或将成为影响资源环境新的因素以及节能减排的重要突破口。随着中国内需拉动经济政策的实施，最终消费快速增长是大势所趋，对资源环境的影响也会愈加严峻。因此，为促进国内市场发展，使供需在更高水平上良性循环，推动中国经济高质量发展以及资源环境核算体系不断完善，在最终消费对资源环境影响不断加大的现实背景下，以经济高质量发展视角核算最终消费对资源环境的影响有重要意义。

（一）理论研究背景

联合国环境与发展大会于 1992 年 6 月在巴西里约热内卢召开，通过了《21 世纪议程》，明确提出人类要将经济、社会与环境协调起来，走可持续生产与可持续消费的道路，可持续发展观得到高度关注与一致认同。在可持续发展的思想指导下，在关注经济发展的同时，开始注重经济发展给资源环境带来的影响，尤其是从国民经济核算的角度对资源环境进行核算。其中以联合国推出的环境经济账户体系（SEEA）为最高理论蓝本（向书坚，2006；王德发，2008），各国纷纷以此为指导进行实践计算。环境经济综合核算也可称为"绿色 GDP 核算"（朱启贵，2005），中国学者也从不同角度对绿色 GDP 核算进行探讨，不仅对资源环境实物量核算进行探讨（高敏雪、许健、周景博，2004），而且以不同方法研究各种自然资源的价格，力争在其价值量核算方面得到一定程度的突破。

环境经济综合核算是衡量经济发展过程中资源耗减、环境污染以及未来避免环境降级所做出的维护成本（高敏雪、许健、周景博，2007），不仅包括生产领域对资源环境影响的核算，还包括消费领域对资源环境影响的核算（廖明球，2011），但是目前的研究偏重于生产领域（王金南，2009）。正如有些学者认为的那样，绿色经济研究的主要内容包括绿色生产与绿色消费（向书坚、郑瑞坤，2013）。近些年关于绿色生产的研究成果很多，关于绿色消费的研究较少，特别是绿色消费还未形成统一的核算体系（向书坚、平卫英，2008；廖明球，2011；张莉、徐元春，2011）。上述国际资源环境核算与最终消费对资源环境影响核算体系的不完善，为度量中国最终消费对资源环境的影响提供了理论背景与研究空间。

（二）现实研究背景

改革开放以来，中国的经济生产与消费取得高速发展，但也给资源环境带来巨大的压力，一方面消耗资源，另一方面带来了环境污染、生态破坏等问题。随着产业部门生产技术水平提高，生产领域对资源环境的影响得到一定程度的缓解，越来越多的目光关注消费对资源环境的影响。生产部门与消费部门的能源消费以及污染排放相分离的相关研究，使人们开始关注最终消费对资源环境的影响。研究表明，20 世纪八九十年代以来，发达国家最终消费部门对能源的消耗超过产业部门（Weber, C., Perrels, A., 2000；Weidman, Thomas, 2007），尤其是居民消费成为碳排放的主要增长点。诸多学者就消费者行为模式对碳排放的影响进行了深入探讨，认为1997年美国居民消费能耗占全美能源消耗的28%，二氧化碳排放量占全美排放量的41%（Bin, Shui, Dowlatabadi, H., 2005）。更有学者认为，温室气体大量排放的根本原因，不是生产，而是最终消费（樊纲、苏铭、曹静，2010）。由此人们逐渐意识到最终消费直接或间接能源消耗、污染与固体废弃物的排放等已经或将成为影响资源环境的新因素，以及节能减排重要的突破口（汪臻、赵定涛、余文涛，2012）。

中国积极探索由内需拉动经济增长的结构转型之路，未来最终消费尤其是居民消费模式对资源环境的影响将会越来越大。消费是生产的目的与目标，消费需求进一步对生产部门提出相应的要求，决定生产的方向与内容，因此分析居民消费与政府消费的能源消耗以及相应的污染排放的规模、影响因素与变动特征，探讨最终消费与资源环境两者协调的发展方向和措施，对于更好地开展节能减排工作具有重要的理论与现实意义。

基于可持续生产与消费方式的要求以及最终消费对资源环境的影响，尤其是消费产生的能源消耗与二氧化碳排放逐步超过生产部门的趋势，在积极响应国家内需拉动经济发展的政策下，本书立足于最终消费，根据能源消费的重要性与研究需要，以能源消耗及碳排放（本文专指二氧化碳排放）为例，度量最终消费对资源环境的影响，分别推导最终消费对资源环境影响的核算模型，分析其影响特征与影响因素，最后对最终消费与能源消耗、二氧化碳排放的协调发展进行评价与情景分析，量化最终消费对资源环境的影响，为更好地实现三者的协调发展提供参考。

二 研究意义

本书的研究工作涉及最终消费对资源环境影响的核算模型与实证分析，具有理论与实践两方面的意义。

（一）理论意义

环境经济综合核算衡量经济发展过程中的资源耗减、环境污染以及环境保护等，包括生产与消费领域对资源环境的影响，只是目前的研究偏重于生产领域对资源环境的影响，"绿色消费"涉及较少，特别是绿色消费核算方面还未形成统一的核算体系。本书研究的理论意义体现在以下两个方面。

其一，在理论上将有利于完善资源环境核算体系。中国学术界对资源环境核算进行了大量的研究，主要集中于生产领域对资源环境的影响与核算原则、核算方法等，较少从理论与实证方面全面探讨最终消费对资源环境的影响。本书尝试在理论上探讨最终消费对资源环境影响的核算方法，尤其是间接影响的核算模型，实现最终消费对资源环境影响的度量，补充和扩展绿色经济核算与环境经济综合核算体系。

其二，为最终消费对资源环境影响提供数据来源。本书着眼于最终消费对资源环境的影响，包括居民消费与政府消费对资源环境的影响，一方面从理论上探讨其实物量的核算方法与模型，另一方面从实践角度度量其影响程度、表现、影响因素等，最后对消费与资源环境的协调发展进行评价与情景分析。这有利于全面度量最终消费对资源环境的影响，为度量最终消费对资源环境的影响提供数据来源。

（二）现实意义

随着可持续发展观日益深入人心，不仅要求实行可持续生产，而且需要进行可持续消费，节约资源，保护环境（王建明，2010；刘占伟，2005）。尽可能降低居民消费对资源环境的影响，同时政府消费产生的影响也不容忽视，所以全面综合度量居民消费与政府消费即最终消费对资源环境的影响是很有必要的。以往的研究主要集中于居民消费对资源环境的影响，较少涉及政府消费对资源环境的影响，所以本书以最终消费对资源环境的影响为研究对象，综合量化消费对资源环境的压力。在资源环境约束下，为建立适合中国国情的可持续消费模式提供参考。

本书研究的现实意义具体表现在两个方面。其一，量化居民消费与政府消费对资源环境的影响以及影响的差异性，有助于居民与政府部门提高节能减排意识，促进消费者采取资源节约与环境保护的可持续消费方式，强调政府部门采取"绿色采购"的必要性，并且为政府树立资源节约与环境保护消费理念建言。其二，促进企业生产资源节约与环境保护型产品，满足消费者长远需要，实现可持续生产与可持续消费相结合，减少最终消费对资源环境的直接与间接影响。

第二节 国内外研究现状

一 国外研究现状

20世纪80年代以来，国内外开展消费领域对资源环境影响的研究，侧重于家庭消费对环境的载荷研究，包括家庭消费对能源、水资源、土地等资源的需求以及污染排放等，涉及政府消费的研究很少。

（一）家庭消费能源消耗与温室气体排放

关于家庭消费对能源需求与温室气体排放的研究方法主要有三种，即基于国民经济核算的能源投入产出分析（IO-EA-basic）、基于家庭消费支出数据的能源投入产出分析（IO-EA-expenditure）、基于产品过程的能源投入产出分析（IO-EA-process）。三种方法的共同之处是单独计算居民消费的直接能源需求，基于投入产出表分析间接需求，由于出发点与数据来源不同，研究内容也有所差别。

1. 基于国民经济核算的能源投入产出分析

第一种方法以国民经济核算为基础，数据来自投入产出表。投入产出表有一个假定——价值型与实物型成比例，这显然与事实不符。关于这个问题，有两种解决方法：一是能源采用实物单位（Bullard, C. W., Herendeen, R. A., 1975; Wilting, H. C., 1996），二是采用ERE转换方法。投入产出表中将部门分为能源与非能源部门，非能源与居民部门的能源使用通过从能源部门分配到非能源部门的转换过程中的损失来表示，称为"ERE值"，等于单位能源与损失的比率。这个方法有两个假定：一是能源部门的能源消耗为零；二是对于能源进口，进口国的生产技术与本国相同。其中直接能源需求数据利用 ERE 转换计算，不包括居民消费对能源的直接需求，直接需求的实物量数据可由相关国家层面的能源统计年鉴查得，居民消费对能源的间接需求可以通过居民最终需求的货币数据乘以部门的累积（完全）能源强度得到。所以 ERE 转换方法得到的结果包括：部门累积能源强度，居民消费的直接能源需求、间接能源需求、总能源需求（Lenzen, M., 1998; Lenzen, M., Dey, C. J., 2002; Munksgaard, J., Pedersen, K. A., Wien, M., 2000; Munksgaard, J., Pedersen, K. A., Wier, M., 2001; Kim, J. H., 2002; Pachauri, S., 2004; Pachauri, S., 2002; Feng, Z. H., et al., 2011)。

2. 基于家庭消费支出数据的能源投入产出分析

第二种方法以消费支出数据为基础，与 IO-EA-basic 计算方法相同，但对数据的要求较高。消费数据来自支出调查，源于不同部门的商品与服务供给表，而不是简单的投入产出表。计算方法是消费项目的支出数据乘以与之一致的能源强度。直接需求是基于家庭水平的能源使用数据，而不是国家水平的。这个方法得到的结果包括部门累积能源强度，居民消费的直接能源需求、间接能源需求、总能源需求，每种消费项目与消费种类的能源需求（Lenzen, M., 1998a; Parikh, J. K., Panda, M. K., Murthy, N. S., 1997; Wier, M., Lenzen, M., Munksgaard, J., 2001; Pachauri, S., 2004; Cohen, C., Lenzen, M., Schaeffer, R., 2005; Papathanasopoulou, E., 2010)。

3. 基于产品过程的能源投入产出分析

第三种方法称为"混合能源投入产出分析"，以产品的生命周期为基础进行分析。基于"从摇篮到死亡"的过程，对居民消费所需的能源从生产、流通、分配、使用、废弃的整个生命周期过程分阶段进行分析，是一种实用的一步一步进行的确定性方法，简称"过程分析法"。分阶段分析主要考虑消费项目的物理特性，需要产品每一阶段的相关数据，对数据要求很高，相应的应用软件为 EAP，该方法的详细情况可参考 Benderse 等人（2001）的文章。使用该方法得到的结果主要包括部门累积能源强度，居民消费的直接能源需求、间接能源需求、总能源需求，每种消费项目与消费种类的能源需求，商品与服务累积的能源强度与需求（Vringer, K., Blok, K., 1995; Vringer, K., Blok, K., Engelenburg, B., 2006; Coley, D. A., Goodliffe, E., Macdiarmid, J., 1998; Reinders, A. H. M. E, Vringer, K., 2003; Alfredsson, E., 2004; Moll, H. C., et al., 2005; Benders, R. M. J., Kok, R., Moll, H. C., Wiersma, G., Noorman, K., 2006）。

以上三种方法对数据的要求逐渐提高、分析的范围逐级扩大、分析的层面逐渐微观以及结果的精细程度逐级增强。应用这三个方法的大多数研究文献得出一些大致相同的结论，例如，一个国家的能源使用的主要部分来自居民，并且认为居民消费对能源的间接需求越来越重要，其中收入增长是引起其增加的重要因素。

（二）家庭消费对土地资源的需求

研究家庭消费对土地资源的影响集中于食品消费对土地的需求，研究方法主要有两种：一种是基于生态足迹，以虚拟的生态生产性土地面积度量居民消费对土地资源的消耗；另一种是基于实实在在的土地，遵从"农场到餐桌"的过程，研究食品消费对土地资源的需求。

1. 生态足迹理论

"生态足迹"一词最早由加拿大生态学家 William 与 Wackernagel 于1992年提出，指在一定技术条件下，维持一定人口消费，能够提供消费所需的自然资源或吸纳残余物的具有生态生产性能力的土地面积，从需求的角度量化自然资本的供需状况与可持续利用程度（Mathis Wackernagel, Onisto, L., Bellhop, 1997; Barrett, John, Scott, Anthony, 2011; Kathryn B. Bicknell, et al., 1998; Hubacek, Klaus, Gilijum, Stefan, 2003; Weidman, Thomas, et al., 2007; Turner, Karen, et al., 2007; Wackernagel, M., 2009）。

生态足迹把生态生产性土地分为7种，即耕地、牧草地、林地、化石燃料土地、建筑用地与海洋，后来有学者补充了水域。基本思想是，首先将人类消费项目按照类别归到相应的生态生产性土地，根据消费量计算相应的面积，即相应的土地足迹。其次采用均衡因子作为权重，各种类型的生态生产性土地足迹可比，加总得到总的生态足迹。再次根据实际占用的生态生产性土地面积计算各种类型土地的承载力，将产量因子作为权重，各种类型的土地承载力可比，加总得到总的生态承载力。最后比较生态足迹与生态承载力大小。两者差额大于 0，表示生态赤字，发展不可持续；差额小于 0，表示生态盈余，发展在可承载范围，发展可持续。以生态足迹为基础，计算居民消费，尤其是食物消费对土地的需求，主要是计算对农耕地与草原的需求量。

2. "农场到餐桌"的"自下而上"计算方法

国外研究运用"自下而上"的计算方法度量家庭消费对土地的需求，主要侧重于食品消费，认为农产品的生产链中存在不同的原材料投入，不同产品的生产系统对土地有不同的需求，根据原材料对土地的需求计算食品消费所需的土地资源。食品消费的消费模式不同会给土地需求带来不同的影响。比如，由于食物的摄取量与其物理特性有关，丰富的饮食对土地的需求量是素食的 3 倍多（Penning de Vries, F. W. T., 1994），所以对于不同类别的食品，要求单独研究。这种方法是逐步进行计算的，分别计算粮食作物、蔬菜与水果、肉类、牛奶与蛋类等所需的土地。首先根据家庭消费的食品类别与家庭消费支出数据，得到食品的价格与消费额，计算食品的购买量；其次计算农作物所需的土地，农作物对土地的需求与产量呈反比，每一种农作物所需要的土地就是每年的耕地面积除以农作物总产量，由于蔬菜与水果是在户外或温室生产的，计算时稍有差别；再次计算牲畜需要的土地，产品分别有肉类、牛奶与蛋类等，通过能量表，根据产量乘以碳水化合物、脂肪与蛋白质的能量计算所需要的土地；最后计算食品所需土地，等于生产某食品的原材料乘以该原材料所需要的土地，每一种食品需要的原材料种类不止一种，所以每一种原材料都是按照同样的方式求得，通过加权求和得到某食品的土地需求，进而加权求和得到所有食品的土地需求，便可得到家庭食品消费对土地的需求量（Gerbens-Leenes，P. W.，Nonhebel，S.，2002）。

3. 家庭消费的水资源消耗

虚拟水的概念由约翰·安东尼·艾伦在20世纪90年代初提出，是指生产商品和服务所需要的水资源数量（Allan，J. A.，1993，1994，2003）。家庭消费对水资源的需求包括直接需求与间接需求，间接水资源需求称为"虚拟水"，即所消费产品的生产、流通、分配等过程中消耗的水资源。居民的"虚拟水"消费量大于实物形态的水消费量（Gerbens-Leenes，P. W.，Nonhebel，S.，2004），主要以耗水系数为基础计算农产品的耗水量。

二 国内研究现状

中国国内研究最终消费对资源环境影响的路线多是沿用国外的研究方法做实证分析，或者在原有理论的基础上稍加改进；也有一些研究针对消费对资源环境影响的核算方法做了初步性的探讨。

（一）最终消费对资源环境影响核算的初步探讨

探讨最终消费对资源环境影响的核算的文献较少，主要涉及居民生活的能源消耗、绿色消费额计算方法等。郭娟（2009）分析了市县级居民生活能源消费的主要表现和资料收集方式，对获得居民消费的能耗数据来源具有参考作用。樊纲等人（2010）从最终消费角度以生产函数为基础，讨论碳排放和消费量的关系，进而动态核算消费排放。樊纲等人的研究侧重于各国生产过程的碳排放问题，基于福利的角度解决生产者与消费者利益冲突问题。刘竹等人（2011）根据能源消费数据的来源对能源碳排放核算方法进行比较分析，核算方法有三种：其一，基于能源平衡表的能源消费碳排放核算，数据来源于中国城市能源统计体系中的能源平衡表；其二，基于一次能源消费量的能源消费碳排放核算，指标为分行业能源消费总量；其三，基于终端能源消费量的能源消费碳排放核算，指标为分行业终端能源消费量。刘竹等人认为能源消费碳排放核算方法的选择对核算结果有很大影响；能源消费指标要根据研究的目的与内容进行选择，该文章对于研究消费对能源消耗以及碳排放具有借鉴意义。廖明球（2011）以国民经济核算与投入产出表为基础，对绿色消费的界定与核算方法进行探讨，认为绿色消费核算必须遵循平衡、权责发生制与市场原则；绿色消费核算是消费额扣除资源耗减与环境降级。该文的研究扣除消费消耗的淡水资源与未达标的残余物排放，认为绿色居民消费额是扣除居民生活用水费用与污水处理费，绿色政府消费额根据政府消费占不同行业的比重与行业消耗的资源、产生的污染费用进行估算。该文对绿色消费额的核算方法具有一定的可操作性，值得借鉴。

（二）最终消费对资源环境影响的实证分析

最终消费对资源环境影响的实证分析主要侧重于研究居民消费对资源环境的影响，包括直接影响与间接影响，具体表现为能源消耗、水资源消耗以及温室气体的排放。研究方法包括投入产出方法、家庭代谢理论、IPAT模型、生态足迹理论四种。

1. 投入产出方法

投入产出方法主要运用于居民消费的能源消耗、温室气体排放与水资源消耗等方面，以投入产出表为基础，利用生产部门能源投入与水资源投入的直接消耗系数，估算居民消费的间接需求。之所以能源和水资源可以与投入产出表相结合，主要是因为能源和水资源与各个生产部门关系密切，是不可缺少的资源投入。

目前国内研究的内容主要包括两方面：一是居民消费的能源消耗与温室气体排放、水资源消耗总量计算，二是影响因素分析。居民消费的能源消耗分为直接消耗与间接消耗，前者可以通过年鉴得到，后者是基于投入产出表，运用生产部门的直接能源消耗系数与居民消费额进行计算（李艳梅、张雷，2008；姚亮、刘晶茹、王如松，2011）。这个方法假定生产部门与消费部门对能源支付相同的价格，是不符合事实的假定，有必要对其进行调整。周平、王黎明（2011）借鉴 Bullard 等人

(1975)的做法，引入实物量单位，建立混合单位的能源投入产出表，对中国居民能耗间接二氧化碳排放进行计算，然后应用结构分解方法对其影响因素进行分析，认为居民消费水平和消费模式与居民消费能耗产生的二氧化碳排放密切相关。居民消费间接温室气体排放的计算方法与间接能源消耗相同，多数研究集中于碳排放或二氧化碳排放，居民消费能源消耗与碳排放的影响因素分析采用基于投入产出的结构分解模型（凤振华、邹乐乐、魏一鸣，2010；陈家瑛、彭希哲、朱勤，2009；籍艳丽、郜元兴，2011；王妍、石敏俊，2009；姚亮、刘晶茹、王如松，2011；智静、高吉喜，2009；耿莉萍，2004），居民消费对水资源的间接消耗研究主要运用投入产出法（陈东景、徐中民、陈仁升，2003；陈琨、姚中杰、姚光，2003）。

2. 家庭代谢理论

家庭代谢理论由荷兰 HOME 项目提出，用于分析居民消费对环境的影响，强调居民生活的污染排放对环境的压力，主要是运用碳排放系数计算居民消费产生的碳排放量。罗婷文等人（2005）以家庭碳代谢理论为基础，分析北京城市化进程中家庭食物碳消费的动态变化，衡量食物碳消费的方法是碳排放系数，认为北京市家庭人均与户均碳消费由明显减少转变为明显增长趋势，原因是食物消费结构由谷物消费转变为肉类消费。该文认为人均 GDP 指数是影响家庭食物碳消费增加的主要经济因素，家庭食物碳消费结构处于不稳定状态。该文计算了食物消费产生的碳排放总量，并对经济因素进行简单分析，不过影响因素不只是经济因素，人口消费结构模式等该文都未涉及。叶红等人（2010）通过问卷调查构建"厦门岛区居民家庭能源直接碳排放"数据库，对家庭能耗直接碳排放影响因子进行分析，认为与居住区自然环境和家庭能耗倾向相比，家庭社会情况是影响家庭能耗直接碳排放最为重要的因子，其中家庭住宅面积对家庭能耗直接碳排放的影响最为显著。杨选梅等人基于消费者生活方式方法（Consumer Lifestyle Approach）研究家庭消费与碳排放之间的关系（杨选梅、葛幼松，2010），以南京调查数据为基础进行分析。首先，认为人均家庭碳排放量占总排放量的30%，家庭碳排放的主要来源有家庭能耗碳排放、生活垃圾碳排放与交通出行碳排放，所占的比例分别为16∶6∶3，其中家庭用电碳排放所占比例将近一半；其次，分析户均家庭碳排放的月度数据以及变化，认为7月为最高，10月为最低；最后，运用回归方法对家庭碳排放因子进行分析，认为常住人口、交通出行与住宅面积是影响家庭碳排放的显著因子。文中不仅分析了户均家庭碳排放的年度数据，而且跟踪调查了户均家庭碳排放的月度数据，丰富了相应的数据库，为引导家庭低碳消费具有一定的参考价值，不足之处在于没有区分家庭消费对碳排放的直接影响与间接影响，而且没有考虑流动人口对家庭碳排放的影响。李忠民等人运用家庭碳代谢理论对城乡家庭的食物碳消费进行比较分析（李忠民、尹英琦，2010），分别从城乡家庭人均实物消费量、消费结构、食物消费碳排放变化与食物碳排放的影响因子方面进行分析，并提出实现低碳消费的建议。该文的研究思路与罗婷文等人类似，结论大致相同，唯一不同的地方就是该文对城乡进行比较。该文的不足之处也在于没有区分直接碳排放与间接碳排放，但根据其计算方法，利用碳排放系数进行折算，应该属于直接碳排放。

3. IPAT模型

经典IPAT等式（Impact，Population，Affluence and Technology，IPAT）是分析人类活动对环境的影响时广泛使用的重要模型，于谨凯等人（2011）在研究计算山东的生态足迹时，用生态足迹这一指标替代STIRPAT（Stochastic Impacts by Regression on Population、Affluence and Technology，STIRPAT）模型的环境压力，用万元GDP生态足迹需求量代替技术进步，构建以生态足迹为基础的STIRPAT模型。该文的研究结果显示，人口、人均GDP、万元GDP生态足迹需求量回归系数为正，并提出生态足迹压力解决机制的政策建议。该文认为生态足迹只是从人类消费的角度衡量其对环境的压力，不能笼统地说是经济对环境的压力；指标应用注意流量与存量的差别，不能硬性套入；对模型的拟合过于简单。不过，该文将生态足迹与STIRPAT模型结合具有一定的新意。彭希哲等人以IPAT模型的随机形式为基础，基于人口方面对模型加以扩展（彭希哲、钱炎，2001；彭希哲、朱勤，2010；朱勤、彭希哲、吴开亚，2012），基于人口规模、人口结构与消费模式对碳排放的影响方向进行分析，并用弹性系数做了探讨，但对其影响程度、对总量的影响以及引起碳排放的来源并未进行说明。

4. 生态足迹理论

生态足迹理论通过虚拟的土地类型衡量人类消费对资源环境的影响程度，应用于分析居民消费对资源环境的影响时侧重于居民食物消费、私家车消费对土地资源的需求等方面。国内研究文献对生态足迹理论的应用有理论上的扩展和方法改进（谢高地，2001；赵先贵，2006；黄林楠、张伟新、姜翠玲，2008；张玉龙、葛继稳、张志祥，2009；熊德国，2003；秦耀辰、牛树海，2003；张彦宇，2007），也有应用性的实证分析。

三 国内外研究述评

通过梳理国内外的研究不难发现，消费领域对资源环境影响的研究主要集中于居民消费，涉及政府部门消费的很少。不过居民消费对资源环境影响的研究方法为全面研究最终消费对资源环境的影响提供了参考与借鉴，综合比较分析，以往研究主要有以下特点。

第一，涉及政府部门消费对资源环境影响的文献较少。

最终消费包括居民消费与政府消费，消费对资源环境的影响不仅要考虑居民消费产生的影响，政府消费的影响也不容忽视。政府消费同样消耗自然资源，同时对环境产生影响。政府消费涉及的行业有农林牧副渔业，交通运输业，水利、环境和公共设施管理业，文化、体育和娱乐业等服务业，并且政府消费占最终消费的比例从1978年的21.4%上升到2010年的28.7%[①]，所占比重有明显增加的趋势。对于

---

① 数据来源于《中国统计年鉴2011》。

能源消费，《公共机构节能"十二五"规划》中的数据显示，"十一五"期间政府机构能耗占终端能源消费总量的5%左右，能源消费费用接近850亿元，其中电力消费占总用电量的比重超过5%①。政府部门的每人年用电量相当于25~30名居民每年生活的用电量②，与居民生活用能相比，政府用能存在能耗大、人均用能高、单位建筑能耗高等问题，需要进一步提高能源利用效率③。最终消费对经济增长的拉动作用不断增强、能源消费的形势日益严峻，因此应该从这两方面全面量化最终消费对资源环境的影响。

第二，居民消费对资源环境间接影响的研究方法主要使用投入产出方法，鉴于投入产出表的间隔性与数据的可得性，其应用与后续分析受到极大的限制。

从影响方向看，最终消费对资源环境的影响包括直接影响与间接影响。从数据来源与核算方法上看，可以收集到直接数据，但间接数据需要通过核算模型进行估算。由于数据来源与研究目的不同，有多种最终消费对资源环境间接影响的核算模型，投入产出法是目前该领域的主流方法，为最终消费对资源环境间接影响的核算模型提供坚实的理论基础。该方法要求投入产出表与之相对应，但投入产出表并不是每年都有，应用时往往存在很大的局限性，即仅限于运用间隔数据类的方法，不能从较长时间段考察最终消费对资源环境影响的特征，以及无法构建计量模型度量最终消费对资源环境的长期影响效应。

第三，以投入产出方法为基础，只能利用间隔期的数据，运用因素分析法分析居民消费对资源环境的影响，无法构建计量模型反映连续的动态。

从以往文献中运用的分析方法看，研究居民消费能源消耗主要运用因素分解分析方法。分解方法主要分析因素对总量变动的影响程度，广泛应

---

① 数据来源于《全国公共机构节能"十二五"规划汇编》，2012年8月。
② 数据来源于笔者计算，具体的计算方法可参见第一章中政府部门直接能耗估算方法。
③ 相关数据与分析结果来源于笔者的计算，可参见第三章中政府部门直接能耗特征分析的相关内容。

用于能源、环境领域。常用的分解方法有两种——指数分解法与结构分解法，理论上结构分解法属于指数分解法，应用时往往基于投入产出方法进行分析，而指数分解法的应用范围更广一些，因此将两者分开使用。

按照分解方式，指数分解方法分为拉氏分解与迪氏指数方法。理论证明，有 n 个自变量时，因变量变动的影响因素分解就会有 $(n+1)!$ 种分解方式。因此分解方法面临两个重要的问题，一是分解方式的选择，采用不同的分解方式会出现不同的结果；二是交叉项的处理，由于经济变量中自变量往往不是独立的，分解时存在交叉项，变量间的交互效应对自变量变动的影响很大，所以不能忽视。因素分解方法的理想结果是将影响因素完全分解，消除残余项。目前将因素完全分解的方法有拉氏完全分解法与对数平均迪氏指数法（Logarithmic Mean Divisia Index，LMDI），前者是由 J. W. Sun 于 1998 年提出的基于拉氏指数的完全分解模型，基于"共同创造，平均分配"的原则（Sun，J. W.，1998），把交叉项归到各个自变量中，解决了自变量之间的交互影响，适合于任何数据，但因素分解得越多，误差越大，当因素超过 3 个时，分解就会出现不能解释的现象；后者由 B. W. Ang 提出（Ang，B. W.，2004，2007），可以将各个因素的交叉项即余项完全分解，是目前在应用中相对合理的方法，在能源消费应用因素分解中受到广泛的应用（高振宇、王益，2007；韩颖、马萍，2010）。

对数平均迪氏指数法虽然可以将因素完全分解，但也存在局限性。基于投入产出方法进行分析，不能得到连续时间序列的数据，鉴于投入产出表的间隔性，只能得到基期与报告期的分析结果，受极端值的影响较大，并且无法建立相应的计量模型分析因变量与自变量之间的长期均衡关系。因此研究最终消费对资源环境的影响时，最好能采用因素分析方法与计量模型相结合的方式，发挥各自的优势，但前提是能得到连续的时间序列数据，这就对核算方法提出了新的要求。

第四，集中于阐述居民消费对资源环境影响的特征及因素分析，涉及居民消费与资源环境协调发展方面的文献很少。

研究居民消费对资源环境影响，很多文献主要分析居民生活消耗的能源、水资源以及污染排放的特征,对其影响因素进行分解分析等,很少涉及居民消费与资源、环境的耦合关系和如何实现三者协调发展（Hancheng Dai, et al., 2012）。

第五,研究对象没有交代清楚。

主要表现在两个方面,一是碳排放与二氧化碳排放的称呼混乱。很多文献研究温室气体排放时,指标有碳排放与二氧化碳排放,或者文中不交代具体的指标,容易造成混乱,碳排放与二氧化碳排放量是两个不同的概念,两者相差一个换算系数。二是直接影响与间接影响没有解释清楚。消费对资源环境的影响根据影响方向可以分为直接影响与间接影响。由于影响表现与特点不同,计算方法存在差异,多数文献表明,间接影响远大于直接影响,有必要将两者分开进行研究。

第三节 主要内容与结构框架

一 主要内容

鉴于国内外研究有待进一步补充与完善,本书以能源消耗与碳排放（专指二氧化碳排放）为例,分别从核算方法与研究内容两方面入手,分析最终消费对资源环境的影响。核算方法包括两个方面:一是以投入产出法为基础,对间接影响的核算模型做进一步推导与变形,克服现有研究只能依托投入产出表才能估算、无法从长时段考察分析的弊端;二是在政府部门直接能源消耗数据缺失的情况下,估算政府部门直接能耗。研究内容上,一是采用变形的核算模型,对能源消耗与碳排放的影响特征进行较长时段的量化与考察;进行后续分析时,按照递进的思维逻辑,将因素分析与计量模型相结合,全面考察最终消费如何影响能源消耗及碳排放,各个影响因素的影响程度如何。二是对最终消费与能源消耗及其碳排放的协调性进行评价,对它们的协调发展进行模拟分析。

将尝试解决三组问题:其一,如何核算或量化最终消费的间接能源消耗、二氧化碳排放？如何在原有方法的基础上，克服其对数据要求与应用中的局限性？政府部门消费直接能耗与二氧化碳排放如何估算？其二，最终消费能源消耗、二氧化碳排放总量、特征如何？影响因素有哪些？其三，最终消费与能源消耗、二氧化碳排放的耦合状态如何？它们如何实现协调发展，即在资源环境约束下如何实现可持续消费或低碳消费？

二 结构框架

基于三组主要问题，本书第一章推导最终消费能耗及碳排放的核算模型，属于理论基础，为估算数据提供核算基础与数据来源；第二章在核算模型的基础上分析居民生活用能的特征；第三章分析政府消费能耗及碳排放的特征；第四章结合指数分解方法与计量模型，分析居民生活用能的影响因素；第五章对居民生活能源消耗的二氧化碳排放进行分析；第六章运用核算模型与分解方法对政府消费直接能耗与间接能耗的影响因素进行分析；第七章对最终消费与能源消耗、二氧化碳排放的耦合关系及协调发展进行评价和情景分析。

第一章推导最终消费能源消耗及其碳排放的核算模型。一是在投入产出方法的基础上对居民消费与政府消费间接能耗的核算模型进行推导和变换，与初始核算方法相比，在没有投入产出表的情况下，可以对居民消费与政府消费的间接能耗进行估算；在行业分类相当的情况下，保证精度；从操作性方面考虑，变形后的方法应用性更强。二是根据"自下而上"、指标相近与总量控制原则，尝试对政府消费的直接能耗进行估算。三是根据IPCC关于碳与二氧化碳排放的核算方法构建居民消费与政府消费的能耗碳排放核算模型。

第二章分析居民生活能源消耗的特征。在居民消费间接能耗最终核算模型的基础上，采用变形后的核算方法估算居民生活间接能耗；收集整理直接能耗数据，从总量、结构、比重等方面分别对居民生活直接能耗、间接能耗、完全用能与城镇和农村居民生活能耗的特征进行全方位、较长时段的考察。

17

第三章分析政府部门直接能耗与二氧化碳排放的特征。首先从总量、结构以及与居民消费用能的比较方面分析政府部门的直接能耗；其次运用基于投入产出方法的间接影响的初始与转换公式估算政府消费的间接能耗，并从总量、不同能源的消耗以及与居民消费的比较分析政府消费间接能耗的特征；最后对政府消费的直接与间接二氧化碳排放特征进行分析。

第四章分析居民消费能源消耗的影响因素。运用递进的思维逻辑、结合指数分解方法与相关计量方法以及统计推断的方法对居民生活能耗的影响因素进行详细的分析。主要包括两方面：第一，根据居民消费方式、平均消费倾向以及平均家庭规模等对 IPAT 模型进行修正与扩展，运用 LMDI 方法分别构建居民生活直接用能（居住与交通用能）与间接用能的完全分解模型；第二，根据因素分解的结果之一，即人均收入是影响居民生活能耗增加的重要因素，分别构建能源消费压力人口模型、分位数回归与其他计量模型，分析不同收入阶层的居民生活能耗差异。

第五章分析居民消费能耗二氧化碳排放。首先，运用第一章居民消费能源消耗二氧化碳排放的核算模型，估算 1992～2017 年居民部门的二氧化碳排放总量，便于检验估算数据的准确性与进行后续的计量分析。其次，根据计算结果分析居民消费所引起的二氧化碳排放的特征。再次，分别应用修正与扩展的 STIRPAT 模型对居民生活直接与间接二氧化碳排放的影响因素进行分析。最后，根据因素分解的另一个重要结论，即能耗强度对居民生活能耗碳排放呈显著的降低效应，根据居民消费结构的变动与能耗碳排放的变动，在考虑城乡居民消费差异的情况下，构建两者的阈值协整模型。

第六章分析政府消费能耗与二氧化碳排放影响因素。在分析政府消费直接能耗与间接能耗以及二氧化碳排放估算与特征的基础上，一方面基于政府规模与 IPAT 等式构建政府部门直接能耗的因素分解模型，另一方面根据政府消费间接能耗的计算公式与政府消费、居民消费、最终消费三者之间的关系对政府消费间接能耗进行"三级"分解。

第七章分析最终消费与能源消耗、二氧化碳排放的协调发展。一方面结合弹性脱钩理论与强脱钩实现程度系数对最终消费与为满足最终消费的能耗及二氧化碳排放的耦合状态进行分析；另一方面根据各变量的历史趋势、外推法，结合经济发展政策、目标以及"十二五"规划中能源与碳排放约束等因素分别设置基准情景、碳排放约束情景与协调发展情景，运用情景分析方法对三种情景进行模拟分析。

第一章 最终消费能源消耗及其碳排放核算模型

核算方法上,最终消费对资源环境间接影响的核算模型有多种,其中投入产出法是目前该领域的主流方法。该方法要求投入产出表与之相对应,但投入产出表并不是每年都有。由于数据限制,应用该方法时往往存在很大的局限性,即仅能运用间隔数据类的方法,不能从较长时段考察最终消费对资源环境影响的特征,也无法构建计量模型来度量最终消费对资源环境的长期影响效应,这就对核算方法提出了新要求。本章以投入产出方法为基础对最终消费间接能耗的核算模型进行变形与转换,以适应估算的要求。

第一节 最终需求间接能耗核算模型的改进研究[①]
——基于投入产出法的变形与转换

一 居民生活用能表现

居民消费通过两种方式引发能源需求:一是通过取暖、供热、烹饪、制冷、照明等直接消耗能源;二是消费各种产品与服务,影响经济

---

① 本节内容曾发表于 2014 年第 2 期《中国人口·资源与环境》,论文题目为《最终需求间接能耗核算模型的改进研究——基于投入产出法的变形与转换》。

活动，形成对能源的间接消耗，换句话说，居民消费对能源的间接能耗是产品与服务生产、分配、运输与废物处理等阶段的能耗引起的。居民生活直接能源消耗与居民消费直接相关，间接能耗是居民消费的产品与服务对能源的消耗，与产品部门的生产技术和能源利用率有关。与居民直接能耗相对应的居民消费项目为居住与交通消费支出，其中交通能耗不包括居民乘坐公共交通消耗的能源。这一点不同于以往文献，笔者认为，居民乘坐公共交通工具消耗的能源源于居民间接能耗，属于交通部门能源消费的统计范畴，根据影响的方向与避免重复，本书中交通能耗只是针对私人交通方式能源消耗①。

居民生活的间接能耗与居民消费方式密切相关，取决于居民消费支出项目，与居民间接能耗相对应的消费项目是居民购买的非能源产品与服务的支出，分别是食品类支出、衣着类支出、家庭设备用品及服务类支出、医疗保健类支出、交通和通信类支出、娱乐教育文化用品及服务类支出、居住类支出与杂项支出。

二 居民间接能耗核算方法比较

随着工业化与城镇化的发展，生产部门能源消耗占终端能源消耗总量的比重逐年上升，1985年为83%左右，2010年高达89%，由此可见，生产部门能耗是中国能源消耗总量增加的重要因素。生产取决于需求，需求决定生产，其中最终需求间接能耗是通过生产部门完全能源消耗实现的（高敏雪，2004）。可以说，最终需求间接能耗是当前中国能源消耗快速增加的重要影响因素，随着其规模的扩大，人们逐渐意识到最终需求已经或将成为节能减排重要的突破口（Weidman，Thomas，et al.，2007；樊纲、苏铭、曹静，2010；汪臻、赵定涛、余文涛，2012）。在中国内需拉动经济政策逐步实施的背景下，从最终需求的角

---

① 国际能源局把私人交通能耗归为交通部门统计范畴，但在中国是单列的，私人交通能耗归为居民交通支出。

度考察如何促进中国节能减排工作顺利进行非常重要，而明确最终需求间接能耗尤为必要，因此最终需求间接能耗的核算方法显得至关重要。

核算方法上，估算最终需求间接能耗的方法主要有三种，分别是过程分析法（Process Analysis）、投入产出法（Input-Output Analysis）与生命周期分析法（Life-Cycle Analysis）。过程分析法基于微观角度针对产品的物理变化过程，涉及产品生产的每个过程对能源的消耗（Engelenburg, B. C. W., Rossum, T. F. M., 1994），计算结果较为精确；但这个方法考虑所有相关过程，要求过于精细，导致实施上存在很大难度，有时不得不进行取舍，存在不可避免的截断误差（Vringer, K., Blok, K., 1995），因此实际应用并不多。投入产出法基于宏观角度分析最终需求的产品与服务生产过程中的能源消耗（Munksgaard, J., et al., 2001）；基于部门能源消耗，而不是具体的产品，适用于估算国家或区域最终需求部门的能源消耗；部门整合在计算结果上的精确性低于过程分析法，但部门划分越细，结果越精确。由于该方法拥有计算方便、对数据要求低等优点，实际应用很普遍（Peet, N. J., Carter, A. J., Baines, J. T., 1985; Peet, N. J., 1993）。生命周期分析法基于过程分析法与投入产出法的混合，集合了过程分析法的精确性与投入产出法的快速性，Bullard（1975）、Engelenburg（1994）等人对其进行发展，提出"一步一步的实证分析法"。生命周期分析法基于产品"从摇篮到坟墓"的过程，要求产品与服务的生命周期列表清单，清单数据是生命周期评价理论的重要数据，实际应用中往往由于缺乏这一核心数据，方法的应用受到限制。中国学者很少采用该方法，主要是由于中国生产技术和能耗强度与国外存在很大差异，研究最终需求间接能耗若沿用国外的生命周期清单（智静、高吉喜，2009），结果会出现较大误差。理论上，三种方法在同等的信息下，"一步一步的实证分析法"结果的精确性介于投入产出法与过程分析法之间。

通过比较发现，三种方法理论上是一致的，考察对象相同，只是研究角度、适用场合以及结果的精确性不同，其中应用最广的是投入产出法。由于不同行业存在于整个国民经济过程，体现生产、分配、交换等过程，所以理论上投入产出法基于产品的生命周期过程，适用于宏观角度最终需求间接能耗的估算。但该方法要求投入产出表与之相对应，由于数据限制，应用时往往存在无法连续估计的局限性，这就对核算方法提出了新挑战。鉴于此，基于弥补最终需求间接能耗核算模型存在的主要不足，笔者主要对其进行一次变形与二次转换，完成对最终需求间接能耗改进核算模型的推导，满足对最终需求间接能耗连续性估算的要求（向书坚、柴士改，2014）。为了便于比较，基于投入产出法的最终需求间接能耗核算模型称为"初始核算模型"，在其基础上进行变形与转换的模型为改进核算模型。

三　最终需求间接能耗初始核算模型的基础

（一）最终需求不同项目间接能耗的初始核算模型

生产部门生产最终产品的完全能耗反映最终需求对能源的间接消耗，由生产部门生产技术与能耗强度决定，这是最终需求间接能耗的初始核算模型推导的基础，具体涉及生产部门直接能耗系数与完全能耗系数以及投入产出表中重要的平衡关系，如式（1-1）所示。

$$ERX = ER(I-A)^{-1}Y = E_P^d \quad (1-1)$$

其中，ERX 为各行业的直接能耗系数，由各行业直接能源消耗量与总产出相比得到，$ER(I-A)^{-1}$ 为各部门的完全能耗系数，$(I-A)^{-1}$ 为列昂剔夫逆矩阵，Y 为最终产品或最终使用。式（1-1）左边与右边两项表示生产部门直接能耗，中间一项表示生产部门生产最终产品通过完全消耗对能源的消耗量，由最终需求对各行业产品与服务的需求引起，因此可推导出最终需求（居民消费、政府消费、资本形成、出口与进口）间接能耗的核算模型。

1. *居民消费间接能耗的初始核算模型*

居民消费间接能耗体现在居民消费各行业的产品与服务对能源的消

耗，或者称为产品与服务隐含的能源消耗（Bullard，C. W.，1975）。20世纪70年代初，列昂剔夫教授与哈佛小组合作将各种资源消耗与环境污染加入投入产出表，以混合能源投入产出表为基础（周平，2011），居民消费间接能耗的核算模型为：

$$E_H^{ind} = ER(I-A)^{-1}Y_H \qquad (1-2)$$

ER 为生产部门直接能耗系数的 $(n \times n)$ 对角阵，Y_H 为各生产部门提供给居民部门的最终消费即居民消费在各行业的分配额，计算时列矩阵转换为 $(n \times n)$ 的对角阵。

2. 资本形成、出口间接能耗的初始核算模型

类似的，资本形成与出口间接能耗的核算模型分别为：

$$E_S^{ind} = ER(I-A)^{-1}Y_S \qquad (1-3)$$

$$E_C^{ind} = ER(I-A)^{-1}Y_C \qquad (1-4)$$

Y_S、Y_C 分别为资本形成与出口，皆为 $(n \times n)$ 对角矩阵。

3. 进口间接能耗的初始核算模型

对于进口来说，产品与服务来源于国外，进口产品与服务间接能耗主要由国外生产技术与能耗强度决定。对于本国而言，进口来源国众多，进口的产品数量数以万计，种类也千差万别，从宏观的角度出发与研究的需要，很多文献计算进口间接能耗时，皆假定对进口的产品与服务来说，国外与国内的综合能耗强度一致（高敏雪、许健、周景博，2007）。本书亦如此，对于进口产品与服务间接能耗而言，假定国外与中国的能耗强度一致。由此进口需求对能源间接消耗的计算公式如下：

$$E_I^{ind} = ER(I-A)^{-1}Y_I \qquad (1-5)$$

其中 Y_I 为进口额，是 $(n \times n)$ 对角矩阵。

4. 政府消费间接能耗的初始核算模型

政府消费通过两种方式实现，一是提供公共服务，二是以免费或无经济意义的价格将产品与服务提供给居民。因此，虽然政府消费的支出

主体与受益主体不一致，但政府消费是由政府部门生产公共服务或购买产品与服务完成的。为了生产满足政府消费需求的产品与服务，需要与政府消费有关的部门通过完全消耗一定的能源来实现，因此以式（1-1）为基础推导政府消费间接能耗的初始核算模型为：

$$E_G^{ind} = ER(I-A)^{-1}Y_G \qquad (1-6)$$

（二）终端能源消费量的两个平衡关系

1. 生产的角度

为避免一次能源与二次能源的重复计算，本书的能源消耗是指各部门的终端能源消费量，是一定时期内国家（或地区）各行业生产和居民生活消耗的各种能源在剔除了用于加工转换二次能源消耗量与损失量后的总量，对于各部门直接能耗与终端能源消费量来说，存在以下的能源消费平衡关系：

$$E = E_P^d + E_H^d \qquad (1-7)$$

E 为全社会终端能源消费总量，E_P^d 为各行业直接能源消耗量，E_H^d 为居民消费直接能耗量。式（1-7）从生产或供给的角度反映终端能源消费总量的平衡关系，即全社会终端能源消费总量等于各部门直接能耗总量合计。

2. 需求的角度

由式（1-2）、式（1-3）、式（1-4）与式（1-6）左边与右边分别相加，然后减去式（1-5）可得到式（1-8）：

$$E_H^{ind} + E_G^{ind} + E_S^{ind} + (E_C^{ind} - E_I^{ind}) = ER(I-A)^{-1}(Y_H + Y_G + Y_S + Y_C - Y_I) \qquad (1-8)$$

最终需求由居民消费、政府消费、资本形成与净出口组成，即：

$$Y = Y_H + Y_G + Y_S + Y_C - Y_I \qquad (1-9)$$

把式（1-9）代入式（1-8）得到：

$$E_H^{ind} + E_G^{ind} + E_S^{ind} + (E_C^{ind} - E_I^{ind}) = ER(I-A)^{-1}Y \qquad (1-10)$$

由式（1-1）、式（1-10）可以进一步转换为：

$$E_H^{ind} + E_G^{ind} + E_S^{ind} + (E_C^{ind} - E_I^{ind}) = ERX = E_P^d \qquad (1-11)$$

式（1-11）左侧从需求的角度表示最终需求间接能耗总量，中间与右侧两项从供给的角度表示各行业直接用能，式（1-11）表示最终需求间接能源消耗总量等于生产部门直接能源消耗总量。

式（1-11）左右两边同时加上居民部门直接能源消耗，分别从最终需求与生产（或供给）角度出发，得到终端能源消费的两个平衡关系：

$$E_H^{ind} + E_H^d + E_G^{ind} + E_S^{ind} + (E_C^{ind} - E_I^{ind}) = E_P^d + E_H^d = E \qquad (1-12)$$

由式（1-12）可知，对于终端能源消费量来说，存在两个平衡关系，即全社会终端能源消费总量从生产的角度而言等于各生产部门与居民部门直接能耗的合计，同时从最终需求的角度而言等于最终需求间接能耗总量与居民生活直接能耗总量。

（三）最终需求间接能耗初始核算模型的不足

最终需求间接能耗的初始计算方法主要的不足在于两方面。一是由于投入产出表的有限性与间隔性，在没有相应投入产出表的情况下，无法完成对最终需求间接能耗的连续性估算，因为该模型主要依托于投入产出表，但投入产出表并不是每年都有，中国仅在逢2、逢7年份编制投入产出表，在逢0、逢5年份编制延长表。二是无法进行最终需求间接能耗的后续分析，因为数据估算是后续分析的基础，没有对应的数据，无疑是"巧妇难为无米之炊"。

四 最终需求间接能耗的改进核算模型

由于最终需求间接能耗初始核算模型存在两点主要不足，这就对核算模型提出了新要求，下文试图在初始核算模型的基础上进行变形与转换，推导出最终需求间接能耗的改进核算模型，尝试在没有投入产出表的支撑下完成对最终需求间接能耗的估算，以便进行后续分析。以居民消费为例，推导出其改进核算模型，主要通过对原始核算模型进行一次变形与二次转换实现。

（一）居民消费间接能耗初始核算模型的变形与转换

1. 一次变形

由于居民消费间接能耗的初始核算模型对数据要求较高，无法对其进行连续性估算，更无法谈及对其进行后续分析，为了对其进行连续性估算，有必要对初始核算模型进行变形与转换。一次变形方法如下。

将式（1-2）右侧乘以最终使用 Y 与最终使用的逆矩阵 Y^{-1} 对角阵，得到式（1-13）：

$$E_H^{ind} = ER(I-A)^{-1}YY^{-1}Y_H \qquad (1-13)$$

矩阵的乘积满足结合律，把式（1-1）代入上式，得到式（1-14）：

$$\begin{aligned} E_H^{ind} &= [ER(I-A)^{-1}Y]Y^{-1}Y_H \\ &= E_P^d Y^{-1}Y_H \qquad (1-14) \\ &= E_P^d (Y^{-1}Y_H) \end{aligned}$$

$Y^{-1}Y_H$ 为居民消费占最终使用的比例，则居民消费间接能耗可由生产部门直接能耗与居民消费占最终使用的比例相乘得到。在没有投入产出表的情况下，只要知道各行业的直接能耗、各行业的居民消费额以及最终使用就可计算居民间接能耗。

式（1-14）相对于式（1-2）来说，数据要求有一定程度的降低，但也有无法获得的部分。其中居民消费在各行业的分配额可来源于居民家计调查的数据，同时与投入产出表中行业对应，但各行业的最终使用额不是那么容易得到的；并且式（1-2）与式（1-14）必须同时适用于最终需求其他项目间接能耗的核算，在没有投入产出表的情况下，运用式（1-14），以个人的力量得到政府消费、资本形成与净出口在各行业的分配额的困难程度不亚于运用式（1-2）。所以式（1-

14) 与式（1-2）理论上是等同的，计算结果一致，尤其是在无投入产出表的年份，运用两式估算居民消费与其他最终需求项目间接能耗的计算难度相当，所以必须对其做进一步变换。

2. 二次转换

对式（1-14）进行二次转换的基本思想如下。首先，Y 是部门的最终产品，既可按照投入产出表中使用去向等于最终消费、资本形成与净出口的合计，又可根据部门增加值生产法等于总产品减去中间产品。因此在中国 GDP 核算以生产法为主，统计年鉴中行业生产法增加值数据相对完备的支持下，根据指标替代原则，可由行业生产法增加值 Y_M 替换上式中的 Y，在无 Y 数据的情况下对最终需求间接能耗进行估算。其次，投入产出表与统计年鉴的统计口径存在差异，因此需要根据现有投入产出表的年份中 Y_M 与 Y 的相对误差对前者进行调整，尽可能减少误差，提高估算的精确性，得到调整后的 Y_M'。最后由于转换的原则为指标替代，并且涉及数据调整，所以上式转换过程中运用的符号是"≅"，而不是"＝"。具体转换过程如式（1-15）所示，该式可以满足在无投入产出表的年份完成对最终需求间接能耗估算的要求，是在投入产出表不完备的情况下较为可行、有效的选择。

$$\begin{aligned} E_H^{ind} &= E_P^d (Y^{-1} Y_H) \\ &\cong E_P^d (Y_M'^{-1} Y_H) \\ &= (E_P^d Y_M'^{-1}) Y_H \end{aligned} \qquad (1-15)$$

居民消费间接能耗源于对各行业产品与服务的需求，取决于各部门的生产技术与能耗强度，居民消费对能源的间接能耗强度与各部门生产产品和服务的能耗强度一致，由式（1-15）则可得到式（1-16）：

$$E_H^{ind} Y_H^{-1} \cong E_P^d Y_M'^{-1} \qquad (1-16)$$

（二）最终需求其他项目间接能耗的改进核算模型

1. 政府消费间接能耗的改进核算模型

与居民消费间接能耗的核算模型相似，式（1-6）对数据要求较高，需要以投入产出表为基础进行核算，有必要在此基础上做进一步转换，满足在没有投入产出表的年份的计算需求。采取与居民消费间接能耗核算变换公式同样的推导步骤：

$$E_G^{ind} = E_P^d(I-A)^{-1}Y_G = E_P^d(Y^{-1}Y_G) \cong E_P^d(Y_M'^{-1}Y_G) = (E_P^d Y_M'^{-1})Y_G \quad (1-17)$$

变换后的公式表明政府消费间接能耗可以由各部门生产的直接能耗与政府消费占最终使用的比例相乘或万元增加值能耗乘以政府消费额得到。数据基础包括各行业能源消费量、行业生产法增加值以及政府消费在各行业的分配额，计算工作大大简化。

2. 资本形成、出口、进口间接能耗的改进核算模型

类似的，资本形成、出口与进口间接能耗新核算模型的变形与转换过程分别为：

$$E_S^{ind} = ER(I-A)^{-1}Y_S = E_P^d(Y^{-1}Y_S) \cong E_P^d(Y_M'^{-1}Y_S) = (E_P^d Y_M'^{-1})Y_S$$
$$(1-18)$$

$$E_C^{ind} = ER(I-A)^{-1}Y_C = E_P^d(Y^{-1}Y_C) \cong E_P^d(Y_M'^{-1}Y_C) = (E_P^d Y_M'^{-1})Y_C$$
$$(1-19)$$

$$E_I^{ind} = ER(I-A)^{-1}Y_I = E_P^d(Y^{-1}Y_I) \cong E_P^d(Y_M'^{-1}Y_I) = (E_P^d Y_M'^{-1})Y_I$$
$$(1-20)$$

（三）改进核算模型的特点

改进核算模型与初始模型相比，保证在没有投入产出表支撑的情况下，完成对最终需求间接能耗连续性的估算。在计算难度、操作性、结果精确性与数据收集以及应用拓展方面具有以下四个特点。

1. 计算难度有所降低，操作性更强

以居民消费间接能耗估算方法为例，不难看出，变换后公式（1-16）与式（1-2）、式（1-14）相比，计算难度大大降低；在行业分类充分与保证精确度的前提下，大大地减少了工作量，提高了计算效率；从操作性方面考虑，转换后的方法应用性更强，不仅可以实现最终需求间接能耗的连续性，而且便于最终需求间接能耗的后续分析。因

此，计算最终需求间接能耗时可以将两种方法结合运用，有投入产出表时，应用初始公式计算；在没有相应的投入产出表的情况下，利用改进核算模型进行计算。

2. 对于不同最终需求项目来说，数据收集的难易程度有异

改进核算模型对于最终需求在各行业的分配额的数据收集存在不同程度的难度。对于居民消费来说，数据收集相对容易。政府消费在各行业的分配额，一方面，可根据其比例变动趋势，借助统计年鉴中相近指标，根据总量控制、指标相近替代与分项核对的原则以及一定的估算方法取得。比如，政府部门在教育方面的消费，可以采用统计年鉴教育经费中"国家财政性教育经费项目"为基础，根据政府消费在教育方面的比例与当年同期相关政策，对其进行调整，调整的理由主要是这个指标中包括政府在教育方面的投资支出，有必要从中剔除，以免造成数据的高估；政府对卫生、社会保障和社会福利业的消费额，借助统计年鉴卫生费用中"政府卫生支出"与投入产出表中的政府消费对其消费比例进行调整估算；其他消费项目可以根据类似的方法进行估算。另一方面，对政府消费结构和相应部门增加值与能源消费量进行二次核对，减少误差，在没有投入产出表，只有政府消费总量的情况下，可以推算政府消费间接能耗总量。相对而言，计算结果会比在行业分类详细的情况下粗糙，但在数据不具备的情况下，也不失为一种估算政府间接能耗总量的适用方法。对于资本形成与净出口在各行业的分配额只能依据总量数据进行估算。

3. 对于不同最终需求项目来说，结果精确性存在差异

在投入产出表与行业分类相同的情况下，三个公式计算结果一致；在没有投入产出表的情况下，行业分类越细致，转换后公式的结果越精确，越接近初始与变形的公式结果。由于转换后公式对不同最终需求项目的数据要求以及数据获得性不同，所以相应结果的精确性有所差别。对于居民消费，在各行业的分配额较容易获得，所以其计算的精确性较高；政府消费在各行业的分配额可以通过直接与间接的方法进行收集和估算，其精确性略低于前者；对于出口与进口在各行业的分配额，可以根据贸易年鉴与产品的行业分类进行收集和估算,由于产品与行业分类存在差异,所以其计算结果的精确性低于政府消费间接能耗;对于资本形成在各行业的分配额,在没有投入产出表的年份,很难获得,只能得到资本形成总量,所以其间接能耗的计算结果都比较粗糙,存在一定程度的高估,与其他最终需求项目相比,其相应的精确性最低。

4. 改进核算模型的适用性可以进一步推广

最终需求间接能耗的改进核算模型亦适用于最终需求对能源消耗产生的其他污染排放、水资源消耗以及相应污水排放等与各个产业部门密切相关的资源消耗与污染排放的间接影响。

第二节 居民消费能耗碳排放核算模型

居民生活直接二氧化碳排放主要由居民生活能耗产生,本书研究的居民生活直接消耗的能源共有 11 种,分别为煤炭、焦炭、石油、汽油、煤油、柴油、天然气、液化石油气、煤气、电力与热力。居民生活间接二氧化碳排放是居民消费的非能源产品在生产、运输、交换等过程中产生,由与居民消费有关的生产活动能耗引起的排放;涉及的能源种类与各生产部门的生产活动直接能耗有关,能源种类与居民生活用能稍有不同,共有 9 种,分别为煤炭、焦炭、原油、燃料油、汽油、煤油、柴油、天然气与电力。

与居民生活能耗相对应,居民消费二氧化碳排放的路径有两种:一是直接排放,通过取暖、照明、烹饪、制冷等消耗能源与消费活动产生的排放;二是间接排放,主要是通过需求,生产部门为满足最终消费需求进行产品生产所消耗的能源及其排放。由于能源消耗所引起的二氧化碳排放反映了温室气体的主要来源,所以本书以居民生活用能所引起的二氧化碳排放来反映居民消费带来的环境污染。由于二氧化碳直接排放与间接排放的来源不同,方法与核算模型有所差别,分别进行分析。

一 居民消费直接二氧化碳排放核算模型

IPCC 公布了各种能源的碳排放系数,对于居民生活引起的二氧化碳排放量的核算,需要先计算二氧化碳的排放系数,再根据排放系数法计算二氧化碳的排放量。以下核算模型按照 IPCC 的指导方法,以碳排放系数为基础,计算二氧化碳排放系数,再进行核算。

根据碳排放系数进行计算,居民消费直接碳排放的计算公式如下:

$$C_H^d = \sum_{i=1}^{11} C_{Hi}^d = \sum_{i=1}^{11} E_{Hi}^d c_i \qquad (1-21)$$

i 表示居民生活直接消耗的能源种类,共 11 种,分别是煤炭、焦炭、石油、汽油、煤油、柴油、液化石油气、天然气、煤气、电力与热力。C_{Hi}^d 为居民生活消耗 i 种能源引起的直接碳排放,c_i 为 i 种能源的碳排放系数。其中二次能源如电力与热力的碳排放系数通过包括水电、核电在内的发电总量除以根据一次能源的碳排放系数计算得到相应的碳排放总量计算,具体的做法可参照籍艳丽等人(2011)的计算步骤。

根据碳与二氧化碳的换算关系,1 质量单位的碳排放量相当于 3.67 个单位的二氧化碳排放量(彭希哲、朱勤,2010),二氧化碳排放系数与碳排放系数的关系为:

$$CO_{2i} = 3.67 c_i \qquad (1-22)$$

则居民消费直接二氧化碳排放的计算公式为:

$$CO_{2H}^d = \sum_{i=1}^{11} CO_{2Hi}^d = \sum_{i=1}^{11} E_{Hi}^d 3.67 c_i \qquad (1-23)$$

二 居民消费间接碳排放核算模型[①]

从碳排放来源看,联合国人类住区规划署在《全球人类住区报告

---

① 本部分内容曾发表于 2015 年第 11 期《统计研究》,题为《终端居民消费不同项目间接碳排放的高效核算模型研究》。

2011》中指出，基于生产端的城市直接温室气体排放占全球总排放的比重为40%~70%，而消费端的城市温室气体排放占全球总排放的比重为60%~70%（李艳梅、杨涛，2013），其中终端居民消费间接碳排放为直接碳排放的 2~3 倍（Tukker，A.，Sto，E.，Vezzoli，C.，2008；朱勤、彭希哲、吴开亚，2012），而后终端居民消费间接碳排放成为各国学者研究的焦点。

终端居民消费间接碳排放的估算方法主要有三种，分别是消费者生活方式方法、生命周期分析法与投入产出法。

消费者生活方式方法由 Bin 和 Dowlatabadi（2005）提出相应的核算框架，基于微观角度，从个人消费、生活方式出发，核算其能源消耗碳排放。该方法要求数据多而杂，数据多来源于抽样调查，研究结果多具有针对性，因而推广性值得商榷。生命周期分析法由 Bullard（1975）提出，并由 Engelenburg（1994）对其进行拓展，基于产品"从摇篮到坟墓"过程中能源消耗产生的碳排放。该方法要求产品与服务的生命周期评价理论的重要数据——生命周期列表清单，但实际应用中往往缺乏这一基础与关键数据，导致其应用受到很大的局限，尤其是在中国，采用该方法的文献并不多见。投入产出法主要从宏观角度出发，核算居民消费的产品与服务生产过程中的能耗碳排放（Park Hi-Chun，2007）。该方法适用于估算国家或区域居民部门的逐年碳排放，特点是居民消费项目分类越细致，对应行业划分越细，结果越精确。

通过比较发现，三种方法存在明显的异同点。不同之处在于研究角度、适用场合以及结果的精确性，其中投入产出法具有计算方便、对数据要求低等优点，实际应用很普遍。但该方法要求以投入产出表为核算基础，由于中国投入产出表的间隔性与数据滞后性，不能连续对终端居民消费间接碳排放进行度量，即无法得到连续的居民消费间接碳排放的年度数据，更无法构建相应的计量模型对其进行深入研究，这就对该核算方法提出了新挑战，这是目前的研究难题之一。

相同之处在于估算间接碳排放时，关于能源消耗的数据基础要求一致,要求居民消费间接能耗与之相对应,皆是基于 IPCC 温室气体排放清单编制方法——能源表观消费量的参考方法,即根据不同类型能源消耗量与相应碳排放系数对碳排放进行核算。这就意味着只要有连续居民消费间接能耗数据,对应的连续间接碳排放数据就可通过 IPCC 的方法进行核算。笔者的研究成果可以为之提供针对性的参考,有助于解决这个问题(向书坚、柴士改,2014)。与此同时,国内外居民消费载能碳排放的相关研究多以居民消费为整体核算其碳排放,但将居民消费按照不同的类别,分别核算对应的间接碳排放的文献并不多见,这也正是研究的切入点。

鉴于此,更为高效地对终端居民消费项目间接碳排放进行核算就成为需要解决的关键性问题。基于上述两点考虑,笔者将居民消费项目进行细分,在前期成果的基础上,构建终端居民消费项目间接碳排放的高效核算模型。研究结果不仅能连续揭示居民消费项目间接碳排放类型,考察居民消费具体类别间接碳排放规律,进而引导居民向低碳环保消费模式转变,也能对其他居民消费项目间接污染排放核算提供一定的思路和方法(柴士改,2015)。

(一)以投入产出方法为基础的终端居民消费间接碳排放的初始核算模型

鉴于数据可得性,仅研究居民部门通过燃烧消耗化石能源所排放的二氧化碳,不包括非燃烧活动排放的二氧化碳。居民消费间接碳排放体现在居民消费各行业的产品与服务的碳排放量,或者称为产品与服务隐含的碳排放,由生产部门生产技术与能耗强度决定,这是终端居民消费间接碳排放的初始核算模型推导的基础,具体涉及生产部门直接碳排放系数、完全碳排放系数以及投入产出表中重要的平衡关系。整体上,以投入产出法为基础的居民消费间接碳排放的初始核算模型为:

$$C_H^{ind} = CR(I-A)^{-1}Y_H \qquad (1-24)$$

C_H^{ind} 为居民消费间接碳排放($1 \times n$)的行矩阵,CR 为生产部门直接碳排放系数的（1×n）的行矩阵，Y_H 为各生产部门提供给居民部门的最终消费即居民消费在各行业的分配额，计算时列矩阵转换为（n×n）的对角阵，$(I-A)^{-1}$ 为列昂剔夫逆矩阵。

（二）能源表观消费量的参考方法

IPCC 温室气体排放清单编制方法给出的能源表观消费量的参考方法，根据不同类型能源消耗量与碳排放系数对碳排放进行核算。IPCC 公布了各种能源的碳排放系数，按照 IPCC 的指导方法，以碳排放系数为基础，计算居民消费间接碳排放。

居民消费对每个行业的间接碳排放是通过间接消耗各种能源产生的，所以采取"先分后总"的方式，先核算居民消费对每个行业的间接能耗，根据各种能源碳排放系数与间接能耗相乘，计算其对应的碳排放；根据居民消费项目与对应行业分类，得到不同居民消费类别的间接碳排放；最后对不同居民消费支出的间接碳排放进行加总，得到居民消费间接碳排放总量。

（三）终端居民消费间接碳排放的高效核算模型

由于终端居民消费间接碳排放初始核算模型无法连续对其进行核算，根据碳排放与能耗的关系，在笔者前期研究的基础上，利用居民消费间接能耗的改进核算模型，构建居民消费间接碳排放的高效核算模型，尝试在没有投入产出表的支撑下完成对终端居民消费间接碳排放的估算，以便进行后续分析。

1. 终端居民消费间接能耗的改进核算模型

为克服居民消费间接能耗的初始核算方法由于投入产出表的缺失而无法快速、连续核算居民消费间接能耗等缺点，笔者前期工作主要根据投入产出表中的行平衡关系式、总量控制、分项核对以及指标替代等原则对初始核算方法进行变形与转换，构建居民消费间接能耗的改进核算方法，即前式（1-15），具体公式如下：

$$\begin{aligned} E_H^{ind} &= E_P^d(Y^{-1}Y_H) \\ &\cong E_P^d(Y_M^{'-1}Y_H) \\ &= (E_P^d Y_M^{'-1})Y_H \end{aligned}$$

其中 E_P^d 为生产部门直接能耗的 ($1\times n$) 的行矩阵，Y_M 为行业生产法增加值，Y 为最终使用，Y_M 替代 Y，皆为 ($n\times n$) 的对角阵。式 (1-15) 是针对一种能源进行计算的。

2. 终端居民消费间接碳排放的高效核算模型

根据碳排放系数计算，对某一种能源来说，居民消费间接碳排放的高效核算模型为：

$$\begin{aligned} C_{H\ k}^{ind} &= CF_k E_P^d (Y^{-1} Y_H) \\ &\cong CF_k E_P^d (\lambda Y_M^{-1} Y_H) \\ &= CF_k (E_P^d Y_M^{-1}) Y_H \end{aligned} \quad (1-25)$$

$k=1,2,3,\cdots$，表示能源种类，根据研究需要，$k=1$ 表示煤炭，$k=2$ 表示煤油等。CF_k 为 k 类能源的碳排放系数，为常数。在中国，GDP 核算以生产法为主，投入产出表具有时间间隔性，相对于总产出，生产法增加值的数据较为完备，因此根据国民经济核算中"指标替代"与"数量调整"原则，在无总产出数据的情况下，由行业生产法增加值替换式 (1-25) 中的总产出，对居民消费间接碳排放进行估算。同时要尽量减少由数据统计口径造成的误差，这就需要对生产部门的增加值与总产出进行调整。具体方法是通过有投入产出表的年份中总产出与增加值的比例以及插补法等，计算两者的调整系数 λ，尽可能减少误差，提高估算的精确性，得到调整后的增加值。出于操作的可行性与数据来源考虑，涉及数据调整，所以上式的转换过程中运用的符号是"$\cong$"，而不是"$=$"。

$Y^{-1}Y_H$ 为居民消费占最终使用的比例，则居民消费间接碳排放可由生产部门直接碳排放与居民消费占最终使用的比例相乘得到。在没有投入产出表的情况下，只要知道各行业的直接碳排放、各行业的居民消费额以及最终使用或行业生产法增加值就可计算终端居民消费间接碳排放。居民消费间接碳排放源于对各行业产品与服务的需求，取决于各部门的生产技术与碳排放强度，由式 (1-25) 可以看出居民消费间接碳排放强度与各部门生产产品和服务的碳排放强度一致。因此式 (1-

25）所示居民消费项目间接碳排放既可由碳排放系数、生产部门直接能耗与居民消费项目占最终使用比例相乘得到，又可以由碳排放系数、生产部门直接碳排放强度与居民消费项目相乘求得。相比式（1-24），式（1-25）可以在无投入产出表的年份完成对居民消费间接碳排放的核算，是在投入产出表不完备的情况下较为可行、有效的选择。

根据式（1-25）计算居民消费通过间接消耗每一种能源所产生的碳排放，而后根据居民消费类别与行业的对应性，得到不同类别居民消费支出的间接碳排放，最后汇总，得到居民消费间接碳排放总量。

（四）高效核算模型的特点

高效核算模型与初始模型相比，保证在没有投入产出表作为支撑的情况下，完成对终端居民消费间接碳排放连续性的估算。式（1-25）在形式与内容上，涉及居民消费项目分类、对应行业分类、价格选择、核算结果难易与精确度等方面，以下分别进行说明。

1. *居民消费项目与对应行业关系*

居民消费项目间接碳排放体现的是居民消费的产品与服务涉及的行业部门生产用能碳排放，式（1-25）要求居民消费项目与行业部门的对应，采用"自下而上"核算原则，先对居民消费项目进行分类，后加总得到居民消费间接碳排放总量，并且分类越详细，核算结果越精确。

2. *涉及价格调整*

由式（1-15）得知，虽然居民消费间接碳排放为实物量数据，但计算所需的数据中居民消费项目支出、居民消费项目对应的行业的增加值是价值量数据，需要涉及价格的选择。如果从剔除价格因素方面考虑，相应的价值量数据应该通过价格指数换为不变价；但从碳排放方面看，居民生活直接用能碳排放基于现价居民消费支出与各行业增加值，间接碳排放数据理应与之一致，因此计算时价格的选择是非常重要的，并且需要十分谨慎，否则不仅会影响核算结果，也会有损原来的核算意义。

3. 计算难度有所降低，操作性更强

式（1-25）与式（1-24）相比，计算难度大大降低。在居民消费项目分类与对应行业分类充分、保证精确度的前提下，大大地减少工作量、提高计算效率；从操作性方面考虑，转换后方法的应用性更强，不仅可以实现终端居民消费间接碳排放的连续性，而且便于对其进行后续分析。

4. 高效核算模型的适用性可以进一步推广

终端居民消费间接碳排放的高效核算模型的适用性可以进一步推广，体现在两个方面：一是不同最终需求间接碳排放的核算，不过对于不同最终需求项目来说，数据收集的难易程度与结果精确性存在差异；二是适用于终端居民消费能源消耗产生的其他污染排放、水资源消耗以及相应污水排放等与各个产业部门密切相关的资源消耗与污染排放的间接影响。因此，在考虑居民消费项目分类与对应行业分类、确定价格选择与减少误差的情况下，计算终端居民消费间接碳排放时，可以结合两种方法，有投入产出表时，应用初始公式计算；在没有相应的投入产出表的情况下，利用高效核算模型进行计算。

三　终端能源消费二氧化碳排放综合平衡关系

从生产的角度来看，终端能源消费造成的碳排放总量与二氧化碳排放总量分别等于各生产部门的直接碳排放量、二氧化碳排放量与居民部门直接的碳排放量、二氧化碳排放量的合计；从最终需求的角度看，最终需求间接能耗碳排放量与二氧化碳排放量分别与各生产部门、居民部门直接能耗的碳排放量与二氧化碳排放量合计相等，得到以下平衡关系：

$$\begin{aligned} C_P &= CR_P X = CR_P (I-A)^{-1} Y \\ &= CR_P (I-A)^{-1} (Y_H + Y_G + Y_S + Y_E - Y_I) \end{aligned} \quad (1-26)$$

$$\begin{aligned} CO_{2P} &= CO_2 R_P X = CO_2 R_P (I-A)^{-1} Y \\ &= CO_2 R_P (I-A)^{-1} (Y_H + Y_G + Y_S + Y_E - Y_I) \end{aligned} \quad (1-27)$$

由此可以得到碳与二氧化碳平衡公式：

$$\begin{aligned} C &= C_P^d + C_H^d \\ &= CR_P(I-A)^{-1}(Y_H + Y_G + Y_S + Y_E - Y_I) + C_H^d \\ &= C_P Y^{-1}(Y_H + Y_G + Y_S + Y_E - Y_I) + C_H^d \end{aligned} \quad (1-28)$$

$$\begin{aligned} CO_2 &= CO_{2P}^d + CO_{2H}^d \\ &= CO_2 R_P(I-A)^{-1}(Y_H + Y_G + Y_S + Y_E - Y_I) + CO_{2H}^d \\ &= CO_{2P} Y^{-1}(Y_H + Y_G + Y_S + Y_E - Y_I) + CO_{2H}^d \end{aligned} \quad (1-29)$$

第三节　政府消费能源消耗与碳排放核算模型

一　政府消费的内涵与外延

（一）政府消费的内容

在国民经济核算体系（SNA）中，政府消费指政府部门提供的公共服务、以免费或无经济意义的价格提供给居民的消费支出。按照政府消费支出的定义，政府消费支出包括两部分：一是公共消费支出，为满足社会公共需求的消费性支出，比如公共安全、社会保障支出等；二是实物社会转移支出，是政府作为非市场生产者以免费或经济意义不显著的价格为居民提供的货物或服务。为满足某类居民的需求所提供的货物或服务，主要包括两方面：一是实物的社会福利，二是个人非市场货物或服务转移，比如政府为居民提供的实物教育与卫生保健等方面，类似政府部门提供的九年义务教育、大学生的生活补助、免费的儿童疫苗等服务。

根据不同角度可以对政府消费支出进行不同的分类。按照政府消费提供货物与服务的方式进行分类包括两种：一是政府部门到市场上购买货物或服务，免费提供给某个居民或某类居民；二是政府部门在市场购买货物或服务后，进行生产后以免费或无经济意义的价格提供给居民或公众。按照政府职能对政府消费支出进行划分，政府消费支出属于财政支出中的消费性支出，主要包括科教文卫支出、国家防卫支出、行政管理支出、社会保障支出等，具体体现在10个行业中，分别是农林牧副渔业，交通运输业，金融业，租赁和商务服务业，研究与试验发展业，其他服务业（包括综合技术服务业，水利、环境和公共设施管理业，居民服务与其他服务业），教育业，卫生、社会保障和社会福利业，文化、体育和娱乐业，公共管理与社会组织。按照消费构成分为货物支出、工资支出、服务支出与固定资产折旧支出。按照用途来划分，包括两部分：一是为提供公共服务所花费的支出，主要是指政府部门自身运行的成本开支；二是提供公共服务的消费支出，主要是指政府部门提供公共产品和服务的支出。

（二）政府消费的主体

1. 政府消费的支出主体

由政府消费的内容可知，政府消费的承担主体与受益主体不一致。从支出主体来看，按照承担者实物社会转移支出分为政府部门与为居民服务的非营利性部门。在中国国民经济核算体系中为居民服务的非营利性部门归类于政府部门，与居民部门、金融部门、非金融部门以及国外部门共同构成国民经济核算体系的五大机构部门。因此本书的政府部门不仅包括代表政府机构的行政事业单位，而且包含为居民服务的非营利性机构。

2. 政府消费的受益主体

按照支出主体进行划分，最终消费支出分为居民消费支出与政府消费支出；按照受益主体进行分类，实际最终消费分为实际居民消费与实际政府消费（政府公共消费），两种分类的关系如下：

最终消费支出 = 居民消费支出 + 政府消费支出

实际最终消费 = 实际居民消费（居民消费 + 社会实物转移）+ 实际政府消费（政府消费支出 − 社会实物转移）

两种分类总量相等，分量上存在差别。

二 政府消费对资源环境影响分类与核算原则

(一) 影响分类

政府消费对资源环境的影响在来源上分为两部分：一是政府部门自身运行过程中对资源环境的影响（生产公共服务）；二是政府部门提供公共服务的过程中对资源环境的影响（市场上购买）。在内容上主要有三个方面：一是资源消耗，具体表现在对能源、水资源、森林等资源的消耗；二是污染排放，比如温室气体排放、二氧化硫排放、污水排放等；三是资源环境保护，主要体现在资源节约、环境与生态保护方面。从影响方向看，与居民消费对资源环境影响相似，包括直接影响与间接影响。对能源的消耗不仅包括直接消耗，还有间接消耗，比如取暖要用电，但是电力的生产需要消耗煤炭，这构成了消费对煤炭的间接消耗。本书以能源消耗与二氧化碳排放为例，度量政府消费对资源环境的影响，包括政府消费直接与间接能耗，二氧化碳排放亦如此。

(二) 实物社会转移与公共服务对资源环境的影响

政府消费并不是为了政府部门自身的需求，而是为了公共需求进行的消费活动，即政府消费是通过政府买单，生产公共服务，以部分居民或社会公众受益来实现的。所以政府部门提供公共服务会消耗一定的资源、排放相应的污染，居民享受公共服务也会直接或间接地消耗一定的资源、排放相应的污染，对资源环境产生影响。是否应该把实物社会转移与居民享受的公共服务对资源环境的影响从政府部门提供公共服务对资源环境的影响中分离呢？答案是没有必要：一是理论上两者内容密不可分，二是实际操作存在很大难度，没有必要确定两者的精确界限，可以作为整体进行分析，具体的原因如下。

首先，居民消费受政府消费的影响来自两个方面，一是社会实物转移，二是实际政府消费。不管哪个方面，都对自身消费水平产生影响，同时对资源环境产生直接或间接影响，比如享受的产品或服务的生产会消耗能源、水资源等，并排放一定的污染。从影响的主体来看，不仅政府部门生产公共服务时会对资源环境产生直接或间接影响，而且居民享受政府消费时也会对环境造成一定的影响。从这一点出发，理论上应该将两者分开，把居民享受公共服务对资源环境的影响归为居民消费对资源环境的影响，但由于社会实物转移与公共服务的受益对象不具体，在实施上存在很大的难度。

其次，根据政府消费的内容，政府消费对资源环境的影响来源有两个：一是政府部门自身消费，二是提供公共服务。把居民享受的公共服务对资源环境的影响从政府部门提供公共服务对资源环境的影响中分离，前提是将政府部门自身消费与公共服务对资源环境的影响进行区分。可以说两者是密不可分的，政府消费通过生产公共服务来实现，政府部门属于服务产业，生产与消费是同时进行的；政府部门的工作人员既是政府部门自身的消费对象，又是公共服务的受益对象，所以无论从政府消费的生产对象看还是从消费对象上看，两者都很难区分，所以没有必要把居民享受的公共服务对资源环境的影响从政府部门提供公共服务对资源环境的影响中分离。

最后，政府消费通过政府部门生产公共服务，由居民受益来实现，对资源环境产生的影响一部分来自居民享受公共服务，但这部分比例较小。另外公共服务是由政府部门生产与控制的，比如政府采购，政府有权决定在市场上购买什么样的产品或服务，政府占主导地位；居民是公共服务的接受者，处于被动地位，只有使用权，没有所有权与支配权，所以如何度量政府消费对资源环境的影响主要取决于政府部门的生产与消费模式，同时对居民消费模式产生影响。从这点看，不需要把居民享受的公共服务对资源环境的影响从政府部门提供公共服务对资源环境的影响中分离，事实上两者也很难严格区分。

所以，政府消费与居民消费对资源环境的影响不像政府消费与居民消费支出分类那样存在影响与实际影响之分。

(三) 政府消费对资源环境直接影响的核算基础

政府消费与居民消费不同，后者是为了满足自身需求进行的消费，前者是为了满足社会公共需求而进行的消费活动。政府消费包括两个方面，一是以免费或较低的价格向居民提供一定的货物或服务，二是向公众提供公共服务，所以政府消费的支出主体与受益主体不一致。但政府消费是通过生产公共服务来实现的，无法确定具体的受益对象，并且政府部门也是自身公共服务的消费者，所以在操作上，还是以政府消费的支出主体（包括为居民服务的非营利部门的政府部门）为基础进行核算，即涉及政府部门与公共管理与社会组织之间的衔接。

国民经济核算体系中对部门分类方法有两种，一种是机构部门分类，另一种是产业部门分类。机构部门以机构单位为基础进行划分，产业部门分类以基层单位为基础。机构单位与基层单位存在隶属关系，一个基层单位只属于一个机构单位，但一个机构单位可以包含很多基层单位。对于政府部门而言，有一种情况会导致两种分类结果产生差异：对于不具有法人或准法人资格的政府企业，它们不是一个完整的机构单位，但可以作为独立的基层单位，因此，在机构部门分类中，它们归为政府部门，但在产业部门分类中，它们常会被划到政府以外的其他产业部门（杨灿，2008），会造成政府部门与第三产业中"政府部门"分类不一致。

在产业部门分类中，在很大程度上代表政府部门的是公共管理与社会组织，指中国共产党机关、国家机构、人民政协与民主党派、社会保障与其他社会团体和组织等，不仅包括一般政府，而且涵盖为居民服务的非营利组织，但由于分类原则的差异，在总体范围上，有多少单位在机构部门分类中归为政府部门，但在产业部门分类中划到政府之外，这个范围并不明确。但可以肯定的是政府部门的范围大于公共管理与社会组织，所以若间接估算的方法，需要对后者进行调整，使其在范围上与政府部门保持一致，以免造成低估。

由于在公开的年鉴中有关政府部门资源环境方面的数据有限或者与城镇生活有关数据混在一起，所以分析政府部门对资源环境的影响时要通过可以代表政府部门、数据相对充分的公共管理与社会组织为基础进行间接估算。分析政府部门对资源环境的影响的一般步骤如下：首先度量公共管理与社会组织对资源环境的影响；其次将公共管理与社会组织总产出与政府机构的总产出之比作为调整系数（在没有总产出的情况下，运用增加值代替①），进一步对上步得到的结果进行调整；最后运用估算的政府部门对资源环境影响的相关数据进行分析。

（四）政府消费对资源环境直接影响核算总体原则

1. 相近与替代原则

政府消费对资源环境的影响从政府消费的支出主体即政府机构单位入手，根据政府部门与"公共管理与社会组织"的同质性以及数据的可得性，度量政府部门对资源环境影响时可以尝试从后者入手，用到相近与替代的原则。

2. 总量控制原则

由于政府部门产出属于非市场产出，隶属于第三产业，政府部门对资源环境的影响包含在第三产业对资源环境的影响之内，所以政府部门的影响范围是以后者为控制总量的，比如政府部门对能源直接消耗量小于第三产业对能源直接消耗总量。

在核算原则的基础上推导政府消费能源消耗与二氧化碳排放的核算模型，包括直接与间接核算模型。政府消费直接能源消耗与间接消耗的来源与核算方法不同，分别进行说明。

---

① 1992~2009年公共管理与社会组织与政府部门的增加值之比，比例一般为32%左右，并且有逐年增加的趋势；政府消费在公共管理与社会组织中的分配额为49%左右，并且逐渐下降，两个比例系数有相互靠近的可能。政府部门的增加值来自历年的资金流量表（实物交易），公共管理与社会组织的增加值来自历年的统计年鉴，政府消费来自历年投入产出表（分行业增加值或第三产业增加值），已达到两者范围一致的结果。

三 政府消费直接能源消耗核算方法[①]

(一) 政府消费能源消耗表现

按照影响方向分类,政府消费能源消耗分为直接消耗与间接消耗。按照政府消费内容,提供公共服务的主体是政府部门,政府作为服务部门,办公期间同时生产相应的公共服务,比如婚姻登记、户口办理、统计部门生产统计数据等,办公期间能源消耗与生产相应的公共产品的能耗是同时发生的,这两部分就发生了重叠。同时这一部分是属于政府部门自身运行过程中的成本开支,从政府消费的角度出发,可以视为政府部门自身的能源消耗,体现的是政府消费对能源的直接消耗,具体表现在冬季取暖、夏季制冷、办公耗电、公车消费耗油等。政府消费间接能耗体现的是政府部门通过在市场上购买货物或服务,直接或经过一定生产后以免费或无经济意义的价格提供给居民或公众时对能源的消耗,与消费的产品或服务的种类和结构有关,体现的是对能源的间接消耗。由于政府部门直接能耗与间接能耗来源与影响方向不同,故相应的估算方法有所差异。前文已对政府间接能耗的核算方法做了分析,下文将详细介绍政府消费直接能源消耗的核算方法。

(二) 政府消费直接能源消耗的核算方法

作为温室气体排放来源部门之一,公共部门节能减排不仅能给生产部门、居民部门带来强有力的示范和督促作用,而且在中国参加联合国主导的全球气候变化会议和谈判中涉及公共部门活动本身所带来的温室气体排放问题时,能够显示出中国在应对全球环境变化、节能减排方面所做出的努力,有利于提高中国的话语权,因此亟须对中国公共部门温室气体排放核算进行单独研究。

虽然《京都议定书》没有要求各国跟踪和公布其公共部门温室气

[①] 该部分内容曾发表于 2015 年第 10 期《中国科技论坛》,题目为《公共部门能源消耗的核算方法》。

体排放，但是越来越多的机构已经开始自主编订各类型公共部门的温室气体排放清单。根据发起单位的性质和与《京都议定书》的关系，国际上现有公共部门温室气体排放清单制定的主体，可以大致分为五类，即政府部门、非营利组织、民间组织、大学和社会团体以及有关学者（Brown, S., 1999; Bastianoni, S., Pulselli, F. M., Tiezzi, E., 2004; Bennett, C. J., Whiting, M., 2007; Akimoto, K., et al., 2010; Brouhle, K., Herendeen, R. A., 2010; Bun, R., et al., 2010）。研究主要集中于公共部门温室气体排放估计的责任划分原则、标准、主要分类与估算方法，以及如何提高估算数据的可靠性等（Bulkeley, H., 2000; Brainard, L., Jones, A., Purvis, N., 2009; Weigel, B. A., 2010; Fazily, Rizan, 2013）。

中国多数研究集中于居民部门、生产部门的温室气体排放，单独针对公共部门温室气体排放清单的编制工作基本处于起步阶段。原因在于目前中国针对公共部门温室气体排放源的数据统计工作匮乏，2009年开始逐渐对能耗数据进行统计，而对其他排放源均未展开统计，前者数据也很有限。中国公共部门能源消耗方面的数据来源有两方面：一是宏观方面，源于《公共机构节能"十二五"规划》的相关数据；二是微观方面，源于某机构统计调查的数据。但这两个数据来源存在两个局限：一是数据较为零散，无法进行连续、全面、宏观层面上的统计分析；二是数据多源于初始统计数据，较为粗略，会导致分析结果产生较大的误差。基于此，众多学者多是基于公共部门节能必要性、相关节能政策与核算方法等层面进行定性分析。2009年根据中国国家统计局要求，逐渐建立公共部门能源消耗计量制度，但由于数据滞后性、全面数据不是同步对外公布等原因，仍然存在数据不全甚至无依据的情况。

因此，如何有效、连续地对公共部门能源消耗进行核算，无疑是解决公共部门温室气体排放清单制定工作的关键性问题。鉴于此，根据国民经济核算的相关原则，实现公共部门同公共管理与社会组织的衔接，以此构建公共部门能源消耗的核算方法，以实现对公共部门能源消耗快速、准确的核算，进而为中国公共部门温室气体排放清单的制定工作提供基础数据，便于公共部门主导的自主性节能减排工作顺利进行（柴士改，2015）。

1. 基本思想

根据2008年国民经济核算体系中"指标替代"的核算原则，在无法核算某一指标时，可通过相近指标进行替代估算。因此，面对无公共部门能耗数据的情况，要实现对其进行核算，前提是找到与公共部门相近、可以替代的主体与指标进行估算；同时兼顾两者差异，进行数量调整，尽可能提高估算的精确性。在中国国民经济核算体系中，与公共部门统计在口径上一致，定义、范围等相近的是第三产业中的公共管理与社会组织，因此可根据国民经济核算体系中指标相近与替代、"自上而下"原则，基于整体上可以代表公共部门、数据相对充分的公共管理与社会组织对前者进行估算。同时两者的分类基础不同（前者是以机构单位进行分类，后者基于基层单位进行分类），导致涵盖的范围有所差异，通常前者范围大于后者，为降低误差系数，运用调整系数对两者进行数量调整。

2. 估算步骤

第一步，估算公共管理与社会组织能源消耗量。

在能源消耗总量平衡表与分行业能源消费量中，第一产业、第二产业分类较为详细，第三产业分类较为粗略，仅分为交通运输业及仓储业、批发零售业和住宿、餐饮业以及其他行业三大类。公共管理与社会组织包含在第三产业的其他行业中，由于其他行业中各个分类具有相近性，对其他行业的能源消耗量进行分劈，估算公共管理与社会组织能源消耗量。

分劈方法有两种：一是根据其他行业单位产值能耗和公共管理与社会组织的总产出进行估算；二是根据各行业总产出的比例对其他行业的能源消耗量进行分劈。计算公式如下：

$$PE_{it} = \left(\frac{TOE_{it}}{TOY_t}\right) \times PY_t \qquad (1-30)$$

$$PE_{it} = \left(\frac{PY_{it}}{TOY_t}\right) \times TOE_{it} \qquad (1-31)$$

其中 $i=1, 2, \cdots$ 表示能源种类，t 表示时期，PE_{it} 表示公共管理与社会组织对 i 种能源消耗量，TOY_t 与 TOE_{it} 分别表示其他行业的总产出与能源消耗，PY_t 表示公共管理与社会组织总产出。很明显式（1-30）与式（1-31）的出发点和表达的含义不同，但两者实际结果与反映的内容完全一致。

第二步，计算调整系数。

调整系数等于公共部门和公共管理与社会组织的总产出之比（在无总产出的情况下，可用增加值代替）。

计算方法如下：

$$\alpha_t = \frac{GY_t}{PY_t} \qquad (1-32)$$

$$\alpha_t \cong \frac{GP_t}{PP_t} \qquad (1-33)$$

其中 GY_t、PY_t 与 GP_t、PP_t 分别表示公共部门、公共管理与社会组织的总产出与增加值，式（1-32）与式（1-33）均假设不同种类能源消耗量的调整系数一致。其中公共部门增加值来自历年资金流量表（实物交易），公共管理与社会组织增加值来自历年统计年鉴，政府消费来自历年投入产出表（分行业增加值或第三产业增加值）。1992～2010 年公共部门和公共管理与社会组织增加值之比，稳定在 32% 左右，以此为基础，计算相应的调整系数。

第三步，核算公共部门对不同种类能源的消耗量。

公共管理与社会组织能源消耗乘以调整系数 α_t，便可估算公共部门对不同种类能源的消耗量。计算公式如下：

$$GE_{it} = PE_{it} \times \alpha_t \qquad (1-34)$$

第一章　最终消费能源消耗及其碳排放核算模型

$$GE_{it} = \frac{TOE_{it}}{TOY_t} \times PY_t \times \frac{GY_t}{PY_t} \qquad (1-35)$$

$$GE_{it} \cong \frac{TOE_{it}}{TOY_t} \times PY_t \times \frac{GP_t}{PP_t} \qquad (1-36)$$

第四步，公共部门能源消耗总量的核算方法。

公共部门对不同种类能源的消耗量皆是基于实物量数据，单位不同，不能直接加总。根据各种能源折标准煤的参考系数 β_i，将实物量的数据转换为标量，进而计算能耗总量。计算公式如下：

$$TGE_t = \sum_i \beta_i \times GE_{it} \qquad (1-37)$$

$$TGE_t = \sum_i \beta_i \times PE_{it} \times \alpha_t \qquad (1-38)$$

四　政府消费二氧化碳排放核算模型

政府消费能源消耗引起的二氧化碳排放的核算方法与居民消费能源消耗二氧化碳排放的方法相似，采用二氧化碳排放系数进行计算。

一是政府消费能源消耗直接二氧化碳排放核算模型：

$$CO_{2\,G}^d = E_G^d 3.67c \qquad (1-39)$$

c 为各种能源的碳排放系数矩阵。

二是政府消费载能二氧化碳排放核算模型。

根据政府消费完全能耗初始与最终计算模型以及碳排放系数，得到政府消费载能二氧化碳排放核算模型。

在有投入产出表的情况下，计算公式如下：

$$CO_{2\,G}^{ind} = ER(I-A)^{-1}Y_G 3.67c \qquad (1-40)$$

在没有投入产出表的情况下，对初始计算公式进行变形，转换后计算方法如下：

$$CO_{2\,G} = E_P^d Y^{-1} Y_G 3.67c \qquad (1-41)$$

三是政府消费完全二氧化碳排放核算模型。

与政府消费间接能耗的计算方法相似,政府消费完全二氧化碳排放核算方法由政府消费载能二氧化碳排放加上直接二氧化碳排放得到,计算公式如下:

$$\begin{aligned}CO_{2G} &= (E_G^d + ER(I-A)^{-1}Y_G)3.67c \\ &= (E_G^d + E_P^d Y^{-1}Y_G)3.67c \end{aligned} \quad (1-42)$$

本章小结

本章所做的工作主要有三个方面,一是在投入产出方法的基础上对居民消费与政府消费间接能耗的核算模型进行推导和变换。与初始核算方法相比,变形后的方法保证在没有投入产出表支撑的情况下,完成对居民消费与政府消费间接能耗的估算;并且在行业分类相当的情况下,保证精确度,大大降低工作难度。从操作性方面考虑,变形后的方法应用性更强、更具适用性,主要针对能源消耗产生的其他污染排放、水资源消耗以及污水排放等与各个产业部门密切相关的资源消耗和污染排放的间接影响。二是根据"自下而上"、指标相近与总量控制原则,实现政府部门同公共管理与社会组织的衔接,完成对政府消费直接能耗的核算。三是根据 IPCC 关于碳与二氧化碳排放的核算方法构建居民消费与政府消费能耗碳排放核算模型。

第二章 居民消费能源消耗特征

限于计算方法与数据可得性，以往文献仅限于分析若干年或间隔期的居民生活间接能耗。本章根据居民消费间接能耗的最终核算模型估算的结果与原始核算方法以及主要文献结果相比，结果是可信的，以此判断在投入产出法基础上对最终消费间接能耗核算模型进行变换后的公式是恰当的、有效的。利用变形后核算方法估算居民生活间接能耗，收集整理直接能耗数据，分别比较居民生活直接能耗、间接能耗、完全用能与城乡居民生活能耗这四个方面，详细地、分层对1992~2017年中国居民消费能源消耗特征进行全方位、较长时间段的考察。

第一节 居民间接能耗价格选择与比较

一 居民消费项目对应的行业分类

居民间接能耗体现的是居民消费的产品与服务涉及的行业部门生产用能耗，需要居民消费项目与行业部门的对应（见表2-1）。

由表2-1所示，居民食品类支出主要与农林牧渔、水利业，农副食品加工业与食品制造业对应；衣着类支出与纺织服装鞋帽、皮革羽绒及制品业，批发零售业等有关；家庭设备用品及服务类消费主要对应制造业、居民服务和其他服务业等；居住类支出对应的行业部门主要为居

表 2-1　居民消费项目对应的产品与服务部门分类

类别	消费项目	对应部门分类
食品类支出	粮油类 肉禽、水产品类 蔬菜类 调味品 干鲜瓜果类 糕点及奶制品 其他食品	农林牧渔、水利业 农副食品加工业 食品制造业
	糖烟酒饮料类	饮料制造业 烟草制品业
	饮食服务	住宿餐饮业
衣着类支出	服装 衣着材料 鞋类 衣着加工服务费	纺织、服装、鞋帽、皮革羽绒及制品业 批发零售业 纺织业 纺织服装、鞋、帽制造业 皮革、毛皮、羽毛(绒)及其制品业 居民服务和其他服务业
家庭设备用品及服务类支出	耐用消费品 室内装饰品 床上用品 家庭日用 家具材料杂品 家务服务	制造业 批发零售业 木材加工及木、竹、藤、棕、草制品业 家具制造业 化学纤维制造业 橡胶制品业 塑料制品业 非金属矿物制品业 黑色金属冶炼及压延加工业 有色金属冶炼及压延加工业 金属制品业 通用设备制造业 专用设备制造业 电气机械及器材制造业 仪器仪表及文化、办公用机械制造业 工艺品及其他制造业 建筑材料及其他 居民服务和其他服务业

续表

类别	消费项目	对应部门分类
居住类支出	住房 建房与装修材料 水电燃料及其他	建筑业 居民服务和其他服务业 煤炭开采和洗选业 石油和天然气开采业 电力、热力的生产和供应业 燃气生产和供应业 水的生产和供应业
交通和通信类支出	交通工具 交通服务	交通运输设备制造业 交通运输、仓储和邮政业 居民服务和其他服务业
	通信工具 通信服务	通信设备、计算机及其他电子设备制造业 信息传输、计算服务软件业
医疗保健类支出	药及医疗用品 医疗服务	医药制造业 卫生、社会保障和社会福利业
娱乐教育文化用品及服务类支出	文娱用品 教育支出 文化娱乐服务支出 金融服务消费支出 保险服务消费支出	造纸及纸制品业 印刷业和记录媒介的复制 文教体育用品制造业 教育 文化、体育和娱乐业 金融业 房地产业
其他支出		其他行业

民服务和其他服务业、能源部门等；交通和通信类支出涉及的行业主要为交通和通信生产与服务部门；医疗保健类支出对应医疗制造业和卫生、社会保障和社会福利业；娱乐教育文化用品及服务类支出对应文教体育用品制造业与文化、体育和娱乐业，其他支出涉及其他行业。根据居民消费项目对应的行业与部门，本书以73个部门为基础计算居民间接能耗，各个行业部门分类如下：第一产业1个部门、第二产业42个部门、第三产业30个部门。

二 居民间接能耗计算的价格选择

由居民间接能耗计算公式得知，虽然居民间接能耗为实物量数据，但计算所需的数据中居民消费支出、居民消费项目对应的行业的增加值是价值量数据，涉及价格的选择。如果仅从剔除价格因素方面考虑，相应的价值量数据应该通过价格指数换为不变价。但从直接能耗方面看，居民直接能耗是在现价居民消费支出与各行业增加值的基础上进行的，间接能耗数据理应与之一致。为了准确估算居民间接能源消耗，全面反映居民生活对能源的需求，本书分别在现价与不变价的数据基础上对其进行计算，分析两者的差异以便选取适当的估算结果。由于1985年与1986年能源消费统计年鉴中生活能源消费不再包括与生活有关的批发零售、住宿餐饮等行业的能源消费，为保持口径一致与长时间考察的需要，选取的样本区间为1992~2017年，基期为1992年，价值量数据通过相应的价格指数换为不变价。

（一）不变价的计算

1. 居民消费支出的价格指数

采取"自下而上"、先分项后综合的方式对居民消费支出进行缩减。首先，分别通过城镇与农村居民消费项目对应的价格指数计算以1992年为基期的城乡居民各项消费支出；其次，各项目合计，分别得到城镇与农村居民的不变价消费支出；最后，城镇与农村居民消费支出相加得到全国居民不变价消费支出。不同消费项目对应的价格指数构成项目见表2-2。

采取环比价格指数进行计算，计算不变价居民消费支出的步骤如下。第一，定基价格指数等于环比价格指数相乘：1992年为100，其他年份的环比价格指数相乘可以分别得到每年以1992年为基期的价格指数；第二，不变价居民消费支出等于现价消费支出与定基价格指数相比：现价居民消费支出除以第一步得到的定基价格指数得到不变价居民消费支出。

表 2-2 居民消费价格指数构成项目

食品	衣着	交通和通信
粮食	衣着材料	交通
大米	鞋袜帽	交通工具
面粉	衣着加工服务	车用燃料及零配件
淀粉	家庭设备用品及服务	车辆使用及维修费
干豆类及豆制品	耐用消费品	市区公共交通费
油脂	家具	城市间交通费
肉禽及其制品	家庭设备	通信
蛋	室内装饰品	通信工具
水产品	床上用品	通信服务
菜	家庭日用杂品	娱乐教育文化用品及服务
#鲜菜	家庭服务及加工维修服务	文娱用耐用消费品及服务
调味品	医疗保健和个人用品	教育
糖茶及饮料		教材及参考书
茶叶	医疗保健	学杂托幼费
饮料	医疗器具及用品	文化娱乐
干鲜瓜果	中药材及中成药	文化娱乐用品
#鲜果	西药	书报杂志
糕点饼干面包	保健器具及用品	文娱费
液体乳及乳制品	医疗保健服务	旅游
在外用膳食品	个人用品及服务	居住
其他食品	化妆美容用品	建房及装修材料
烟酒及用品	清洁化妆用品	租房
烟草	个人饰品	自有住房
酒	个人服务	水电燃料
吸烟、饮酒用品		

2. 居民消费项目对应行业不变价增加值的计算

各行业不变价的增加值的计算方法有两种。一是根据价格指数进行缩减，分别采用不同行业对应的价格指数进行缩减，比如农业利用农产品生产价格指数、工业采用工业品部门出厂价格指数、建

55

筑业采用建筑安装工程价格指数进行缩减，计算过程与不变价居民消费支出的步骤相同。二是根据各行业以上年价格为基期的环比增加值指数进行计算。以第三产业为例进行说明，第三产业根据以上年价格计算的第三产业增加值指数计算其不变价：先根据环比第三产业增加值指数相乘得到以 1992 年为基期的定基增加值指数，再运用定基增加值指数乘以 1992 年的增加值便可得到以 1992 年为基期的不变价。

（二）现价与不变价计算的居民消费间接能耗关系

根据式（1-15）可得现价和不变价数据基础上居民间接能耗的计算公式：

$$E_{H现价}^{ind} = E_P^d Y^{-1} Y_H \qquad (2-1)$$

$$E_{H不变价}^{ind} = E_P^d Y_H (IPY_H)^{-1} / [Y(IPY)^{-1}]^{-1} \qquad (2-2)$$

上述两式的关系为：

$$E_{H不变价}^{ind} = E_P^d Y^{-1} Y_H (IPY)(IPY_H)^{-1} = E_{H现价}^{ind}(IPY)(IPY_H)^{-1} \qquad (2-3)$$

其中 IPY_H、IPY 分别为居民消费支出价格指数与居民消费项目对应行业的价格指数，根据两种价格指数的大小比较，式（2-1）与式（2-2）的关系有三种可能。

第一，当 $IPY > IPY_H$ 时，表示居民消费项目对应行业的价格指数大于居民消费支出价格指数，则不变价计算的居民间接能耗大于现价数据计算的结果。

第二，当 $IPY < IPY_H$ 时，表示居民消费项目对应行业的价格变动小于居民消费支出对应的价格，不变价计算的居民间接能耗小于现价数据计算的结果。

第三，当 $IPY \cong IPY_H$，表示居民消费项目对应行业的价格指数变动速度与居民消费支出的价格指数变动比较接近，现价与不变价计算的结果可认为不存在显著差异。

(三) 现价与不变价计算的居民间接能耗结果比较

总量上，以 1992 年为基期计算的全国居民间接能耗总量略低于在现价数据基础上计算的结果，表明居民消费支出价格指数的变动快于居民消费项目对应行业的价格指数的变动，两者的相对误差[①]呈现升跌波动中下降的趋势，均值为 8.56%。在不变价基础上计算的城镇和农村居民间接能耗总量与在现价基础上计算的结果的关系与全国居民间接能耗的结果方向保持一致，但两者相对误差存在差别。在不变价基础上计算的城镇居民间接能耗小于在现价基础上计算的结果，两者相对误差在升跌波动中下降，幅度为 5.91% 左右；农村居民间接能耗与之略有不同，在不变价与现价基础上计算的结果的相对误差呈现升跌上升趋势，变动幅度为 9.15%。虽然农村居民间接能耗不变价与现价结果的相对误差的变动方向与城镇相反，并且变动程度较大，但由于城镇居民间接能耗占全国居民间接能耗比重逐年增大，所以全国居民间接能耗不变价和现价结果与城镇居民保持一致，只是程度较为平缓。比重上，在不变价与现价基础上计算的居民完全能耗占终端能源消费总量的比重相差不到 3%，而且两者具有不断接近的趋势（见表 2-3）。

最终需求不同项目的间接消耗能源总量的不变价计算结果大于现价计算的结果，表明最终需求各项价值指数低于对应行业的价格指数。其中在不变价与现价基础上计算的政府消费间接能耗结果差异最大，相对误差为负值，均值为 -9.96%，呈现涨跌式下降趋势；资本形成间接能耗的不变价与现价计算的结果之间的差异最小，相对误差不超过 -5%，净出口间接能耗两个结果的差异与之类似[②]。

[①] 相对误差等于现价与不变价的计算结果的差额除以不变价。
[②] 对于不同种类的能源来说，不变价和现价计算的结果与能源消费总量保持一致，即不变价结果高于现价计算的结果，故不再一一说明。

表 2-3 不变价与现价计算的居民间接能耗的相对误差

单位：%

年份	居民间接能耗 全国	居民间接能耗 城镇	居民间接能耗 农村	居民完全能耗占终端能源消费比重	最终需求其他项目的间接能耗 政府消费	最终需求其他项目的间接能耗 资本形成	最终需求其他项目的间接能耗 净出口
1992	0	0	0	0	0	0	0
1993	0.41	0.1	0.69	0.13	-7.12	-6.21	-8.2
1994	1.26	1.65	0.88	0.39	-10.94	-7.38	-7.36
1995	9.18	11.46	6.87	2.79	-3.97	-2.09	-2.07
1996	12.75	11.99	10.33	5.02	-10.91	-3.54	-3.53
1997	12.35	12.51	5.65	3.44	-11.46	-0.37	-0.36
1998	16.52	10.27	12.28	4.21	-11.93	-1.36	-1.35
1999	10.58	10.11	11.26	4.98	-10.95	-2.35	-2.33
2000	10.76	15.67	10.48	4.22	-10.93	-4.49	-6.48
2001	12.25	13.27	10.86	3.93	-10.52	-6.65	-8.63
2002	10.41	12	11.15	3	-10.44	-5.5	-5.49
2003	12.36	13.89	13.15	3.97	-10.12	-2.55	-2.53
2004	11.35	12.89	10.57	3.12	-11.58	-5.44	-5.43
2005	11.89	10.8	11.75	2.82	-10.59	-6.71	-6.69
2006	10.71	9.09	13.68	2.55	-10.78	-7.97	-7.96
2007	9.4	8.49	11.09	2.17	-10.15	-6.16	-6.15
2008	10.12	10.02	11.43	6.16	-9.56	-5.71	-5.69
2009	10.32	10.3	10.37	2.51	-8.71	1.19	1.2
2010	10.12	10.02	9.53	5.16	-12.45	-6.27	-6.26
2011	9.78	7.24	12.09	2.11	-10.54	-2.36	-2.35
2012	9.98	6.71	13.87	2	-7.07	-5.38	-5.37
2013	9.05	5.92	10.75	1.8	-9.21	-8.16	-8.14
2014	9.62	5.23	13.88	1.79	-10.23	-5.64	-6.62
2015	9.61	4.25	10.95	1.81	-9.74	-6.5	-5.49
2016	7.44	1.79	8.85	1.48	-11.83	-3.71	-3.69
2017	10.65	0.15	37.1	2.27	-7.16	-8.43	-5.41
均值	8.56	5.91	9.15	2.40	-9.96	-4.91	-4.9

不难看出，在不变价与现价基础上计算的居民间接能耗总量的相对误差在10%以内，并且在不变价与变价基础上计算的居民间接能耗占终端能源消费总量的比重之间的差异具有逐渐接近的趋势，鉴于后续研究的需要，本书在以1992年为基期计算的间接能耗数据的基础上进行分析。

第二节 居民生活直接能耗特征

居民生活直接能耗由居住能耗与私人交通能耗组成，居民生活在同一用途方面可能消耗不同能源。换言之，一种能源可有不同用途，比如煤炭既可以用来取暖，又可以用作烹饪燃料；天然气在中国北方既可作为居民生活用燃料，在冬季又可用来取暖；电力既可用作烹饪，在一些冬季较冷的南方地区利用空调取暖也会消耗电力。因此，下文从能源种类出发，分别从居民生活直接用能消费支出、居民生活直接能耗总量与结构变动、居民生活直接能耗占居民完全能耗与终端能源消费总量的比重分析居民生活直接能耗特征。

一 居民生活直接用能消费支出

居民生活用能由居民消费模式决定，尤其是居民间接能耗与其关系更为密切，居民消费支出包括食品类、衣着类、家庭设备用品及服务类、居住类、交通和通信类、医疗保健类、娱乐教育文化用品及服务类、其他支出，其中居住类支出细分为住房支出与水电燃料支出等，交通和通信类支出分为交通工具与服务支出、车用燃料支出与通信支出等。居民生活直接用能的消费支出包含在居住与交通支出中，其中水电燃料支出代表居民居住能耗、车用燃料支出代表私人交通耗油支出。

从水电燃料与车用燃料支出的变动不难看出，1992~2017年中国居民生活用能消费支出以波动的增速增加，由328.2882亿元增加到15696.25亿元，年均增速为15%。其中由于汽车工业的发展与居民生活水平的提高以及国家对汽车消费鼓励与刺激的相关政策，汽车燃料的消费支出快于水电燃料支出，并且有继续增长的趋势，但总量仍低于后者。主要是因为汽车属于高档消费，受收入的约束性较大；而水电燃料属于生活基本所需，刚性强，即使对于收入较低的居民来说也是避免不了的，只可能从消费种类与价格方面进行选择。居民生活直接用能消费支出增长速度快于居民消费支出，因此其占居民消费支出的比重逐年上升，由1992年的7%上升到2017年的11.78%（见图2-1）。其中，2017年水电燃料支出所占比例超过车用燃料支出3.35个百分点。从消费倾向方面看，1992~2017年中国居民生活直接用能支出占居民收入的比重整体上逐年提高，但始终不超过8%，1992年所占比重仅为3.9%，2007年为6%，2017年上升为7.6%。其中，2017年水电燃料支出消费倾向①高于车用燃料支出消费倾向2.17个百分点。

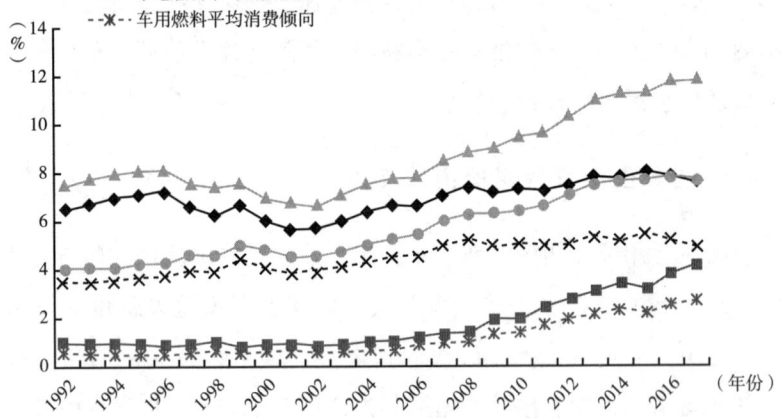

图2-1 居民生活直接用能消费支出比重与平均消费倾向的变动

二 居民生活直接能耗总量与结构变动

（一）总量

1992~2017年，中国居民生活直接能耗先以缓慢的速率增长，1997年与1998年由于经济危机的影响，能耗增速有所下降，1998年以后以递增的速率上升，2008年以后增速放缓，2017年的增速仅为2.11%，年均增速为4.08%，低于居民完全能耗增速。1992~2017年

---

① 消费倾向由消费支出与收入相比得到。

累计增量为212.39Mtce，其中煤炭与煤油消费量减少15.87Mtce，其他能源消费量增加228.27Mtce。人均生活直接能耗的变动趋势与居民生活直接能耗保持一致，由1992年的126.71千克标准煤上升到2017年的258.34千克标准煤，累计上升132千克标准煤。不过，1992~2017年居民生活直接能耗的增长速度低于居民消费支出的增长速度，所以万元居民消费能耗即居民消费能耗强度逐年下降，由28467.31千克标准煤/万元下降为2592.669千克标准煤/万元，与万元GDP能耗保持类似的变动趋势，仅为后者的1/3左右。

（二）居民生活直接能耗动态规律

1. 居民直接能耗结构变动

中国居民生活直接用能结构中不同能源变动趋势有所不同。1992~2017年，居民生活直接煤炭消耗先缓慢增加，以1992年为转折点开始下降，1998年为最低，1998~2002年消费量处于稳定状态，2002年以后开始增长，2008年金融危机后开始下降。居民生活直接煤炭消费量整体上在波动中有所下降，但是总量上仍然大于其他能源消费量；在居民生活直接能耗中，所占的比重逐年下降，由1985年的91.61%下降到31.15%，在居民生活能源消费中的主导地位逐渐下降。取而代之的是居民生活对石油、电力、液化石油气、天然气、汽油等能源的消费，除了煤炭与焦炭外，居民生活直接能耗逐年增加，其中原油、电力消费量最大，增长的速度较快，两种能源消费量占能源消费总量的比重接近2/5。液化石油气和天然气消费量变动趋势与程度相近，比重皆由不到1992年的0.5%上升到2017年的8.73%。居民生活煤气、汽油与柴油消费增长略低于前几种能源，所占比重由1992年的0.1%~0.5%上升到2017年的3%~5%。

2. 信息熵

从总量的角度分析居民生活能源消耗变动趋势，由于不同能耗用途以及所占比重不同，无法综合度量居民能源消耗的动态演变状态与规律，信息熵（Information Entropy）可以很好地解决这个问题。信息熵

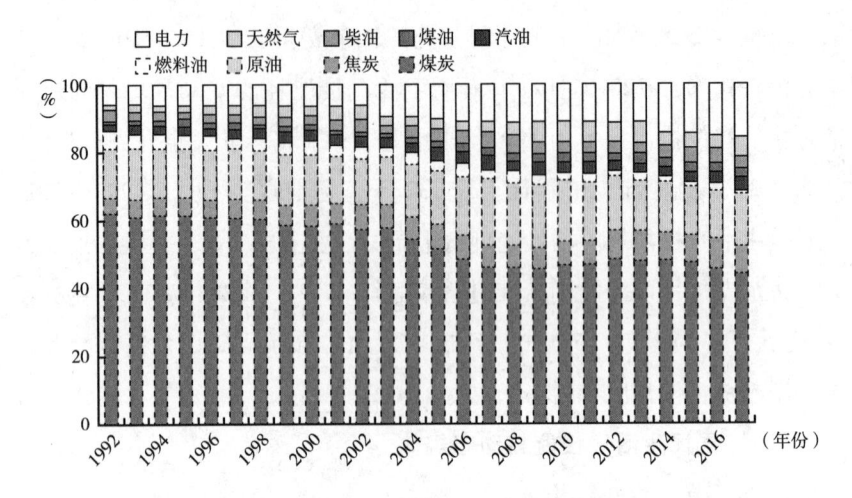

图 2-2 中国居民生活直接用能结构变动

是对一种物质或体系运动无序度的量化（耿海青、谷树忠、国冬梅，2004），反映其变动结构特征。将信息熵引入居民能源消耗可以很好地考虑到各个能源所占的比重，反映居民能源消耗结构变动与演变规律。根据信息熵的计算公式，居民能源消耗信息熵的计算公式如下：

$$RECIE = -\sum_{i}^{m}\left(\frac{RE_i}{\sum_i RE_i}\right) \times \ln\left(\frac{RE_i}{\sum_i RE_i}\right) \quad (2-4)$$

$RECIE$ 为居民能源消耗信息熵（Residential Energy Consumption Information Entropy），$i = 1, 2, \cdots, m$ 表示能源种类，RE_i 为居民对 i 类能源消耗量。$RECIE$ 综合考虑各种能源的比重变化，反映居民能源消耗结构特征，是对居民能源消耗无序度的量化。数值越大，表示居民能源消费无序度越大；良好的居民能源消费结构是从无序向有序、由低级有序向高级有序的演变。但并不表示数值越大，相应的能源消费结构越好，在有序的变动过程中，趋于稳定，才能视为良好的发展状态。

根据信息熵的理论，$RECIE$ 具有两个特性，满足两个假定。

其一，当且仅当只有一种能源，$\text{Min}RECIE = 0$，这对居民能源消费来说，可能性很小，这时信息熵值最小。

其二，当且仅当 $\dfrac{RE_1}{\sum_i RE_i} = \dfrac{RE_2}{\sum_i RE_i} = \cdots = \dfrac{RE_m}{\sum_i RE_i} = \alpha$，$\text{Max} RECIE = m$，$\alpha$ 为常数，表示 m 种能源所占的比重相等，换言之，各种能源在能源消耗总量中均匀分配，这对于居民能源消耗而言，可能性也不大，此时信息熵取得最大值。

由上述两个假定可知，$RECIE$ 的取值范围为 $[0, \ln m]$。

由居民能源消耗信息熵与最大熵的比值得到反映居民能源消耗分布的指标，即均衡度（Degree of Equilibrium，DE），揭示居民能源消耗的均匀程度或者各种能源之间的差异程度。数值越大，说明居民能源消耗结构趋向均匀，分化程度低；反之，各种能源消耗的差异性较大。计算公式如下：

$$RECDE = -\left[\sum_i^m \left(\dfrac{RE_i}{\sum_i RE_i}\right) \times \ln\left(\dfrac{RE_i}{\sum_i RE_i}\right)\right] / \ln m \qquad (2-5)$$

由信息熵的特性可知均衡度的取值范围为 $[0, 1]$。

与均衡度对应的是优势度（Degree of Dominance，DD），表示某一种或几种能源对居民能源消耗结构的影响程度，与均衡度之和为 1。

$$RECDD = 1 - RECDE \qquad (2-6)$$

利用式（2-4）计算居民生活直接能耗的信息熵，分析 1992~2017 年中国居民生活直接能源消耗的变动规律。信息熵由 0.41 增加到 1.8，近乎直线上升，表明中国居民生活直接能耗处于无序、混乱的状态，大于居民完全能耗。很明显中国居民直接能耗信息熵较小，不足 2，增速缓慢，一方面说明中国居民直接能源消耗处于无序的变动状态，另一方面反映出中国居民直接能源消耗处于无序向有序的转变过程中。居民能源消耗结构进一步优化，有助于居民直接能源消耗的信息熵趋于稳定。居民生活直接用能的均衡度由 17% 上升到 78%，提高 61 个百分点，说明中国居民能源消耗处于分化状态，各种能源消耗分布不均匀，有继续分化的趋势；1992~2017 年中国居民直接能源消耗的优势度由 82.9% 下降到 22%，表明主导能源对居民能源消耗结构的影响力下降，同时其他能源消耗对整体能源消耗结构的影响力不明显。根据图2-3与上文分析，很明显，煤炭、焦炭、原油等传统能源对中国居民直接能源消费的影响力有所降低，同时电力、天然气等清洁能源对居民能源消费的影响力还未得到充分的发挥。良好的居民能源消耗结构应是煤炭所占比重降低，电力、天然气等清洁能源成为主要能源，各种能源比重趋于稳定。很明显中国居民能源消耗结构变动远没有达到良好的互动状态，说明中国居民能源消耗结构需要进一步调整、深化与升级，继续减少对传统非可再生能源的消费量，加大对清洁能源的需求，优化居民能源消耗结构，使其向有序、稳定的状态发展。

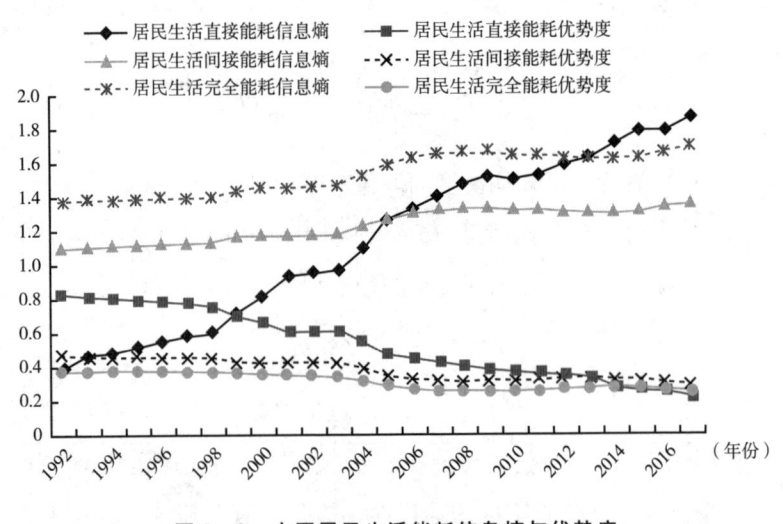

图2-3 中国居民生活能耗信息熵与优势度

三 居民生活直接能耗比重

中国居民生活直接能耗与间接能耗的种类有些区别，直接能耗包括煤炭、焦炭、石油、汽油、柴油、煤油、天然气、电力、液化石油气、煤气与热力。为了方便比较，选择与间接能耗的相同种类进行分析，其中由于居民对原油、燃料油的直接消耗量为零，居民对这两种能源的直接消耗在居民完全能耗中的比重为零，所以分析居民直接能耗占居民完全能耗与终端能源消耗总量的比重只涉及 7 种能源。

（一）居民直接能耗占居民完全能耗的比重

根据居民直接能耗占居民总能耗的比重变化方向，把各种能源消耗（包括能源消耗总量）分成两类：一是居民直接能耗的比重下降，包括煤炭、焦炭与煤油；二是居民直接能耗的比重上升，包括能源消耗总量、汽油、柴油、天然气与电力。

1992～2017 年中国居民直接能源消耗占居民完全能耗的比重由 1992 年的 28.93% 开始下降，2010 年与 2011 年出现涨跌变动，2012 年之后呈现上升趋势，2017 年比重上升到 26.04%，说明居民完全能耗中有 71% 来自居民间接能耗。其中，2011 年居民直接能耗占居民完全能耗的比重为 24.82%，低于同期 11 个欧盟国家[①]。居民直接能耗占总能耗的比重下降幅度最大的是煤油，由 1992 年的 47.15% 下降到 2017 年的 3.2%；其次为煤炭，比例由 1992 年的 31.44% 下降到 2017 年的 8.2%；比重最小的为焦炭，居民直接焦炭消耗仅为居民完全焦炭消费量的 1%，而且还有继续下降的趋势。

如图 2-4 所示，居民直接汽油消耗占居民完全汽油消耗的比重大幅度上升，从 1992 年的不足 2% 上升到 2017 年的 43% 左右，主要是由于居民家庭对汽车消费的支出增大，私人交通耗油量直线上升。同时居民直接柴油消耗占居民完全柴油消耗的比重低于汽油消费，由 1992 年的 1% 上升到 2017 年的 14%。由于居民对煤炭、焦炭、煤油等非再生能源直接消耗的比重下降，以及天然气与电力资源本身的优点，居民直接天然气消耗占居民完全天然气消耗的比重与居民直接用电占居民完全用电的比重大幅度上升，1992～2017 年分别由 7% 上升到 45% 与由 10% 上升到 30%。电力消耗比重低于天然气消耗，主要

---

① 1994 年 11 个欧盟国家中居民直接能耗占居民完全能耗的比重为 34%～64%，参见 Reinders, A. H. M. E., Vringer, K. (2003)。

是由于居民直接耗电增加的同时，其他部门对电力的消耗也有大幅度的增加。但对于天然气来说，并不是如此。居民直接天然气消耗占居民完全天然气消耗的比重高于其他能源，2017年居民直接天然气消耗与直接汽油消耗的比重接近，电力消耗次之，焦炭的比重最小。

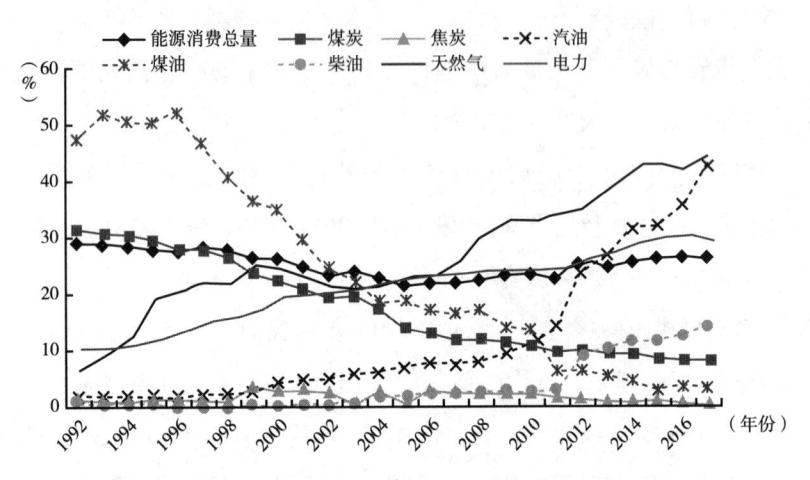

图2-4 居民直接能耗占居民完全能耗的比重

整体上，1992~2017年中国居民直接能源消耗量占居民完全能源消耗总量的比重不足30%，不过有上升的趋势。一方面，说明生产部门生产技术水平提高，能源消耗强度有所加强；另一方面，说明中国居民对能源的直接需求压力有增大的趋势。中国居民不同的直接消费能耗在居民完全能耗中所占比重的变动方向与程度不同。对于煤炭、焦炭与煤油来说，居民直接能耗所占比重最小为1%左右，最高不足9%，并且有持续下降的趋势；中国居民直接汽油、天然气、电力与柴油消耗的比重逐年上升，最高为45%，接近居民间接能耗。

（二）居民直接能耗占终端能源消费总量的比重

由式（1-1）即终端能源消费平衡关系得知，从生产的角度看，能源消耗总量等于各行业直接能耗与居民生活直接用能的合计。基于研究需要，把73个行业整合为农林牧副渔业，工业，建筑业，交通运输、仓储与邮政业，批发零售业与住宿餐饮业，以及其他行业，分析居民生活直接用能与各行业直接能耗占终端能源消费总量的比重。

居民生活直接能耗总量与不同能源消费量变动的方向并不完全一致。1992~2017年，居民生活直接用能结构中煤炭、焦炭与煤油的消费量呈现波动式下降的趋势；但汽油、柴油、天然气与电力消费量逐年增加，尤其是天然气与电力，近乎指数增长，使居民生活直接用能总量由1992年的133.18Mtce增加到2017年的345.57Mtce。不同能源的居民生活直接消耗的变动方向与程度不同，占不同能源总消耗的比重存在差异。

1. 能源消费总量

1992~2017年，居民生活直接用能占能源消耗总量的比重由17.37%下降为10.63%，是工业之外的第一能耗部门（见图2-5）。比重之所以下降，主要是因为居民生活直接用能总量的变化速度低于各部门能源消耗总量。2017年其他行业的能源直接消耗量变动存在差异，交通运输、仓储与邮政业直接能耗比重一跃占据第3位，其他行业、批发零售业与住宿餐饮业紧随其后，农林牧副渔业直接能耗比重下降，排在第6位。

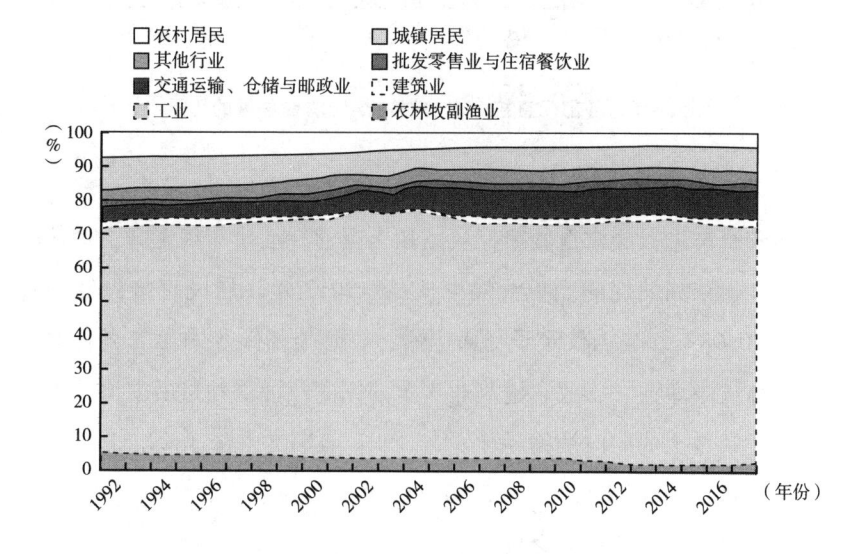

图2-5 各部门直接能耗占能源消费总量的比重

2. 煤炭、焦炭与煤油

对于传统的非可再生能源如煤炭、焦炭与煤油来说，由于倡导环保理念与鼓励环保行为以及清洁能源替代性强等，居民生活减少了污染严重的传统能源消费量，各种传统非可再生能源的比重有所下降。3 种能源中，2017 年，居民生活直接消耗的比重最高不足 3%；工业消耗所占比重为 95% 左右；其他部门对这 3 种能源消耗的比重都有所下降（以煤炭为例，见图 2-6）。

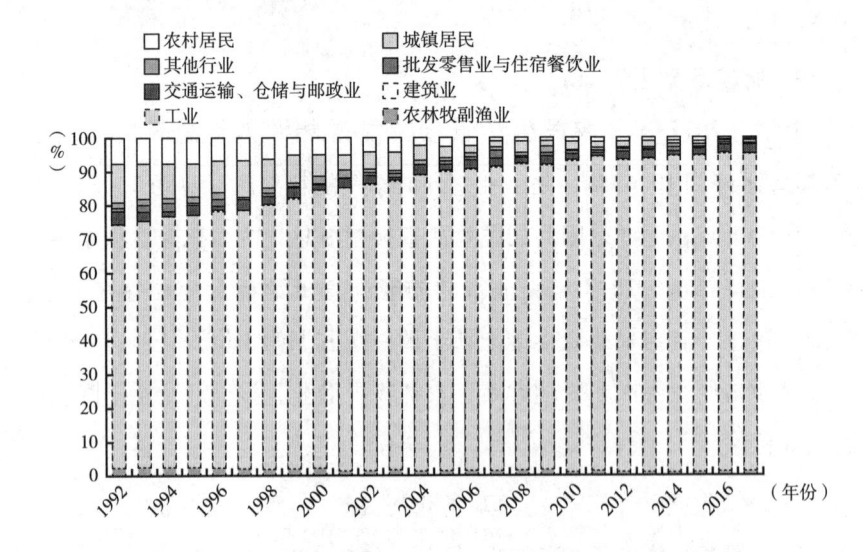

图 2-6 各部门直接煤炭消费占煤炭消费总量的比重

3. 汽油与柴油

随着汽车进入寻常百姓家，居民私人交通耗油量直线上升，使居民直接汽油、柴油消耗的比重大幅度提高。2017 年，居民直接汽油消耗比重为 20.08%，成为仅次于交通运输、仓储与邮政业的第二大耗油部门；农林牧副渔业、工业、建筑业 3 个部门的汽油消耗量所占比重不升反降，尤其是工业的汽油消耗比重与 1992 年相比下降了 22.31 个百分点；居民直接柴油消耗比重为 5.27%，排在交通运输、仓储与邮政业，农林牧副渔业，其他行业之后。

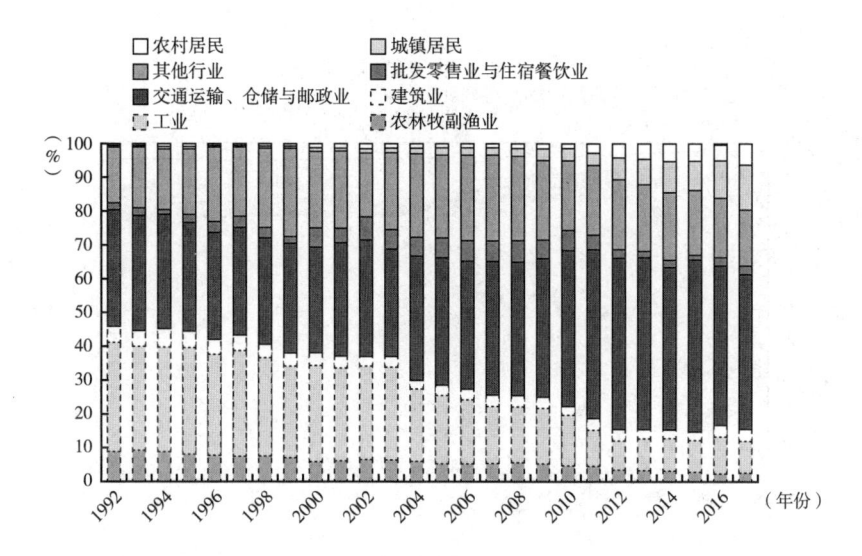

图 2-7　各部门直接汽油消耗占汽油消耗总量的比重

4. 天然气与电力

居民生活直接天然气与电力消耗的比重仅次于工业，排在第 2 位。2017 年，居民直接天然气消耗比重为 21.09%，比 1992 年的比重上升 17.77 个百分点；与居民生活紧密相关的第三产业各部门天然气消耗量所占比重都有不同程度的提高；工业与建筑业则不同，工业对天然气消耗量逐年上升，而建筑业对天然气的直接能耗量在波动中稍有下降，两者的共同点在于所占的比重都有大幅度的下降。2017 年，居民生活直接用电比重为 12.22%，与 1992 年的比重相比，上升了 6.82 个百分点。与天然气相同，与居民生活密切相关的第三产业直接耗电量及其比重上升；工业与建筑业的比重有所下降，与天然气消耗不同的是工业与建筑业的电力消耗变动幅度较平缓（见图 2-8）。

第三节　居民生活间接能耗特征

居民生活间接能耗源于购买的产品和服务的生产、分配与运输等阶

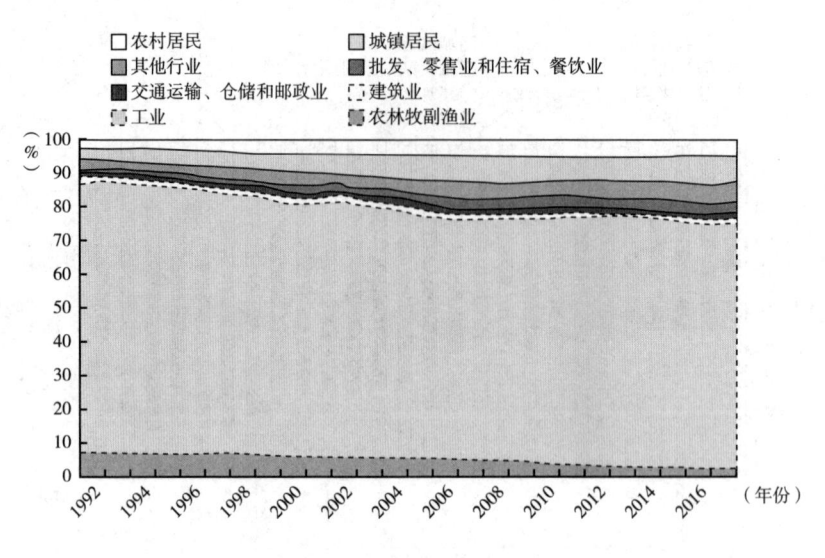

图 2-8 各部门直接电力消耗占电力消耗总量的比重

段对能源的需求,由居民的消费模式决定,本节分别从居民间接能耗总量以及结构变动规律、消费结构演变以及居民消费项目间接能耗方面进行分析。

一 居民生活间接能耗总量

1992~2017年中国居民生活间接能耗总量以 5.69% 的速度上升;1997~1998 年,由于 1997 年亚洲经济危机爆发,中国居民收入与消费支出的增长速度有所减缓。其中,城镇人均可支配收入增速在 1997 年与 1998 年分别下降了 4.33 个百分点和 1.5 个百分点,农村人均纯收入增速在 1997 年与 1998 年分别下降 13.57 个百分点与 5.07 个百分点,收入增速变缓使居民消费支出增速在 1997 年与 1998 年分别下降了 10.96 个百分点与 2.48 个百分点。居民收入与消费支出的共同影响使居民生活间接用能分别减少 13.46Mtce 与 19.75Mtce。2002 年与 2004 年,随着生产部门生产技术的提高以及中国对生产部门节能减排的重视,能源消耗量增长速度有所放缓。其中,间接燃料油、原油与煤油消耗的速度变动较快,超过能源消耗总量 3.29 个百分点;居民消费对其他能源,如汽油、煤炭、电力的间接消耗量的增长速度也不低,均高于居民完全能耗总量增速。

由居民完全能耗与直接能耗分析得知,1992~2017年中国居民间接能耗总量占居民完全能耗的60%以上,由1992年的63.39%上升到2017年的68.94%,接近70%,2017年有轻微下降的趋势。居民完全能耗的变动趋势主要由居民间接能耗决定,不过不同能源的影响程度存在差异。比如,居民间接煤炭消耗占居民完全能耗70%以上,焦炭与煤油间接能耗比重高达95%以上;但对于天然气与汽油,居民间接消耗的比重有所下降,随着居民生活直接能耗的增加,直接与间接能耗的比重有望持平。居民对电力的间接消耗比例与天然气、汽油类似,有下降的趋势,但程度不同,电力的间接消耗比重为70%左右(见图2-9)。

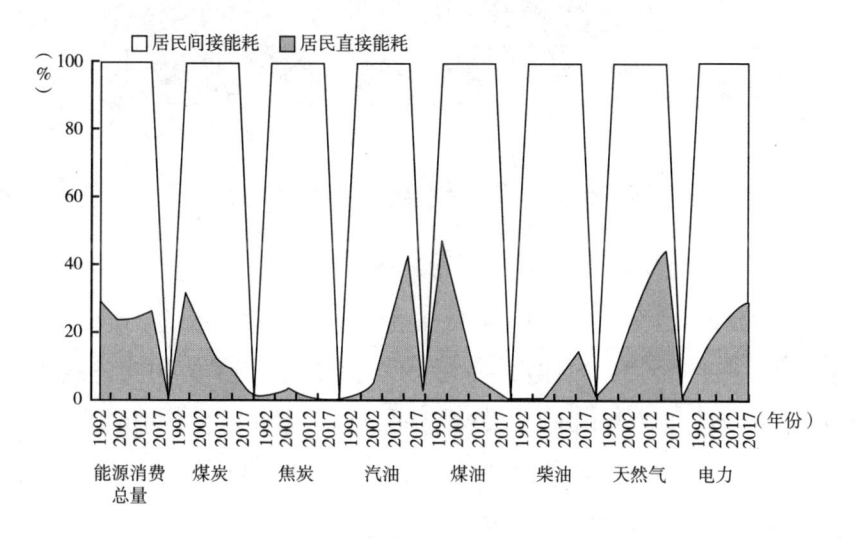

图2-9 居民生活间接能耗占完全能耗的比重

注:能源消费总量以标量表示,各能源种类以实物量表示。

二 居民间接能耗结构变动规律

如图2-10所示,1992~2017年中国居民间接能源消费结构中,虽然煤炭消费比重由70.72%下降到63.72%,但仍然是主导资源,说明各生产部门能源消费仍以煤炭消费为主；电力、天然气、汽油等消费比重有所上升，变动的程度较小。1992~2017年，居民间接电力消耗的比重由7%上升到12.07%，间接天然气消耗比重由1%上升到3.63%，间接汽油消耗比重由4.47%上升到8.24%，说明各生产部门对电力、天然气等清洁能源消费的比重仍然很低。

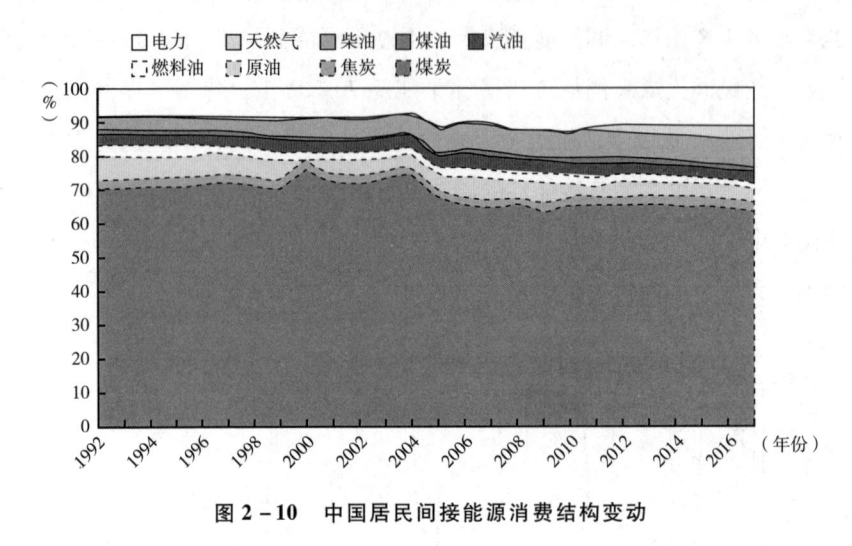

图2-10 中国居民间接能源消费结构变动

利用式（2-4）计算居民间接能耗的信息熵，分析其结构变动规律。1992~2017年中国居民间接能耗的信息熵呈现波动式、轻微上升，由1.16上升到1.31（见图2-3），低于居民完全能耗与直接能耗的信息熵，表明各生产部门能源消费结构变动的无序度稍低于居民完全能耗与直接能耗。居民间接能源消费的均衡度由52.89%上升到59.81%，数值小于居民完全能耗，变动程度也低于后者，表明各生产部门能源消费的分化程度低于居民生活直接能耗，主导能源的影响力仍然很强劲。这一点从居民间接能耗优势度的数值与变动也可以看出，居民间接能耗优势度由1992年的47.12%下降到2017年的40.19%。虽然居民间接能耗优势度有所下降，但是煤炭消费仍然占主导地位，并且电力、天然气等其他能源消费的影响力较低。中国居民间接能耗动态演变规律反映出各生产部门能源消费中煤炭仍然占主导地位，并且其对居民间接能耗的影响力大于对居民生活直接能耗的影响力；清洁能源消费比重虽有上升的趋势，但总量较低，表明中国各生产部门需要大力优化能源消费结构，大幅度降低对煤炭等非再生能源的消费，有意识地提高天然气等清洁能耗的比重，使其能源消费结构进一步向有序的状态发展。

三 居民消费项目的间接能耗

居民间接能耗与居民消费结构、消费模式密切相关，分析消费项目的能耗之前，首先对居民的消费结构演变进行分析。

（一）中国居民消费支出总量变动

随着中国经济体制的改革，尤其是医疗、住房、教育、养老等制度的改革，居民相应的消费支出出现不同程度的增加。1992~2017年中国居民消费支出以波动中递减的速率增加，速度在2009年之后趋于平缓。八大类消费支出的增长趋势与居民消费总量相近，增长速度的快慢不同，按照增长速度由高到低分别是交通和通信类支出、娱乐教育文化用品及服务类支出、医疗保健类支出、居住类支出、家庭设备用品及服务类支出、衣着类和食品类支出。

1. 交通和通信类支出

八大类消费支出中，交通和通信类支出的增长最快，年均增速为23.68%，由1992年的100.572亿元增加到2017年的18497.43亿元；交通和通信类支出1992年的总量远低于其他类支出，在2014年之后反超娱乐教育文化用品及服务类支出，成为继食品类支出后第二大支出。增长如此之快，原因主要有两个。一是交通支出的增加，由于汽车消费的兴起、国家对汽车产业的重视以及以此刺激内需的相关鼓励、刺激汽车消费的政策实施，使汽车消费需求增加；国家不断加大对交通基础设施的投资，建立健全公共交通服务机制，提高公共交通服务水平，使公众出行更方便，这两方面直接促进居民交通支出增加。二是通信类支出的增加，随着信息技术的发展与提高，电子产品更新换代的技术周期不断缩短，引起电子产品的价格下降，多功能的电子产品与低廉的价格促使居民加大了通信工具与服务的支出。由于国家相关政策的实施、信息技术的发展，居民对交通与通信的需求增加了，相应的消费支出自然随行就市地呈现大幅度的增长态势。

2. 娱乐教育文化用品及服务类支出

娱乐教育文化用品及服务类消费支出的增长速度仅次于交通和通信类支出，以平均17.56%的速率增加，由1992年的294亿元增加到2017年的15095.23亿元。娱乐教育文化用品及服务类支出1992年的总量低于家庭设备用品及服务类支出，2006年的总量超过居住类支出，成为排列在食品类支出后的第二大支出。主要在于学费支出的增加，原因可能有以下几个方面。一是大学扩招后的影响力，1997年大学扩招后，大学入学率直线上升，大学学费提高使家庭的学费支出大幅度增加。二是随着政府对教育事业发展的重视与对教育行业的扶持，民办教育机构如雨后春笋般兴起，并扩大起来。一种是民办大学和与大学有关的教育培训机构，如考研培训班、英语四六级培训班、出国培训班等，类似的教育机构随着考生队伍的增加不断壮大；另一种是针对少儿的教育培训机构，如英语培训班、作文班、奥数班以及其他各种特长班层出不穷。所以出现了这样的现象：自1986年逐步实行九年义务教育制度，免除学杂费，只需缴纳书本费，但居民在教育方面的支出不降反增，而且消费支出比重还不低。另外，幼儿入园的费用也大幅度地增加，在很大程度上提高了娱乐教育文化用品及服务类支出水平。

3. 医疗保健类支出

医疗保健类支出的增加速度稍低于娱乐教育文化用品及服务类支出，以年均15.84%的速率上升，1992~2017年累计增加8746.438亿元。居民医疗保健支出的增加，一方面是由于居民保健意识的提高，另一方面是由于保健行业的兴起与壮大。保健行业兴起后，产生了很多保健产品与服务，比如，针对老人的"脑白金""黄金搭档""黄金酒"等，针对儿童的各种补锌、补钙等产品与服务，针对孕妇的"金维他"等；还有各种保健器材，比如修脚盆、按摩椅等。不管是出于孝心，还是送礼，都极大地刺激了居民对此类保健产品与服务的消费需求。

4. 居住类支出

居住类支出包括住房支出与水电燃料及其他支出，随着城市化的发展，大量外来务工人员进入城市就业，极大地促进了租房事业的发展，但随着租房价格上升、各种物业等费用的增加以及通货膨胀等因素，居民居住成本逐年上升，由1992年的548.284亿元增加到2017年的15335.27亿元，年均增速为14.58%，与医疗保健类支出相近。

5. 家庭设备用品及服务类、衣着类与食品类支出

与医疗保健类支出增长速度相接近的还有家庭设备用品及服务类支出。由于生活水平的提高，各种家用电器应有尽有，国家实行的家电下乡、补贴等相关政策进一步刺激了居民对家用电器的需求。另外，衣着类支出与食品类支出的增加速度相近，约为13%，稍低于家庭设备用品及服务类支出。其中，食品类支出虽然增长速度不及其他类支出，但总量是最大的，历年如此，总量规模远大于其他消费项目。

（二）中国居民消费结构变动

由以上分析可知，1992~2017年中国居民消费项目皆是逐年递增的，但各自比重呈现不同的变动趋势与程度。根据消费项目变动的方向与程度分为两类，一是比重下降，按照下降程度从高到低依次是食品类、衣着类、家庭设备用品及服务类与居住类支出；二是比重上升，分别是交通和通信类、娱乐教育文化用品及服务类与医疗保健类支出。

1992~2017年中国居民食品类支出规模逐年增加，随着生活水平的提高，所占比重整体上逐年下降，由1992年的54.85%下降到2017年的37.23%，降低了17.62个百分点。居住类支出的比重变动较平缓，略下降0.21个百分点，比重维持在11.5%左右；家庭设备用品及服务类支出的比重变动与居住类支出相近，略下降0.75个百分点，但比重低于居住类支出，2017年仅为6.5%。衣着类支出由1992年的11.5%下降到2017年的9.64%，降低了1.86个百分点。4类消费项目共降低约20个百分点。比重上升最多的是交通和通信类支出，由1992年的2.15%上升到2017年的13.88%，上升了11.73个百分点，2014年之后成为继食品类支出的第二大支出，不过比重只是稍高于居住类、娱乐教育文化用品及服务类与衣着类支出。娱乐教育文化用品及服务类支出2017年的比重上升到11.333%。医疗保健类支出总量的增长速度较快，2017年比重上升到6.75%，仅比1992年的比重提高1.35个百分点（见图2-11）。

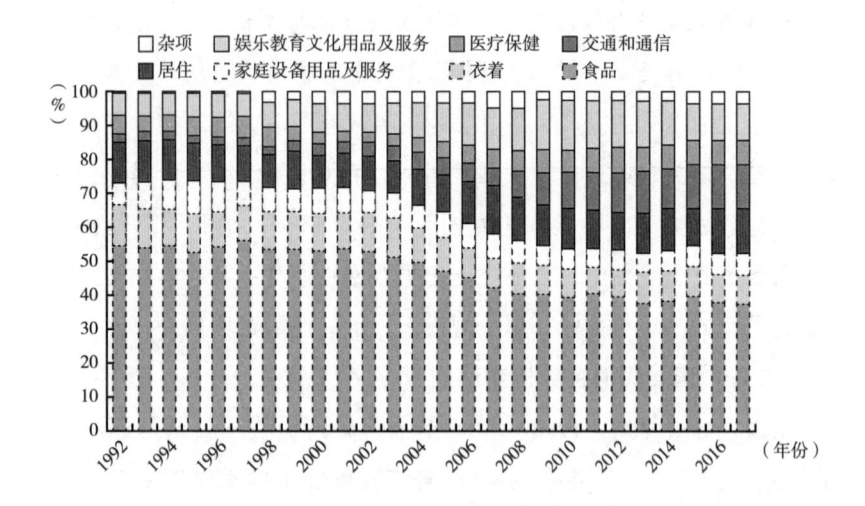

图2-11 中国居民消费结构变动

1992~2017年中国居民消费项目以波动的递减的速度上升，增速趋于稳定，消费结构中食品类支出比重下降，到2017年不足40%。交通和通信类、娱乐教育文化用品及服务类支出比重上升，与居住类、衣着类支出比重相接近，近于1/10，但居住类、衣着类支出的比重比较稳定，略有下降；比重较稳定的还有家庭设备用品及服务类支出的，医疗保健类支出比重与之接近，约为7%，但后者比重是上升的。整体上，随着经济的发展与城镇化进程的加快，居民消费由以食品类支出为主，逐步向住房、家电、汽车等消费需求升级，并且随着收入的不断提高，对这几项的需求逐渐加大。

(三) 居民消费的间接能耗

1992~2017年,与居民消费支出总量的变动趋势类似,八大消费项目的间接能耗总量呈现波动式增长趋势,不同在于其增长速度小于前者。以下按照总量大小分别进行分析。

1. 居民消费的间接能耗总量

(1) 食品类支出的间接能耗

中国居民消费项目高能耗的特征比较明显:食品类支出中偏重动物性食品,肉禽类食品引起的间接能耗占食品能耗的50%左右;反季节水果与食品、糖酒饮料的间接能耗所占比重日益上升。另外,居民在外就餐支出越来越大,尤其是逢年过节,存在餐桌浪费现象。八大消费支出中食品类间接能耗总量最大,以年均3.54%的增速呈现波动式增长,占居民间接能耗比重的变动方向分为两个时间段。由1992年的38.18%略上升到2007年的43.39%;1995年之后比重转而下降,2017年的比重为26.69%,比1992年的比重下降11.49个百分点,是下降幅度最大的消费项目。

(2) 居住类支出的间接能耗

居住类支出的间接能耗仅次于食品类支出的间接能耗,由1992年的47.32Mtce增加到2017年的144.11Mtce;年均增速为4.83%,稍高于食品类支出间接能耗的平均增速。主要是由于与居住消费有关的行业能耗增加,比如建筑业能耗逐年增加,住房建筑隔热性能差等弊端造成了一定程度的能源浪费。居住类支出的间接能耗占居民间接能耗总量的比重由1992年的20.74%上升到2016年的23.73%,2017年略微下降至21.42%,比重平均为20%。

(3) 交通和通信类支出的间接能耗

居民开车出行已成为普遍现象,交通和通信类支出的间接能耗次于居住类支出的间接能耗,总量近乎直线上升,从1992年的9.18Mtce增加到2017年的160.54Mtce;增速是八大消费项目中最快的,为13.04%;其间接能耗在居民间接能耗中所占比重上升幅度最大,由

1992年的4.02%上升到2017年的23.86%,上升近20个百分点,并且仍有继续上升的趋势。

(4) 家庭设备用品及服务支出的间接能耗

不同于交通和通信类支出的间接能耗快速增长,家庭设备用品及服务类支出的间接能耗增长较为平缓,比重有所下降,由1992年的14.83%下降到2017年的10.58%。

(5) 娱乐教育文化用品及服务类支出的间接能耗

娱乐教育文化用品及服务类消费的间接消耗增长速度略快于家庭设备用品及服务类支出,为5.36%,主要是由于与教育文化有关的印刷业、造纸业等部门属于较大的能耗与污染部门。

(6) 衣着类与医疗保健类支出的间接能耗

除了杂项外,间接消耗总量排名靠后的是衣着类与医疗保健类支出。与衣着类支出有关的是纺织、服装、鞋帽、皮革羽绒及制品行业,属于轻工业,能耗较低,但规模大。另外,衣着类支出属于居民生活所需,还要考虑时尚、美观等,居民衣着类支出支出逐年增加的趋势也可说明这一点。医疗保健类的间接能耗虽然在居民间接能耗中所占比重仅为2%左右,并且有下降的趋势,但其能耗总量也不能忽视。

总体上,食品类、居住类与交通和通信类、娱乐教育文化用品及服务的间接能耗在居民间接能耗中的比重很大,结果与以往研究结论类似(Reinders, A. H. M. E., Vringer, K., 2003)。在降低居民能源消费方面,这四类是需要关注的消费项目。

2. 居民消费的间接能耗比重变动

从居民消费项目的间接能耗比重变化来看,如图2-12所示,交通和通信类支出的间接能耗比重上升最快,与交通和通信类支出的快速增长态势保持一致,只是速度低于后者;交通和通信类支出的间接能耗占居民间接能耗总量的比重大于交通和通信类支出在居民消费支出中的比重,比如2010年上升到23.86%,是略低于食品类支出间接能耗的第二大能耗消费项目，但后者比重仅为13.88%，与娱乐教育文化用品及服务类、居住类与衣着类支出并驾齐驱。

消费间接能耗占居民间接能耗总量的比重与消费支出占居民消费总量的比重相比，前者大于后者的除了交通和通信类，还有居住类与家庭设备用品及服务类支出。2017年居住类消费支出占居民消费支出的比重为12%，但其占居民间接能耗总量的比重为22%，呈现平稳上升的趋势；家庭设备用品及服务类支出占居民消费支出的比例不足7%，但其间接能耗占居民间接能耗的比重不到10%。消费间接能耗占居民间接能耗比重下降幅度最大的为食品类支出，但其仍为第一大间接能耗消费项目，与食品类消费支出在居民消费支出中的比重相比，前者降低幅度小于后者，而且比重也小于后者。虽然2017年衣着类支出占居民消费支出比重接近10%，但其间接能耗占居民间接能耗的比重仅为7.24%，并有下降的趋势，这主要是与衣着类支出有关的行业能耗决定的。2017年，医疗保健类消费支出占居民消费支出的比重与其间接能耗占居民间接能耗的差异较大，医疗保健类支出占居民消费支出的比重为6.75%，但其间接能耗比重仅为2%左右，并且有继续下降的趋势，表明医疗保健类支出能耗较低。

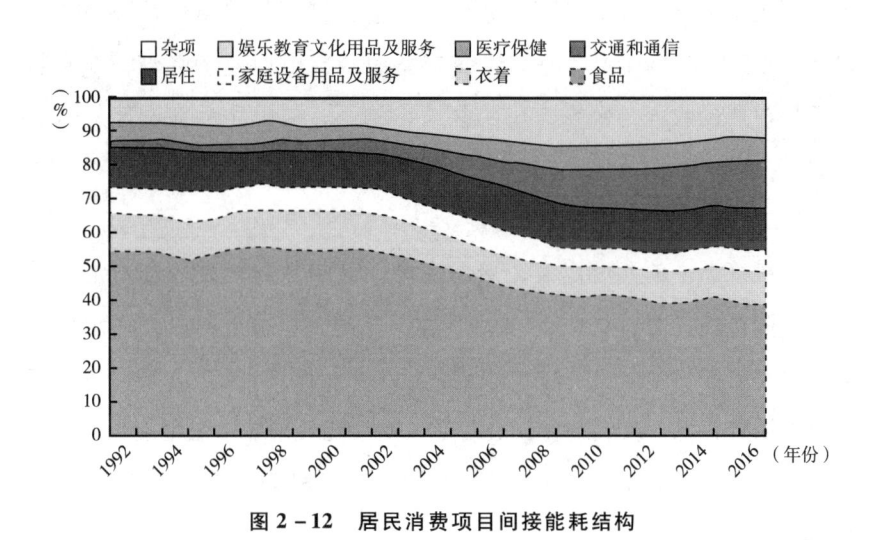

图2-12 居民消费项目间接能耗结构

第四节 居民生活完全用能特征

本节从中国居民完全能耗总量、最终需求项目能耗占终端能源消费总量的比重、不同能源消费（实物量与标量）、居民完全能耗结构以及居民完全能耗变动规律等方面进行分析。

一 居民生活完全能耗总量及其比重

（一）居民生活完全能耗总量

总量上，1992~2017年中国居民完全能耗总量（以发电煤耗计算法）以5.03%的增速缓慢上升，增速呈现波动态势；2010年增速最高，为33.96%；2006年增速最低，为1.32%；居民完全能耗总量由1992年的363.82Mtce增加到2017年的1112.52Mtce，累计增速为205.79%。其中1997年、1998年、2001年、2004年居民生活完全能耗总量有所下降，1997~2001年有较小幅度下降。1997年，由于亚洲经济危机爆发，中国居民收入与消费支出增加速度有所减缓，城镇人均可支配收入与农村人均纯收入增速分别下降4.33个百分点与13.57个百分点。收入增速变缓使居民消费支出增速下降10.96个百分点，在居民收入与消费支出的共同影响下，居民生活完全能耗减少了59.37Mtce。

（二）居民生活完全能耗比重

从最终需求的角度出发，居民完全能耗与政府消费、资本形成和净出口间接能耗合计构成终端能源消费总量。总量上，最终需求间接能源消耗与能源消费总量增加趋势类似（见图2-13）。1992~2017年能源消费总量、政府消费、资本形成间接能耗整体上呈现逐年增加的趋势，平均增速均高于居民完全能耗，分别为6.04%、6.16%与7.6%。

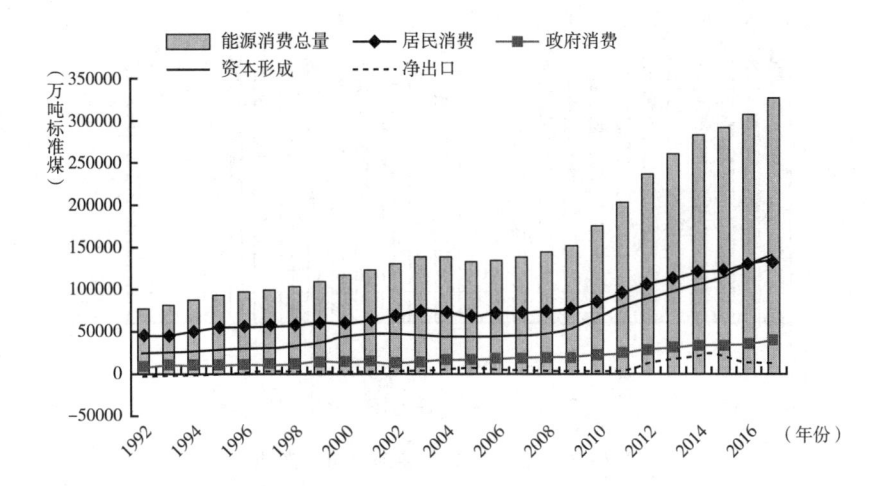

图 2-13 能源消费总量与最终需求间接能耗

从比重上看，1992~2017 年居民消费完全能耗占能源消费总量的比重排在第一位，整体上逐年下降；但 2017 年资本形成间接能耗首次略超过居民消费完全能耗，后者的比重退居第 2 位；居民消费完全能耗占能源消费总量的比重由 1992 年的 60.04% 降低至 2017 年的 40.84%，累计下降近 20 个百分点，年均下降 1.5 个百分点。除了 2010 年，资本形成间接能耗在能源消费总量中所占比重始终排在第 2 位，整体上比重逐年上升，累计上升 11.96 个百分点；政府消费间接能耗在能源消费总量中所占比重始终维持在 12.35% 左右，略微下降；净出口间接能耗在能源消费总量中所占比重缓慢上升，累计上升 6.9 个百分点，2017 年的比重为 3.56%（见图 2-14）。可以看出，虽然最终消费占 GDP 的比重逐年下降，由 1992 年的 66% 下降到 2017 年的 47.4%；资本形成的比重随着投资规模的增加不断上升，2017 年超过最终消费，并且 2017 年资本形成间接能耗首次超过居民消费完全能耗，但最终消费始终是最终需求项目中的第一大能源需求来源，说明最终消费对能耗及其污染排放的压力比较大。

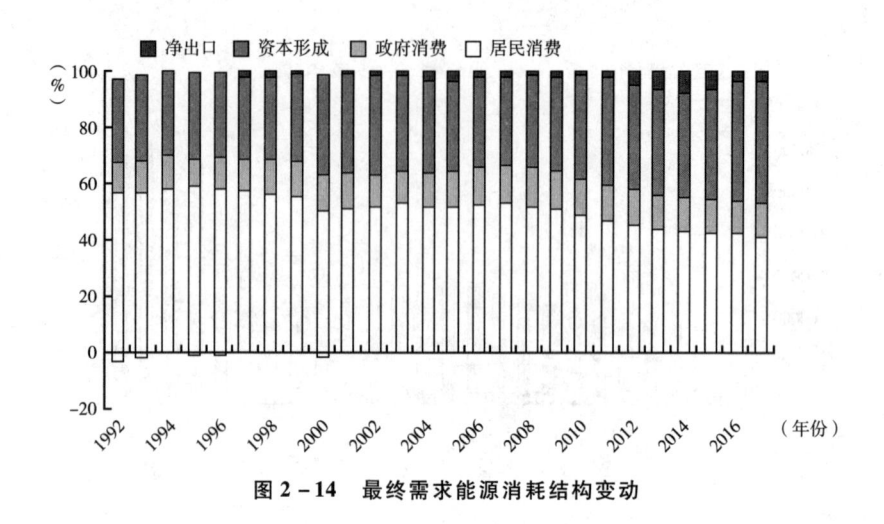

图 2-14 最终需求能源消耗结构变动

二 居民生活对不同能源的完全消耗

居民间接能耗种类共 9 种,分别为煤炭、焦炭、原油、燃料油、汽油、煤油与柴油(万吨)、天然气(亿立方米)与电力(亿千瓦小时),分别从实物量与标量角度进行分析。

(一) 实物量角度

分别从居民对不同能源的完全消耗与占终端能耗总量的比重进行分析。

1992~2017 年,居民对 9 种能源的完全消耗整体上均逐年增长(见图 2-15 与图 2-16),区别在于总量与增速,增速最快的是电力消费,平均为 8.67%。随着经济发展、收入水平提高,居民各种家用电子设备的消费量快速增加,使居民生活用电量直线上升,由 1992 年的 2234.012 亿千瓦小时增加到 2017 年的 17567.76 亿千瓦小时,累计增速为 686.38%。居民生活用电增长速度呈现波动态势,2007 年增长最快,增速为 13.35%;1990 年的增速最小,为 3.45%。增速仅次于电力的是居民生活天然气消耗,年均增速为 8.62%,由 1992 年的 68.85265 亿立方米增加到 2017 年的 513.8434 亿立方米,累计增速为 646.29%。中国居民生活柴油、汽油和焦炭消耗的年均增速分别为 7.21%、6.68% 与 6.28%;虽然柴油与汽油消费总量低于焦炭,但增长速度快于焦炭,而且呈现出持续增长的态势。1992~2017年煤炭消耗呈现出与居民完全能耗总量类似的缓慢增长趋势（见图2-15），由1992年的49696.95万吨增加到2017年的111610.8万吨，累计增速为124.58%，年均增速为3.43%，低于电力、天然气、柴油和汽油消耗的增长速度，不过高于原油与燃料油消耗的增长速度。对于居民而言，原油与燃料油全部来自间接消耗，居民间接原油与燃料油消耗的平均增速分别为3.12%与0.97%，其中燃料油的消耗自2016年开始下降。

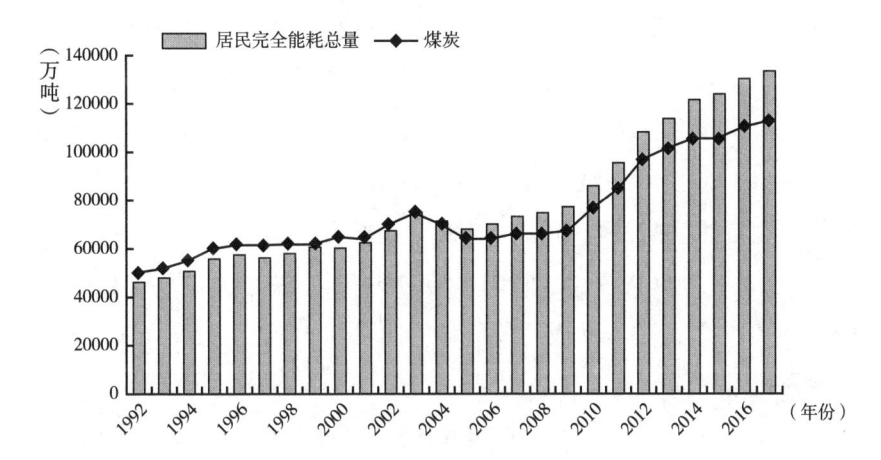

图2-15 居民完全煤炭消耗总量

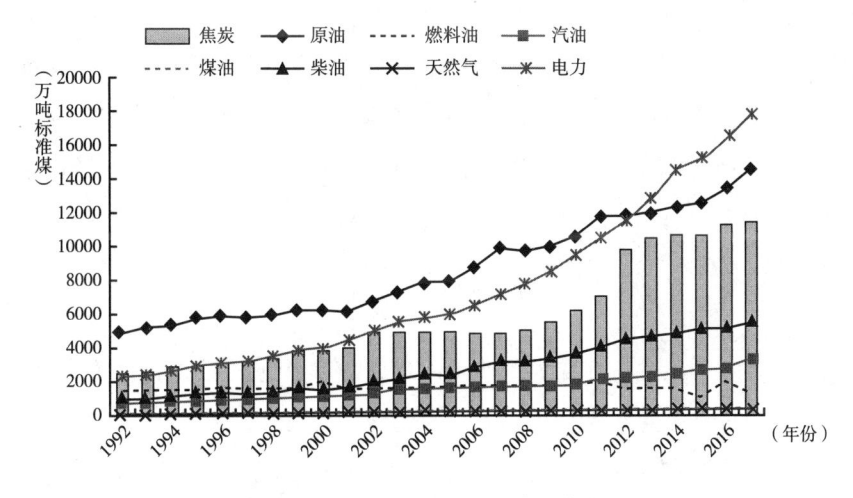

图2-16 居民对不同能源的完全消耗

最终需求对9种能源消耗与其能源消费总量的变动趋势相近，只是居民消费完全能耗所占比重与最终需求各项目的变动幅度有所不同，根据最终消费需求变动的幅度把9种能源分为3类。一是1992年居民完全能耗占总能耗比重超过60%、变动幅度为40个百分点左右的能源——煤炭与煤油。居民完全煤炭与煤油消耗占总能耗的比重都超过60%，2017年比重下降到35%左右。以煤炭消费为例，1992~2017年，资本形成间接能耗在总能耗中所占比重由1992年的25%大幅度上升到2017年的48%左右；政府消费间接能耗在总能耗中所占比重略微上升，平均比重为12%；净出口间接能耗整体上逐年增加（见图2-17）。二是1992年居民完全能耗在总能耗中所占比重为50%~52%、变动幅度为24~34.6个百分点的能源——焦炭、原油、燃料油、柴油与电力。居民对这5种能源的完全消耗量的比重由1992年的50%下降到2017年的34%左右。以电力消费为例，1992~2017年，资本形成间接能耗的比重由36%上升到46%；政府消费间接能耗的比重在13%上下波动；净出口间接能耗的比重呈现出增加态势（见图2-18）。三是1992年居民完全能耗在总能耗中所占比重为52%、变动为4~12个百分点的能源——汽油与天然气。以汽油消费为例，2017年居民消费完全能耗略微下降，占总能耗的比重仍然是最终需求中最大的，为48%左右；资本形成间接能耗的比重上升了12个百分点，比重约为39%，但仍然低于居民消费完全能耗；政府消费间接能耗变动趋势与其他能源类似，略微下降，维持在12%左右；净出口间接能耗比重整体上升，但一直低于10%（见图2-19）。

（二）标量角度

按照各种能源折标准煤的参考系数，将实物量的数据转换为标量，以便于分析居民生活完全用能的结构变化。

1992~2017年居民对各种能源完全消耗总量整体上呈现逐年增长的态势，各种能源标量数据变动趋势与实物量数据保持一致（见图

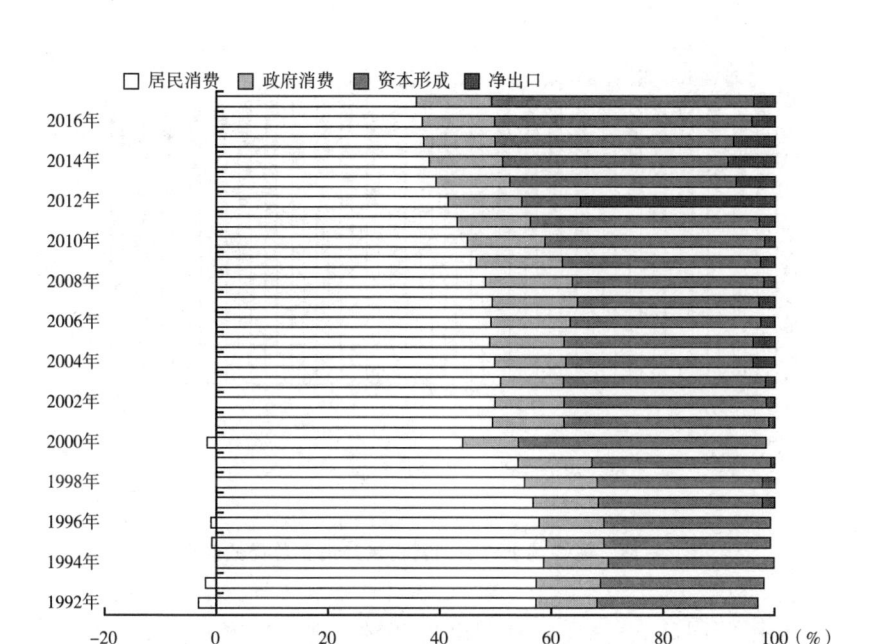

图 2-17 最终需求煤炭消耗量占煤炭消费总量的比重

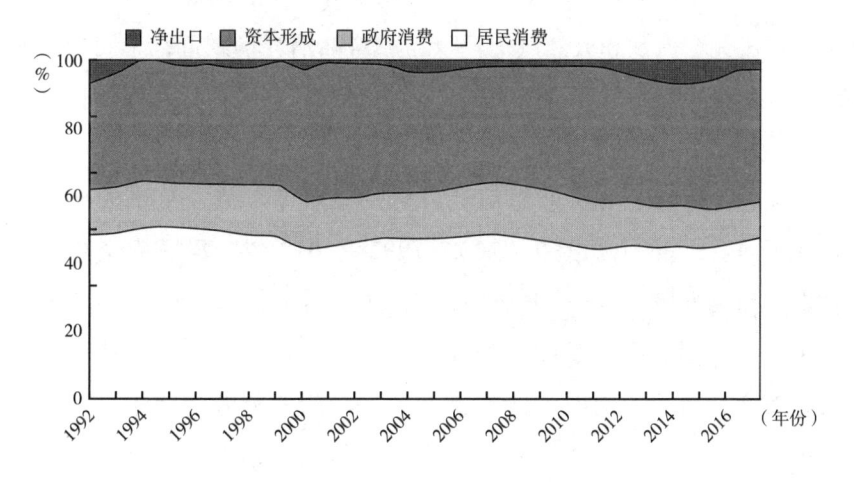

图 2-18 最终需求用电占电力消费总量的比重

2-16),以下分别从总量与结构变动两方面进行分析。总量上,居民完全煤炭消耗总量远远超过其他能源,在总能耗中所占比重为 50% 左右;其次是原油消耗量,2014 年居民完全用电首次超过原油,并且随

85

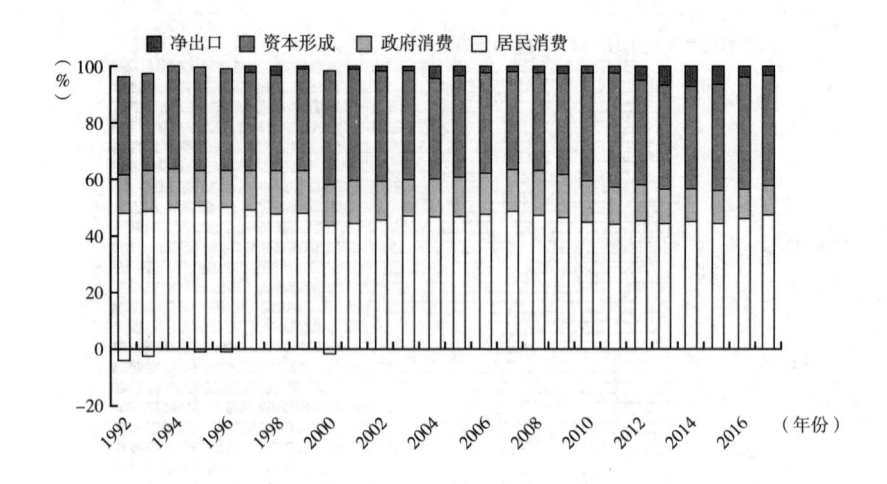

图 2-19　最终需求汽油消耗占汽油消费总量的比重

着生活水平的提高，居民完全用电量几乎呈现线性增长态势；焦炭消耗量低于电力消耗量；居民完全柴油消耗量略低于焦炭消耗量，近乎线性增长；居民间接燃料油消耗呈现缓慢增长，在 2016 年以后略有下降；居民完全汽油和天然气消耗量与燃料油消耗量相近，不同的是呈现上升趋势，并且增速有所加快；居民完全煤油消耗量呈现缓慢增长态势。

结构上，按照各种能源消耗占居民生活完全消耗总量的比重从高到低进行分析（见图 2-20）。1992~2017 年，居民完全煤炭消耗的比重由 60% 下降到 43%，降低 17 个百分点，但比重仍然排在第 1 位，说明居民生活完全能耗依然以煤炭资源为主。原油的比重排在第 2 位，居民消费涉及的行业生产活动的能源消耗量巨大，使居民生活间接原油消耗量所占比重维持在 15% 左右，略微波动。居民完全用电占居民完全能耗的比重大幅度上升，从 1992 年到 2017 年累计上升了 10.31 个百分点，比重一跃到第 3 位。与煤炭比重的变化不同，居民生活完全焦炭消耗的比重有所升高，1992 年为 5.13%，到 2017 年提高了 3.23 个百分点。随着生活水平的提高、国家对汽车消费相关政策的变化，居民对汽车消费需求加大，从而对柴油与汽油的消费量有所增加,居民生活柴油消费量的比重由1992年的3.17%上升到2017年的6%;汽油消费量的比重上升了1.28个百分点,2017年的比重为3.6%。居民完全天然气消耗量的比重与汽油接近,1992年为1.99%,到2017年上升了3.16个百分点。比重排在最后的是居民完全煤油消费量,比重不足1%,呈现略微下降的趋势。

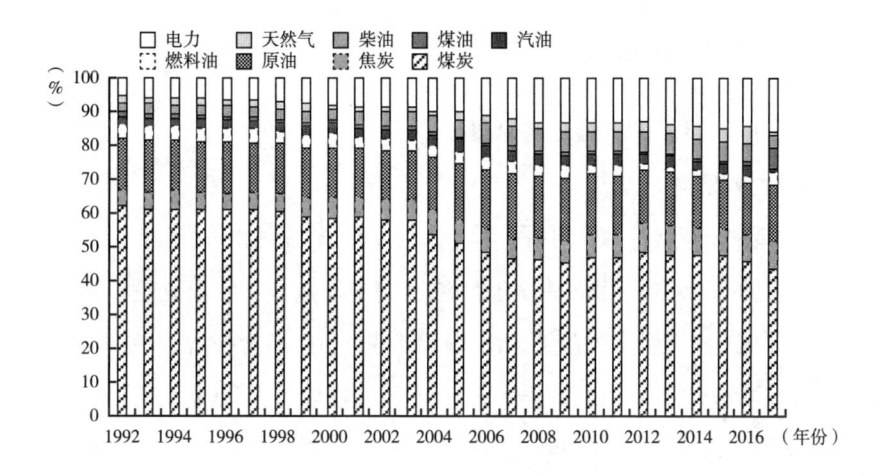

图 2-20 居民生活完全能耗结构变动

三 居民生活完全能耗动态演变规律

根据式(2-4)计算1992～2017年居民完全能耗的信息熵,分析居民生活完全能耗变动的动态演变规律。如图2-3所示,1992～2017年居民生活完全能耗信息熵呈现缓慢上升趋势,由1.36上升到1.69,累计上升0.33;平均增速为0.87%,不足1%。居民生活完全能耗均衡度由62.1%上升到76.86%,说明中国居民能源消费结构比较分化,能源种类较多;并且各种能源所占比重具有持续分割的趋势,表明主导能源煤炭对居民生活来说不再是第一选择,但其他能源的影响力还没有充分发挥,这与居民生活完全能耗结构变动相一致。整体上反映出居民生活完全能源消费由以煤炭消费为主,逐步形成石油化与电力化的消费格局；居民生活完全能耗信息熵直线上升的波动表明能源消费结构需要进一步优化，使其向有序、高级的状态发展。

第五节 城乡居民生活用能特征比较

一 完全能耗总量

（一）城镇居民完全能耗总量

1. 能源消费总量

1992~2017年，城镇居民完全能耗至少58%来自间接能耗，间接能耗决定了城镇居民生活完全能耗总量的增长趋势。完全能耗总量以波动递减式增速呈现增长态势，由1992年的181.46Mtce增加到2017年的716.9Mtce，累计增速为295.07%，年均增速为6.25%。其中，1996年增长最快，增速为24.86%；1997年由于经济危机的影响，能源消费总量有所下降，下降幅度为12.28%；2008~2011年呈现出升跌波动态势；2017年的增长速度有所放缓，为3.07%。

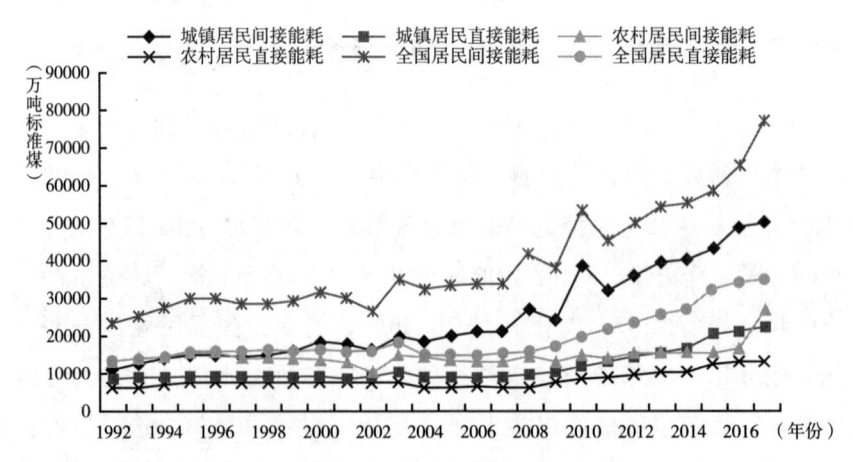

图 2-21 城乡居民能耗变动趋势

2. 不同能源消费

1992~2017年，城镇居民对各种能源的完全消耗总量与能源消费总量增长态势相似，区别在于增长速度。以下从实物量角度按照年均增速从高到低进行分析。城镇居民生活完全能耗总量增长最快的是天然气，由1992年的7.45亿立方米增加到2017年的292.22亿立方米，累计增速为3822.41%，年均增速为16.40%，呈现出持续增长的趋势；城镇居民完全柴油消耗量的年均增速仅次于天然气，为14.97%，2007年以后消耗量超过原油、汽油与焦炭；城镇居民生活完全电力消耗的年均增长速度仅次于柴油，为12.04%，由1992年的658.20亿千瓦小时增加到9756.13亿千瓦小时，累计增速为138.22%；城镇居民完全汽油、原油与焦炭消耗量的年均增速相当，约为10%，2011年以后完全汽油消耗量开始大于原油与焦炭；城镇居民完全煤油与燃料油消耗量的年均增速略高于能源消费总量，约为8%；城镇居民生活完全煤炭消耗的年均增速最低，低于能源消费总量，约为5.38%，由1992年的17605.85万吨增加到2017年的53536.15万吨，累计增速为204.08%。

（二）农村居民完全能耗总量

与城镇居民生活能耗相比，1992~2017年农村居民完全能耗有68%来自间接能耗，高于前者10个百分点。1992~2017年，农村居民生活完全能耗总量以波动递减式增速呈现增长态势，由182.35Mtce增加到395.61Mtce，累计增速为116.95%，年均增速为3.61%。其中，2003年增长最快，为26.15%；1997年由于经济危机的影响，能源消费总量有所下降，下降幅度为10.08%；2001~2004年呈现出升跌波动态势；2017年增长速度有所放缓，为6.79%。

二 直接能耗

（一）直接能耗总量

1. 城镇居民直接能耗总量

如图2-22所示，1992~2017年，城镇居民完全能耗中直接能耗占比不足42%，在能耗总量持续增加的趋势下，城镇居民直接能耗在城镇居民完全能耗中的比重不断下降，比重由1992年的41.48%下降到2017年的30.72%。

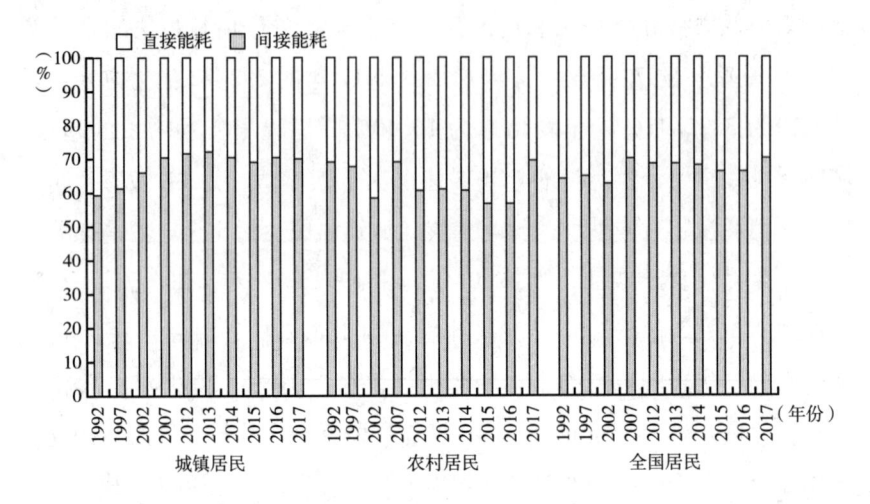

图2-22 居民生活直接能耗与间接能耗占居民完全能耗的比重

如图2-21所示，1992~2017年，整体上城镇居民直接能耗总量以波动式递增的增速呈现上升态势，由1992年的75.27Mtce增长到2017年的220.20Mtce。1997年受经济危机的影响，城镇居民直接能耗由1996年的103.95Mtce下降到84.87Mtce。1997年以后城镇居民直接能耗总量逐年增加，根据增长速度把时间段分为1998~2003年、2004~2007年、2008~2010年，其中1997~2003年城镇居民直接能耗以递增的增速增长，增长速度由1998年的1.4%上升到2003年的13.15%；2011年增速有所减缓，2014年降至3.17%；2015年增长速度上升，增速为18.9%；2015年以后增长速度大幅度减缓，2017年城镇居民生活直接能耗的增速为4.18%。

城镇居民能耗总量呈现两种变动趋势：一是与能源消费总量逐年增加类似，如石油、汽油、柴油、液化石油气、天然气、煤气、电力与热力，增长速度远大于能源消费总量；二是与能源消费总量增长趋势相反，如煤炭、焦炭与煤油。1992~2017年，城镇居民直接消耗增长量前两位是柴油与汽油，分别由1992年的1.07万吨与5.99万吨，逐年增加到2017年的481.73万吨与875.07万吨，分别提高了450倍与145倍；增加幅度排列在后的分别是天然气、液化石油气、石油、煤气、电力与热力，累计增速皆达到2496%以上。不同于汽油与电力等能耗增加，城镇居民生活对煤炭、焦炭与煤油的消耗量在波动中有所下降。其中，煤炭在1992~1996年略有上升，1997~2016年在波动中下降，2017年稍有反弹；城镇居民对焦炭的消耗量先缓慢上升，2011年以后逐年下降。类似的，城镇居民对煤油的消耗量呈现升跌式下降趋势。

2. 农村居民直接能耗总量

1992~2017年，与农村居民间接能耗占完全能耗的比重相对稳定相比，农村居民直接能耗的比重由31.76%下降到31.69%，农村居民生活直接能耗增速缓慢，平均为3.39%，低于间接能耗的增速。2017年，直接能耗增速略微下降，下降幅度为1.33个百分点。

与城镇居民直接能耗相比，1992~2017年农村居民直接能耗总量速率低于城镇居民，以波动式递增的增速上升，由1992年的57.90Mtce上升到2017年的125.37Mtce；稍有不同的是2017年农村居民直接能耗较2009年略有下降，幅度为1.33个百分点。1992~2017年农村居民直接能耗总量与城镇居民相近，但1996年之后，两者的差距逐年增大，2017年农村居民直接能耗仅为城镇居民直接能耗的56.94%。1994年以前农村居民直接能耗的增速略快于城镇居民；1995~2009年前者增速略慢于后者；但2017年两者差距明显加大，城镇居民直接能耗增长速度高出农村居民5.52个百分点。在能源种类方面，农村居民生活各类能源的消耗变动与城镇居民相应的能源消耗类似，变动幅度低于前者，前文对城镇居民生活不同能源消耗变动做了说明与分析，故不再对农村居民生活能耗变动进行赘述。

（二）居民人均生活直接能耗

如图2-23所示，1992~2017年中国城镇居民人均生活直接能耗与城镇居民直接能耗总量增长变动态势不同，整体上呈现"V"形。主要是由于城镇化建设，城镇人口规模先是快速扩大，而后随着城镇化逐渐放缓，城镇人口增速有所减弱。1992~2008年，城镇居民人均生活直接能耗整体上下降，由307千克标准煤下降到207千克标准煤，以2001年为分界点；2009年开始快速增长，2010年以后增速减缓，以逐年2千克标准煤的增量增加到2017年的338千克标准煤，仅比1992年高31千克标准煤。

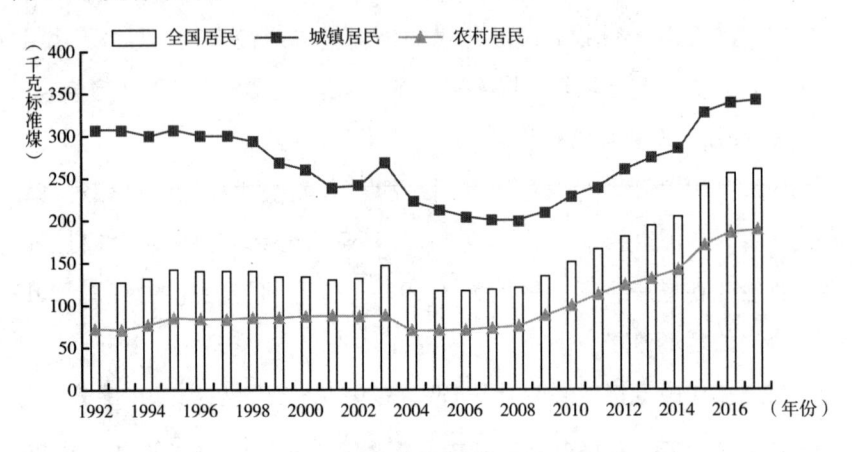

图 2-23 中国居民人均生活直接能耗

与城镇居民人均生活直接能耗先下降后上升的变动态势不同，1992~2017年农村居民生活人均直接能耗整体上呈现缓慢增长的态势。1992年农村居民人均生活直接能耗为72千克标准煤；2003~2004年农村居民人均生活直接能耗出现下降，为71千克标准煤，之后以年均8.8千克标准煤的增量增加；自2016年开始增量放缓，2017年为186千克标准煤，仅仅比2016年高出2千克标准煤。

城镇居民与农村居民人均生活直接能耗变动态势在2008年之前存在差别，前者整体上逐年下降，后者不断增加（2003~2004年下降）；2008年之后两者的增长趋势类似。虽然城镇居民与农村居民人均生活直接能耗变动趋势存在差异，但从数值上看，不管是哪一年，前者都大于后者，并且两者的差距呈现逐渐缩小的趋势。1992~2002年两者的差距波动式下降,1992年与2002年1名城镇居民生活直接能耗分别相当于4.26名与2.81名农村居民生活直接能耗;2003年由于农村居民人均生活直接能耗的降低幅度大于城镇居民,1名城镇居民生活直接能耗相当于3.35名农村居民生活直接能耗,2003年以后城乡居民人均生活直接能耗的差距呈现近乎直线缩小的趋势;2004年城乡居民人均直接能耗倍数为3.18;2017年1名城镇居民生活直接能耗相当于1.81名农村居民生活直接能耗。

(三) 居民直接能耗占终端能源消费总量的比重

1. **城镇与农村居民直接能耗占终端能源消费总量的比重**

1992~2017年,各部门直接能耗总量逐年上升,但不同部门能耗占能源消费总量比重的变动方向有所差别。虽然城乡居民生活直接能耗总量是增加的,但增长速度低于工业、交通运输等部门,因此城镇与农村居民生活直接能耗总量在终端能源消费总量中的比重逐年下降,分别由9.82%与7.55%下降到6.78%与3.86%。直接能耗占终端能源消费总量比重下降的还有农业部门,降低了3个百分点;工业,交通运输、仓储与邮政业,批发零售业与住宿餐饮业等部门的直接能耗比重上升,其中以工业与交通运输、仓储和邮政业的上升幅度最大,上升了4个百分点。2017年,城镇居民直接能耗是第三大能耗部门,位于工业与交通运输、仓储和邮政业之后;农村居民直接能耗略低于其他行业部门,排在第5位。

2. **城镇与农村居民对不同能源直接消耗占能耗总量的比重**

根据直接能耗总量与比重的变动方向,城镇与农村居民生活直接消耗的能源分为两类:一是直接能耗总量快速增长、所占比重大幅度上升,即天然气、汽油、电力、柴油;二是直接能耗总量呈现波动式下降态势、比重下降,即煤炭、焦炭、与煤油。下面按照2017年城镇与农村居民直接能耗的比重从高到低进行分析。

(1) 天然气

1992~2017年,城镇与农村居民生活直接天然气消耗总量呈现快速增长的趋势，所占比重分别由1992年的1.88%与1.44%上升到2017年的13.44%与7.65%，2017年的比重最高。工业与建筑业直接天然气消耗的比重与居民相反。2017年城镇居民生活直接天然气能耗超过交通运输部门，仅次于工业部门，比重居于第2位；农村居民生活直接天然气消耗位于交通运输业之后，排在第4位。

（2）汽油

1992~2017年，各部门直接汽油消耗量皆逐年上升，其中城镇与农村居民耗油量增长最快，比重大幅度上升，分别由1992年的0.43%与0.33%上升到2017年的12.49%与7.11%。在2017年的汽油消耗总量比重排名中，城镇居民与农村居民的耗油量分别排在第3位与第5位；汽油消耗量最大的为交通运输部门，其次为其他行业，工业耗油量排在第4位。

（3）电力

1992~2017年，各部门直接耗电量快速增长，其中城镇与农村居民的生活直接用电增长最快，所占比重分别由1992年的3.05%与2.35%上升到2017年的7.79%与4.43%；工业与农业的直接用电比重下降；其他行业的直接用电比重有不同程度的上升。2017年，城镇居民生活直接用电超过其他行业，仅次于工业部门，比重居于第2位；农村居民生活直接用电位于其他行业之后，排在第4位。

（4）柴油

1992~2017年，城镇和农村居民私人交通柴油消耗比重与汽油消耗类似，柴油消耗比重小于汽油消耗比重，分别由1992年的0.05%与0.04%上升到2017年的3.36%与1.91%。2017年，城镇居民与农村居民的柴油消耗比重分别排在第5位与第7位，交通运输部门耗油最多，工业耗油紧随其后，其他行业与农业耗油分别排在第3位与第4位。

（5）煤炭、焦炭与煤油

1992~2017年，工业、建筑业、交通运输、仓储和邮政业等对煤炭、焦炭与煤油的直接消耗呈现增长趋势；与之相反，农业、其他行业、城乡居民生活对其消耗量在波动中下降。2017年，工业对3种能源的消耗量占主导地位，比重高达90%，尤其是对焦炭的消费比重高达99%；在3种能源中，城镇居民与农村居民对煤炭直接消耗的比重最大，分别为1.87%与1.06%，对焦炭与煤油直接消耗的比重不足1%，与其他部门相当。

（四）城镇居民与农村居民生活能耗动态演变规律

1. 城镇与农村居民直接能耗结构变动

9种能源消耗占能源消耗总量的比重变动方向分为两种。一种是传统能源如煤炭、焦炭等，所占比重逐年下降，煤炭所占比重由1992年的94.52%下降到2017年的40%左右。另一种是消耗所占比重随着消耗量的快速增长而上升的能源。其中，上升幅度最大的是电力，城镇居民生活直接用电所占比重由1992年的2.05%上升到2017年的18.22%，累计上升16.17个百分点；其次是石油，消耗量的比重累计上升12.19个百分点；天然气的比重上升了8.3个百分点；其他能源如汽油、液化石油气、柴油与煤气的比重都上升了4个百分点以上。

将城镇居民生活直接消耗的能源按照能源特点与属性分为四类，分别是传统能源如煤炭与焦炭，石油与石油产品如汽油、柴油、煤油等，燃气如液化石油气、煤气、天然气，电力与热力。如图2-24所示，城镇居民生活煤炭消耗量自2003年以后比重低于60%；其他能源的消耗量逐年增加，相应的比重不断上升。2017年城镇居民生活直接煤炭消耗所占比重为40.23%；电力消耗比重仅次于煤炭，为18.22%；石油消耗比重稍低于电力，为12.19%；天然气消耗比重排在石油消耗比重之后，为8.30%；汽油与液化石油气消耗比重相当，超过5.5%；煤气与柴油消耗比重稍低于前两项，分别为4.5%与3.16%；焦炭、煤油与热力消耗比重最低，不足1%。由此可见，城镇居民生活对石油与石油产品、燃气、电力与热力的直接消耗比重分别约为22%、19.48%与18.28%，表明城镇居民生活能源消费逐步形成以传统能源为主，以石油与石油产品、燃气、电力能源为辅的消费结构，并且传统能源的消耗呈现继续下降的趋势，汽油、电力等能源消耗呈现持续上升的趋势。

私人交通主要消耗汽油与柴油，居住能耗包括煤炭、天然气、电力等。居住能耗所占比重超过90%，私人交通能耗不足10%。一方面，由于汽车消费不断增加，交通耗油增加；另一方面，汽车消费属于高档消费，收入水平一般的居民消费倾向低，所以私人交通能耗在居民能耗中所占比重较低。

与城镇居民生活直接能耗相比，农村居民生活不同能源直接消耗（不包括生物质能）的总量与变动速度低于前者，比重变动趋势与前者类似，但程度略有不同。例如，农村居民生活直接煤炭消耗比重高于城镇居民，仍然以煤炭消费为主，故不在此赘述。总结说来，居民生活直接能源消耗仍然是以煤炭为主、以清洁能源为辅的模式。城镇居民已逐步转向以石油化、电气化等清洁能源为主的能耗格局；农村仍然以煤炭为主，不过随着国家对农村电力、燃气等基础设施的投资与建设，农村居民用电率逐年提高，对电力等能源的需求量持续增加。

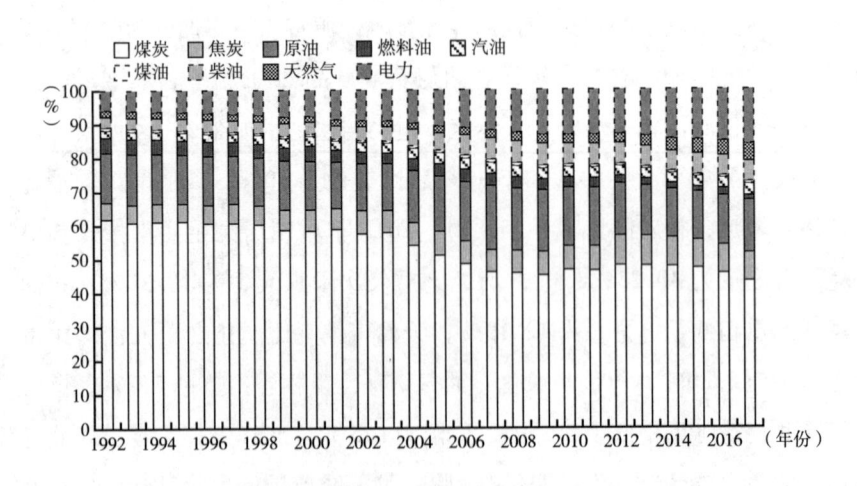

图2-24 城镇居民生活直接能耗结构变动

2. 城镇与农村居民生活能耗信息熵

利用式（2-4）计算城镇与农村居民生活直接能耗的信息熵，分析

1992~2017年相应的能源消耗变动规律。

城镇居民能源消费信息熵逐年上升，由0.31上升到2017年的1.71，表明城镇居民能源消费结构无序度不断提高，居民能源消费结构变动处于混乱、交替的状态。主要是由于煤炭消费量比重不断下降，电力、天然气、汽油等能源消费所占比重有所上升，能源消费结构已经由煤炭主导型转变为煤炭、电力、天然气等能源混合消费型。由于煤炭消费总量虽然有所下降，但其所占比重仍然很大，电力、天然气等清洁能源所占比重并未形成主导，所以城镇居民能源消费结构处于不断变换的状态。能源消费信息熵增加量有所减缓，以2004年为转折点，增加速度趋于稳定，说明城镇居民能源消费信息熵趋于稳定。

与城镇居民直接能耗的信息熵相比，农村居民能源消费信息熵略低，主要是由于农村居民生活中消耗很多生物质能源，这类能源在信息熵的计算中未包括在内。1993年与2003年农村居民能源消费信息熵有所下降，变动幅度较小，仅为2%，不影响整体的变动趋势；2011年为转折点，信息熵增加速度趋于平缓，说明农村居民能源消费信息熵趋于稳定。

1992~2017年，城镇居民能源消费均衡度逐年上升，能源消费优势度逐年下降，说明居民能源消费结构处于不断变动的过程中，各种能源消费的分布差异性不断降低。煤炭消费对居民能源消费的影响程度随着比重的下降而有所减轻，同时电力、天然气等能源对居民能源消费的影响程度仍不高，良好的居民能源消费结构应该是煤炭所占比重降低，电力、天然气等清洁能源成为主要能源，各种能源比重趋于稳定。中国城镇居民能源消费结构变动还未达到良好的互动状态，需要进一步调整、深化与升级。与能源消耗信息熵类似，农村居民能源消费结构差异变动与城镇居民的变动趋势保持一致，但程度有所不同，农村居民能源消费结构差异变动速度不及前者。

三 间接能耗

（一）间接能耗总量

城镇居民直接能耗占完全能耗的比重不断下降，但其间接能耗的比重由 1992 年的 58.52% 上升到 2017 年的 69.28%，说明 1992～2017 年城镇居民完全能耗至少 58% 来自间接能耗，由此城镇居民生活的间接能耗决定了城镇居民生活完全能耗总量的增长趋势，其完全能耗总量的变动速度略低于前者。与城镇居民生活能耗相比，1992～2017 年农村居民完全能耗有 68% 来自间接能耗，高出城镇居民间接能耗比重 10 个百分点；并且不同于城镇居民间接能耗的比重变动，农村居民间接能耗在农村居民完全能耗中的比重比较稳定，由 1992 年的 68.24% 上升到 2017 年的 68.3%，略微上升。

整体上，1992～2017 年城镇居民生活间接能耗总量整体上大于农村居民，但是 1992～1995 年后者略大于前者，1995～1998 年前者略大于后者，1999 年以后城镇与农村居民间接能耗的差距逐年加大，2016 年城镇居民间接能耗约为农村居民间接能耗的 3 倍，2017 年两者的差距有一定程度的缩小，约为 1.84 倍（见图 2-21）。

（二）不同能源间接消耗总量变动

城镇居民与农村居民对不同能源的消耗总量存在差异。城镇居民对 9 种能源总量的间接消耗与能源消费总量呈现类似的增长态势，2017 年增速稍有减缓。农村居民对不同能源间接消耗的趋势有两种：一是波动式增长，如煤炭、天然气与电力的消费量；二是波动中下降，包括对原油、柴油、燃料油、汽油与煤油的消费量。下面根据城镇与农村居民间接消耗量的变动方向将能源分为两类，第一类是城镇与农村居民间接消耗变动方向一致的能源，皆呈现增长态势；第二类是城镇与农村居民间接消耗变动方向相反的能源，城镇居民能源间接消耗逐渐增长，而农村居民能源间接消耗呈现波动式下降。

1. 第一类能源

第一类能源为天然气、煤炭与电力，1992~2017年城镇与农村居民对这些能源的间接消耗量呈现增长趋势。总量上，1992~1998年城镇居民能源间接消耗量低于农村居民；1999年以后城镇居民能源间接消耗量开始大于农村居民，两者的差距逐年加大。增长速度上，农村居民能源间接消耗明显慢于城镇居民，3种能源中居民对天然气间接消耗量的年均增速最大，城镇与农村居民分别为15.53%与5.06%；对电力间接消耗量的年均增速稍低于天然气，城镇与农村居民分别为11.7%与4.14%；对煤炭间接消耗的年均增速最低，城镇与农村居民分别为8.4%与4.01%。

2. 第二类能源

按照消耗总量大小排序，第二类能源为原油、柴油、燃料油、汽油与煤油，1992~2017年城镇居民对这几种能源的间接消耗量呈现增长趋势，但农村居民对这几种能源的间接消耗量在波动中逐渐下降。总量上，1992~1998年农村居民对这几种能源的间接消耗量大于城镇居民；1999年以后，后者逐渐大于前者，两者的差距随着不同的变动方向逐渐加大。

(三) 居民间接能耗结构变动

如图2-25所示，1992~2017年城镇居民生活间接能源消耗的比重呈现两种变动方向：一是比重整体上逐年下降，如煤炭；二是比重随着总量的增长而上升，如电力、柴油、天然气等其他8种能源。与城镇居民间接能耗结构变动稍有不同的是，农村居民间接能耗中除了电力与天然气的消耗比重有所上升，其他7种能源消耗都有不同程度的下降。尤其是农村居民间接煤炭消耗所占比重由1992年的61.53%下降到2017年的54.67%，下降幅度低于城镇居民；城镇居民间接煤炭消耗比重由1992年的80%下降到2017年的47.9%。尽管城镇与农村居民对不同能源间接消耗的比重变动存在差异，但2017年两者间接能源消耗的结构类似，间接煤炭消耗比重有所下降，但仍然占主导地位；电力消耗的比重居第 2 位，达 13% 以上，天然气与柴油、原油的间接消耗比重紧随其后。

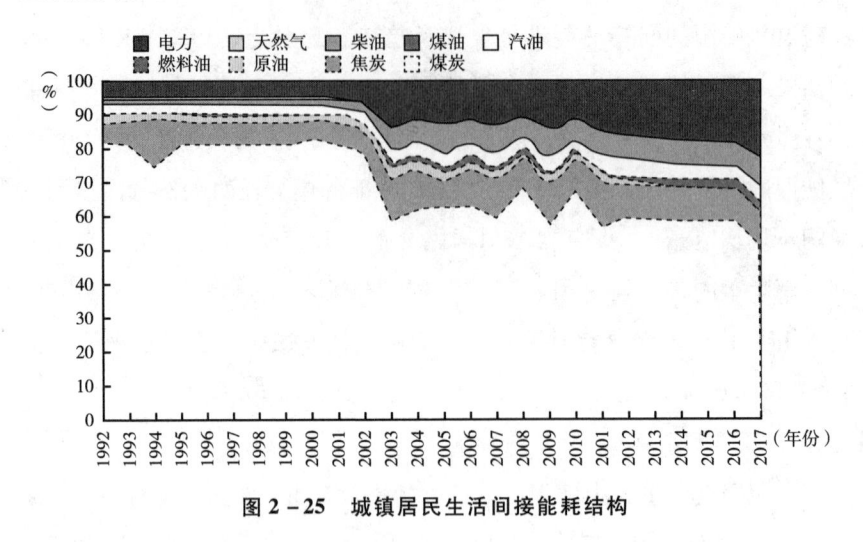

图 2-25 城镇居民生活间接能耗结构

（四）居民消费项目的间接能耗

1. 居民消费项目的间接能耗总量

（1）城镇居民消费项目的间接能耗总量

1992～2017 年，城镇居民消费项目的间接能耗总量呈现波动的增长趋势，2017 年增速略微降低。城镇居民各类消费项目的间接能耗皆呈现波动式增长，其中交通和通信、居住类与娱乐教育文化用品及服务类消费支出的间接能耗增速最快，相应的比重至少上升 9 个百分点；食品类消费的间接能耗增速较慢，比重大幅度下降，但比重仍较大，不容忽视。以下按照 1992 年消费项目的间接能耗从高到低进行分析。

总量上，1992 年城镇居民食品类消费的间接能耗最大，以平均 2.7% 的速度增长，由 54.40Mtce 增加到 2017 年的 91.93Mtce，累计增速为 69%。虽然食品类消费的总量增加，但由于增速低于其他消费项目，食品类消费间接能耗占间接能耗总量的比重逐年下降，由 1992 年的 52.4% 下降到 2017 年的 18.51%，降低了 33.89 个百分点，自 2015 年开始比重稍低于娱乐教育文化用品及服务类消费，排在第 2 位。家庭设备用品及服务类消费的间接能耗低于食品类消费,以高于食品类消费约5个百分点的增速增长,2017年增速有所放缓,总量由1992年的15.12Mtce增加到2017年的73.98Mtce,累计增速达389.29%;家庭设备用品及服务类消费间接能耗占间接能耗总量的比重在平缓中稍有下降,均值为15%。娱乐教育文化用品及服务类消费间接能耗以略高于家庭设备用品及服务类消费3个百分点的增速增加,总量略低于后者,由1992年的13.19Mtce增加到2017年的118.41Mtce,累计增速达797.73%;娱乐教育文化用品及服务类消费间接能耗占间接能耗总量的比重以较快的增速大幅度上升,由1992年的12.79%上升到2017年的23%,上升了10.03个百分点。衣着类消费间接能耗以高于食品类消费3个百分点的增速增加,由1992年的9.18Mtce增加到2017年的25.50Mtce,累计增速达177.78%;虽然衣着类消费间接能耗总量增加,但增速慢于除了食品类消费以外的其他消费项目,导致其比重在平缓中有所下降,降低不到4个百分点。交通消费、通信消费与水电燃料及其他消费的增速相当,均值为15%,其中交通和通信类支出间接能耗增速最快,比重上升了9个百分点,略低于娱乐教育文化用品及服务类消费。住房类与医疗保健类消费支出的间接能耗比重较低,不足1%,在波动中有所下降。

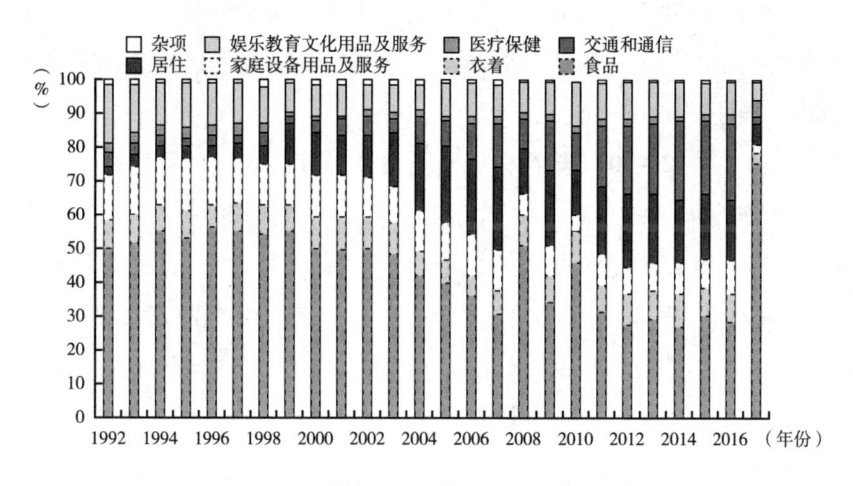

图2-26 城镇居民消费项目间接能耗结构

(2) 农村居民消费项目的间接能耗总量

与城镇居民消费项目间接能耗相比，农村居民消费项目的间接能耗总量与其增加趋势相似，但增速低于前者。农村居民各消费项目间接能耗比重的变动大体相近。1992~2017年，农村居民食品类消费以不到2%的增速增加，由34.67Mtce增加到37.31Mtce，增长较为缓慢；食品类消费间接能耗占间接能耗总量的比重由1992年的27.87%下降到2017年22.31%，自2009年开始比重低于水电燃料及其他消费，居于第2位。水电燃料及其他消费间接能耗略低于食品类消费，以缓慢的增速平缓增加，由31.19Mtce增加到2017年的48.45Mtce；水电燃料及其他消费间接能耗占间接能耗总量的比重由1992年的25.06%上升到2017年的28.96%，2017年排在第1位。家庭设备用品及服务类、住房类与衣着类消费支出间接能耗增长趋势接近，比重分别从1992年的16.13%、10.92%与10.73%下降到2017年的12.94%、8.23%与5.69%。不同于前几项消费间接能耗总量缓慢增加与比重下降的变动趋势，交通和通信类消费支出间接能耗以8%的增速增加。其中，交通消费比重上升幅度最大，由1992年的3.52%上升到2017年的10.41%；通信消费间接能耗比重上升幅度略低于交通消费间接能耗2个百分点。娱乐教育文化用品及服务类和医疗保健类消费间接能耗增长幅度与食品类消费类似，比重在缓慢变动中稍有上升，不过不足1%。

总之，1992~2017年农村居民消费项目间接能耗的增速低于城镇居民消费项目间接能耗，除了交通和通信类消费间接能耗增速较快，其他消费项目间接能耗增长速度较为缓慢；食品类与水电燃料及其他消费的间接能耗比重虽有下降，但仍排在前列，家庭设备用品及服务类消费间接能耗的比重紧随其后；交通和通信类、衣着类与住房类消费的间接能耗比重稍低于家庭设备用品及服务类间接能耗，皆属于较高能耗的消费项目；与前几项相比，娱乐教育文化用品及服务类与医疗保健类消费的间接能耗较低。

2. 居民消费项目对不同能源的间接消耗

居民消费的各种能源间接消耗量与比重有所差别，下面按照能源进行分类分析居民消费项目的间接能耗。

（1）煤炭

1992~2017年，城镇居民消费项目间接煤炭消耗量呈现波动式增长趋势，不同消费项目间接煤炭消耗量与比重变动存在差别。各类消费项目中，水电燃料及其他间接煤炭消耗量以18.83%的速度增长，增长速度最快；比重由1992年的5.61%上升到2017年的54.2%，上升幅度最大，主要是由于水电燃料及其他项目多消耗二次能源，中国二次能源的生产仍以煤炭消费为主。娱乐教育文化用品及服务类与医疗保健类消费间接煤炭消耗以低于水电燃料及其他消费10个百分点的速度增长；比重相应有所上升，平均上升3个百分点。其他消费项目间接煤炭消耗以5%左右的增速缓慢增加，其中食品类消费间接煤炭消耗的增速最慢，其比重由1992年的50.67%下降到2017年的10.2%；家庭设备用品及服务类消费间接煤炭消耗的比重有略微的下降，幅度约为6个百分点。

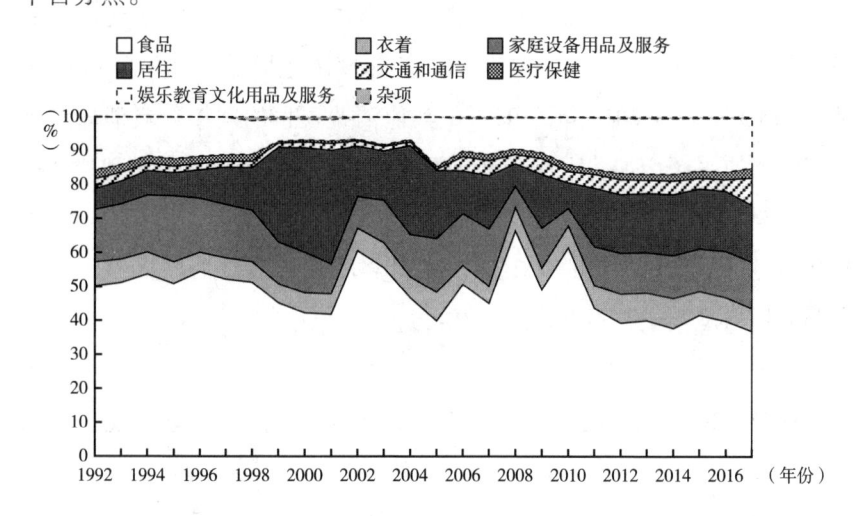

图2-27 城镇居民各类消费项目间接煤炭消耗结构

与城镇居民间接煤炭消耗相比，农村居民消费项目中除了水电燃料及其他的间接煤炭消耗量大幅度增加，其他消费项目的间接煤炭消耗量皆有不同程度的下降。由于水电燃料及其他消费支出逐年增加，间接煤炭消耗量快速增加，比重由 1992 年的 5.31% 上升到 2017 年的 84.78%；其他消费项目的间接煤炭消耗都有不同程度的降低，主要是由于在相应的部门生产过程中，能源消费中煤炭的比重有所下降，消费项目间接煤炭消耗的比重随之下降。其中，食品类消费间接煤炭消耗比重由 1992 年的 15.42% 下降到 2017 年的 3.8%；2017 年，家庭设备用品及服务类消费间接煤炭消耗比重不足 9%，其他消费项目间接煤炭消耗比重合计不足 8%。

对煤炭间接消耗的消费项目中，水电燃料及其他消费对其贡献最大；其次为家庭设备用品及服务类与食品类消费，但比重远远小于居住类消费。换言之，水电燃料及其他消费属于高煤炭消耗项目，家庭设备用品及服务类项目与食品类项目属于中度煤炭消耗项目，其他消费属于低煤炭消耗项目。

（2）焦炭[①]

1992~2017 年，城镇居民消费中高焦炭消耗项目是家庭设备用品及服务类，其间接焦炭消耗量以 22% 的速度快速增加，比重由 1992 年的 77.14% 上升到 2017 年的 92%。其他消费项目的间接焦炭消耗量以缓慢的增速平缓增加，比重有不同程度的下降。其中，食品类消费间接焦炭消耗比重降低幅度最大，降低了 13 个百分点，由 1992 年的 15.63% 下降到 2017 年的 2.24%。农村居民间接焦炭消耗量的比重变动与城镇居民类似，不再赘述。

（3）汽油[②]

1992~2017 年，城镇居民各消费项目间接汽油消耗量呈现出不同

---

① 中国居民消费项目的间接原油和燃料油消耗的比重变动与焦炭很相似，唯一的区别是水电燃料及其他消费对原油和燃料油间接消耗比重有一定程度上升。
② 中国居民消费项目间接煤油和柴油消耗的比重变动与汽油很相似，故不再赘述。

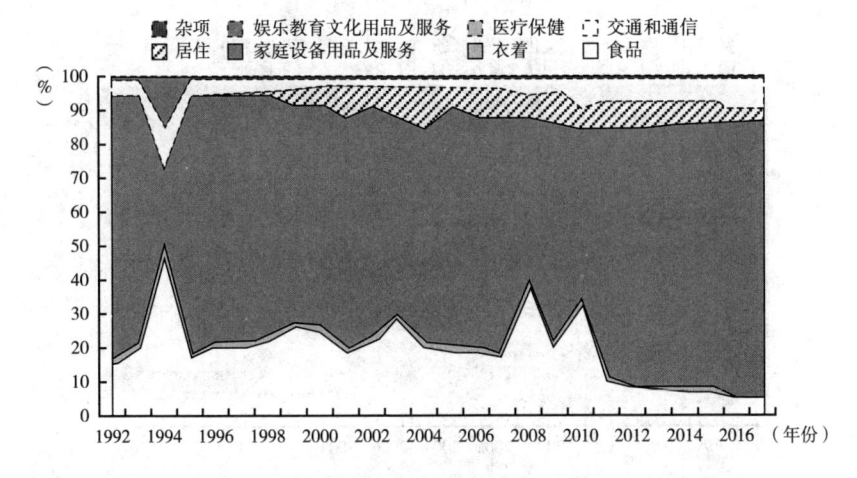

图 2-28 城镇居民各类消费项目间接焦炭消耗结构

的增长趋势,增长幅度最大的交通和通信类消费支出,年均增速高达11%,尤其是通信消费支出,年均增速高达20%。随着间接汽油消耗量增加,其占间接能耗总量的比重也有大幅度的上升,交通消费与通信消费支出间接汽油消耗比重分别由1992年的19.25%与11.7%上升到2017年的43.1%与31.59%。其他消费项目的间接汽油消耗量以不超过5%的速度增长,由于增速明显低于交通和通信类支出,相应的比重有所下降,尤其是食品类消费的间接汽油消耗下降幅度最大,由1992年的39.84%下降到2017年的6.69%。除了交通和通信类消费,食品类消费与其他消费项目属于低汽油消耗。与城镇居民相比,农村居民间接汽油消耗量与比重变动趋势相近,但不同消费项目间接汽油消耗比重存在差异。

(4) 天然气

1992~2017年,城镇居民消费项目间接天然气消耗量以缓慢的速度增长,2010年以后快速增加。其中,水电燃料及其他、交通与通信支出的间接天然气消耗增长最快,比重分别由1992年的21.93%、2.2%与0.11%上升到2017年的30.65%、22.01%与15.15%。其他消费项目的间接天然气消耗比重有不同程度的下降,其中家庭设备用品及

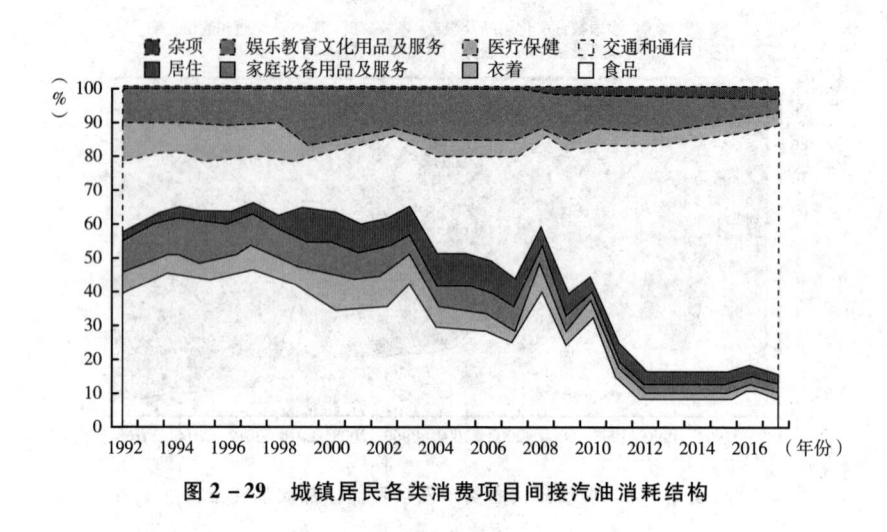

图 2-29 城镇居民各类消费项目间接汽油消耗结构

服务类消费的间接天然气消耗比重由 1992 年的 41.98% 下降到 2017 年的 12.09%，下降幅度最大，其他消费项目下降不足 3 个百分点。农村居民消费项目中水电燃料及其他仍然是高天然气消耗，比重变动方向与城镇居民相反，由 1992 年的 77.38% 下降到 2017 年的 59.73%；家庭设备用品及服务类消费的间接天然气消耗比重由 1992 年的 18.12% 下降到 2017 年的 7.2%。其他消费项目的间接天然气消耗比重有不同程度的上升，其中交通消费的间接天然气消耗比重上升幅度最大，由不到 1992 年的 1% 上升到 2017 年的 13.16%，说明公共交通对天然气的需求日益加大。整体上，中国居民消费中水电燃料及其他与交通类消费属于高天然气消耗项目，通信类、家庭设备用品及服务类与食品类消费属于中度天然气消耗项目，其他消费属于低天然气消耗项目。

（5）电力

1992~2017 年，城镇居民不同消费项目间接电力消耗呈现快速增长的态势，增速高于其他能源。其中，水电燃料及其他与教育文化娱乐服务类消费间接电力消耗的增长速度最快，增速超过 15%，比重分别由 1992 年的 5.06% 与 12.09% 上升到 2017 年的 16.75% 与 25.97%；食品类与家庭设备用品及服务类消费间接电力消耗比重分

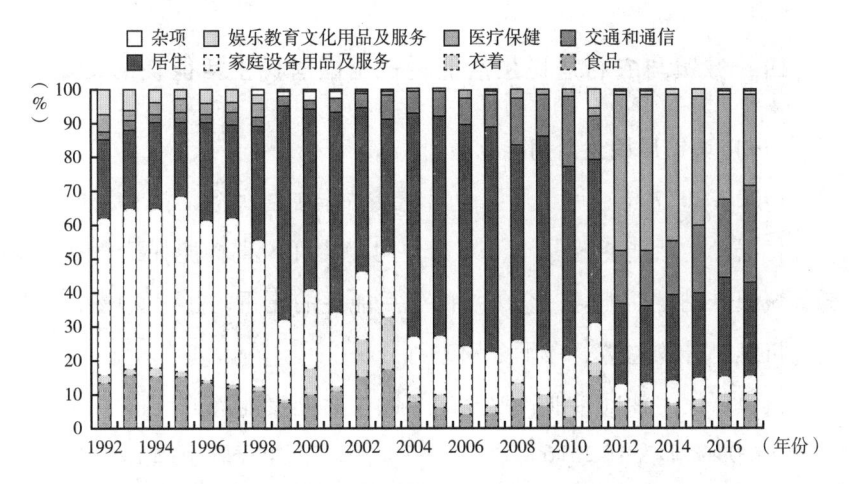

图 2-30　城镇居民各类消费项目间接天然气消耗结构

别由 1992 年的 47.22% 与 17.09% 下降到 2017 年的 20.51% 与 14.01%；其他消费项目的间接电力消耗比重变动幅度较低。农村居民消费间接电力消耗总量低于城镇居民，消费项目的间接电力消耗比重变动与城镇居民相近。总的来说，中国居民消费中，食品类消费与娱乐教育文化用品及服务类消费属于高电力消耗项目，水电燃料及其他与家庭设备用品及服务类消费属于中高档耗电项目，其他消费属于较低耗电消费项目。

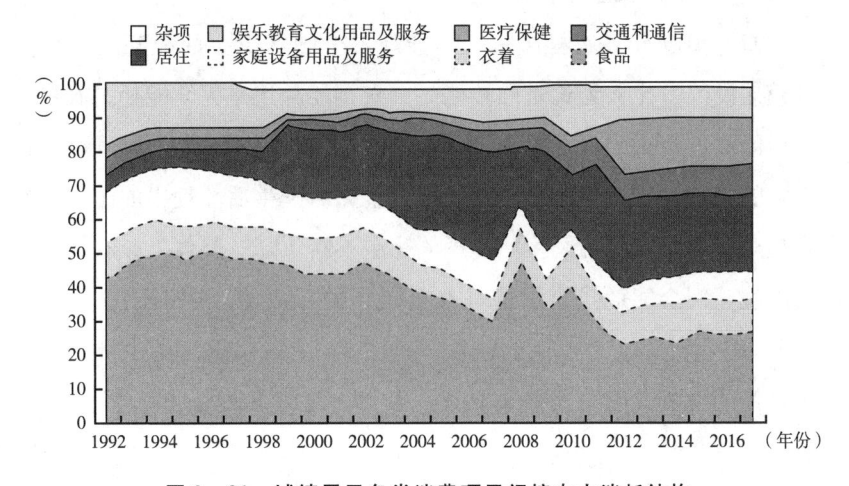

图 2-31　城镇居民各类消费项目间接电力消耗结构

107

四 城镇与农村居民生活能耗占全国居民生活能耗的比重

(一) 城镇居民生活用能比重

1992~2017 年，城镇居民生活能耗占全国居民生活能耗的比重大于农村居民生活能耗的占比，无论是间接能耗、直接能耗还是完全能耗，城镇居民生活能耗占全国居民生活能耗的比重均超过 50%，并且具有持续上升的趋势，以下分别进行分析。

城镇居民生活间接能耗占全国居民生活间接能耗的比重，由 1992 年的 46.04% 上升到 2016 年的 74.65%，2017 年反弹下降到 64.76%；与完全能耗和间接能耗增长趋势相似，城镇居民生活直接能耗占全国居民生活直接能耗的比重，1992 年为 56.52%，之后不断上升，2017 年上升到 63.72%。以 1997 年为转折点，城镇居民生活能耗在 1997 年之前低于农村居民生活能耗。中国城镇化不断深入、大量农民工进城以及居民生活水平的提高，使城镇居民生活能耗的规模不断增长，在全国居民生活能耗中所占的比重逐年上升，2017 年比重高达 80% 左右，农村居民生活能耗在全国居民生活能耗中所占的比重则大幅度下降。

(二) 农村居民生活能耗比重

1992~2017 年，农村居民生活能耗占全国居民生活能耗的比重小于城镇居民的占比，无论是间接能耗、直接能耗还是完全能耗，农村居民生活能耗占全国居民生活能耗的比重均未超过 44%，并且呈现出持续下降的趋势。与城镇居民生活能耗在全国居民生活能耗中的比重不断上升相对应的是农村居民生活能耗的比重不断下降。整体上，农村居民间接能耗、完全能耗与直接能耗在全国居民相应能耗中的比重持续下降，但 2017 年农村居民间接能耗与完全能耗所占比重有所上升，农村居民直接能耗所占比重则继续下降。

本章小结

本章在居民消费间接能耗最终核算模型的基础上，从总量、结构、比重等方面分别分析了1992~2017年居民生活直接能耗、间接能耗、完全能耗与城乡居民生活能耗的特征。

（一）居民生活直接能耗

从总量上看，1992~2017年，居民生活直接能耗消费支出总量整体呈现逐年上升的趋势，占居民消费支出的比重不足10%，占居民收入的比重不足8%，这也是不够重视居民生活对能源的压力与居民环保意识尚不高的原因之一；居民生活直接能耗总量是增加的，但居民消费能耗强度是逐年下降的，仅为万元GDP能耗的1/3；中国居民生活直接能耗在居民完全能耗中的比重始终不超过30%，表明居民生活完全能耗中70%以上来自间接能耗。虽然居民生活直接能耗是次于工业的第二大能耗部门，但在终端能源消费总量中的比重始终未超过20%，而且呈现出持续下降的趋势，2017年的比重不到11%。从能源消费结构看，中国居民直接能源消费以煤炭消费为主，逐步形成石油化与电力化的消费格局，信息熵直线上升的波动表明能源消费结构需要进一步优化，使其向有序、高级的状态发展。

（二）居民生活间接耗能

从总量上看，1992~2017年，中国居民生活间接能耗总量以11.01%的速度上升，速度有望放缓。其中，燃料油、原油与煤油间接消耗的速度最快，超过能源消费总量；居民对汽油、煤炭、电力的间接消耗量的增长速度均高于居民完全能耗总量的增速。从能源消费结构上看，居民间接能耗以煤炭消费为主，电力、天然气等资源消费为辅，反映出中国各生产部门需要大力优化其能源消费结构，大幅度降低对煤炭等非再生能源的消费，提高天然气等清洁能源的比重，使其能源消费结构进一步向有序的状态发展。从居民消费结构上看，中国居民消费结构逐渐由衣、食向住、行、用、教、娱转变，不同消费项目间接能耗呈现出显著差异。食品类、交通和通信类与居住类消费属于较高能耗消费项目，比重均超过20%，而且后两类的比重呈现出继续上升的趋势，尤其是交通和通信类支出；家庭设备用品及服务类、娱乐教育文化用品及服务类与衣着类属于中高能耗消费，比重均超过7%，呈现出走低的趋势；医疗保健类支出属于较低能耗消费，比重不超过2%；杂项属于最低能耗消费，比重仅为0.05%。

（三）居民生活完全能耗

从总量上看，1992~2017年，居民完全能耗总量呈现波动式增长的变动态势，9种能源消费总量的增长趋势与能源消费总量类似。从最终需求各项目占终端能源消费总量的比重看，居民完全能耗总量所占比重始终排在第一位（2017年除外，2017年资本形成间接能耗略高于居民完全能耗）。从能源消费结构变动看，居民完全能耗依然以煤炭、焦炭等传统能源为主，不过电力、天然气的消费随着生活水平的提高快速增加，尤其是电力消费的增长速度最快。从居民完全用能动态演变规律看，能耗结构的变动引起居民完全能耗信息熵呈现出缓慢上升的态势。传统能源消费所占比重虽有所降低但仍占主导，并且电力、天然气等清洁能源主导型能源消费结构有待进一步加强，说明中国居民完全能源消费结构需要进一步升级、优化。

（四）城镇与农村居民生活能耗比较

城镇与农村居民生活直接能耗总量呈现不同速度的增长趋势，对不同能源的消耗变动有所差异，其中私人交通耗油增长速度最快，电力消费次之，对煤炭、焦炭等传统能源的消耗有所降低。整体上，不论是总量还是增长速度方面，农村居民直接能耗均低于城镇居民直接能耗，两者直接能耗总量的差距逐渐扩大，2017年农村居民直接能耗仅相当于城镇居民的56.94%。城镇居民人均生活直接能耗变动趋势呈现"V"形，农村居民人均生活直接能耗除了2003~2004年有下降波动外，则是逐渐上升。城镇与农村居民人均生活用能的差距逐渐缩小，1992年城镇人均生活直接能耗相当于 4.26 名农村居民人均生活直接能耗，2017 年两者的差距为 1.81 倍。1992~2017 年，城镇居民直接能耗占完全能耗的比重为 42% 左右，呈现出持续下降的趋势；但农村居民直接能耗占完全能耗的比重为 32% 左右，波动性较小。

总量上，1992~2017 年城镇居民间接能耗总量与增长速度在大部分年份高于农村居民间接能耗。1992~1994 年城镇居民生活间接能耗总量略小于农村居民间接能耗总量，不过 1995~1998 年，前者略大于后者，1999 年以后城镇与农村居民间接能耗的差距逐年加大，2016 年城镇居民间接能耗约为农村居民间接能耗的 3 倍，不过 2017 年差距有一定程度的缩小，约为 1.84 倍。从能源消费结构上看，城镇居民与农村居民间接能源消费模式以煤炭为主、以电力与天然气等能源为辅；城镇居民间接消耗的煤炭消费比重低于农村居民，而对电力、天然气、柴油与汽油的间接消耗比重高于农村居民，说明农村居民间接能源消费结构需要进一步调整。

从间接能耗消费结构上看，1992~2017 年，农村居民消费间接能耗的增速低于城镇居民，除了交通和通信类支出的间接能耗增速较快，其他消费项目的间接能耗增长速度较为缓慢。食品类与水电燃料及其他消费的间接能耗比重虽有下降，但仍排在前列，家庭设备用品及服务类消费比重紧随其后；交通和通信类、衣着类与住房类消费的比重稍低于家庭设备用品及服务类，皆属于较高能耗的消费项目；与前几项相比，娱乐教育文化用品及服务类与医疗保健类属于较低能耗消费项目。

总的说来，中国居民生活用能呈现持续增长的趋势，其中间接能耗大于直接能耗 1 倍以上，并且两者的差距逐渐扩大；居民生活用能结构依然以煤炭为主，不过逐渐向石油化与电气化转型；城镇与农村居民相比，农村居民的能耗总量与增长速度皆低于城镇居民，并且农村居民生活能源消费结构的煤炭化程度更加明显，反映出城镇与农村居民生活用能存在不均衡的现象。

第三章　政府部门消费能耗及二氧化碳排放特征[*]

可持续消费、循环消费、低碳消费的理念不仅要求居民采取资源节约、环境保护型消费方式,而且要求政府部门向"绿色政府"转变与迈进。因此准确度量政府消费的能源消耗,可以为"可持续"政府消费提供重要的参考作用。

在相关的年鉴中,政府能耗无论是实物量还是价值量数据,都比较缺乏,这给政府部门能源总量的估计带来了困难。本章根据指标相近性与总量控制原则,对政府直接消耗量进行估算,并从总量、结构以及与居民消费用能的比较方面分析政府部门直接能耗;运用基于投入产出方法的间接影响的初始与转换公式估算政府消费间接能耗,并从总量、不同能源的消耗以及与居民消费的比较分析政府消费间接能耗特征;对政府消费的直接与间接二氧化碳排放特征进行分析。

第一节　政府部门直接能耗特征

按照第一章政府消费直接能耗的核算方法估算政府部门直接能耗总量与各种能源消费量,公共年鉴中关于政府部门直接能耗总量的数据较

---

[*] 本章节内容作者发表于2015年第10期《中国科技论坛》,论文题目为《公共部门能源消耗的核算方法研究》。

少。《公共机构节能"十二五"规划》（以下简称"规划"）中公布了"十一五"期间公共机构的能耗总量。按照统计口径，本书作为研究对象的政府部门与"规划"中的公共机构，涵盖的范围一致。笔者计算的结果与之相比，数值小于前者。之所以小于前者，原因可能有两方面：一是政府部门直接能耗种类没有涵盖液化石油气、人工煤气以及相应新能源；二是计算方法与数据处理的误差造成的，相对误差不超过15%。笔者计算的2006~2010年数据分别相当于前者的85.7%、88.85%、86.89%、87.35%与93.2%，显然两者的误差有缩小的趋势，说明本书采取的政府部门直接能耗的估算方法是可行的，结果是可信的。

一 政府部门直接用能总量

按照生产部门能源消费种类与能源统计年鉴，政府部门直接能耗的种类与居民消费间接能耗的种类一致[①]，共9种，分别为煤炭、焦炭、原油、燃料油、汽油、煤油、柴油（万吨）、天然气（亿立方米）与电力（亿千瓦小时）。政府部门直接能耗主要是由办公设备耗电、建筑能耗、机关食堂能耗、公务用车耗油等引起的，针对能源消耗的不同种类与用途，将政府部门直接能耗的去向分为两类，一是公务用车耗油，主要消耗汽油、柴油等交通燃料；二是除了公车消费以外的能耗活动，简称"行政运行能耗"或"其他日常办公能耗"，主要消耗煤炭、焦炭、电力等7种能源[②]。分析政府部门直接能耗分别从能源消耗总量、能源消费结构与能源利用水平以及与居民生活直接能源消耗的比较等方面入手。

（一）政府部门直接能耗总量

如图3-1所示，1992~2017年，政府机构直接能耗呈现增长趋

[①] 居民直接能耗与之稍有不同，根据居民生活需求与用途，直接消耗的能源分别是煤炭、焦炭、石油、汽油、煤油、柴油、天然气、电力、液化石油气、（人工）煤气与热力，共11种。

[②] 这里指的都是直接能耗，不包括公务车与日常办公设备的间接能耗。

势，其中 1994 年、2002 年与 2004 年有轻微的下降变动，但不影响整体的增加趋势；增长速度在波动中持续上升，不过 2014~2016 年增长速度逐渐放缓，均速降低到 2.78%。这主要是因为 2007 年中国节约能源法首次将公共机构能耗作为重要部门，大力倡导政府机构节能，说明后续影响是比较明显的，但持续力度需要进一步加大。2017 年政府部门能源消耗总量的增长速度加快，上升到 9.23%，能源消耗总量由 1992 年的 43.64Mtce 增加到 2017 年的 180.3Mtce，累计增速达 313.15%。从总量来看，需要进一步推动政府机构的节能工作。

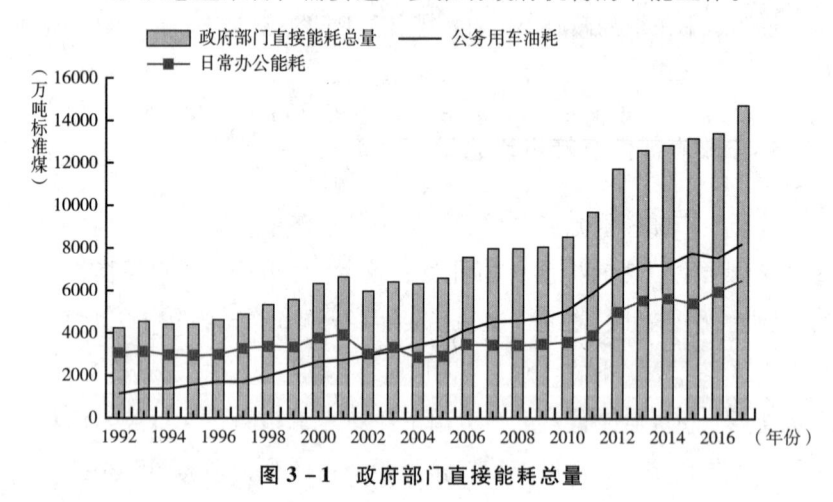

图 3-1 政府部门直接能耗总量

从比重来看，1992~2017 年政府部门直接能耗总量占终端能源消费总量的比重呈现波动式变动，但数值较为稳定，均值为 4.63%，这说明政府部门直接能耗总量与终端能源消费总量的增长幅度相近。政府部门直接能耗总量占第三产业能源消耗总量的比重呈现逐渐下降的变动趋势，由 1992 年的 50.25% 逐渐下降到 2017 年的 30.97%，累计降低约 19 个百分点，说明政府部门直接能耗总量的增长速度低于第三产业能耗。

（二）公务用车油耗与其他日常办公能耗

从总量的变动趋势来看，1992~2017 年政府部门公务用车油耗总量整体上呈现持续上升的趋势，平均增速约为 8.25%。响应政府部门节能工作，2014 年政府公务用车油耗的增长速度放缓，仅为 0.08%，

2016年增速下降2.9个百分点，2017年增速上升到9.69%。从比重来看，政府部门公务用车汽油与柴油的消耗量占全社会终端汽油与柴油消费总量的比重皆处于缓慢上升的变动趋势，均值分别为31.84%与23.56%，高于政府部门直接能耗总量占终端能源消费总量的比重。政府部门公务用车油耗总量与比重的变动趋势表明中国政府部门公务用车的用油需求是很大的，需要进一步推进公务用车的节能工作。

与公务用车油耗的快速增加相比，1992～2017年政府部门其他日常办公能耗的增长幅度比较平缓，平均增速低于前者4.68个百分点。2004年的增速略有下降，2014年增速放缓，下降到3.14%，并且2015年增速下降4个百分点，不过2016年以后，增速上升到9.1%，与公务用车油耗的增长幅度相近。日常办公的各种能源消耗占终端能源消费比重的变动趋势有两种不同方向。一种是煤炭、焦炭与原油，政府部门对这3种能源的直接消耗分别占煤炭、焦炭、原油消费总量的比重呈现逐渐下降的趋势，均值分别为1.35%、0.11%与0.27%。另一种是比重上升，其中政府部门直接消耗电力与煤油分别在电力与煤油消耗总量中的比重呈现缓慢上升，均值分别为4.03%与38.76%；政府部门直接消费燃料油与天然气分别占燃料与天然气消费总量的比重上升幅度较大，均值分别为7.08%与1.78%。从政府部门日常办公能耗总量以及占相应能源消费总量的比重变动趋势看，政府部门日常办公能源需求量很大，也需要进一步推动节能工作。

公务用车油耗与日常办公能耗相比，不仅增长速度高于后者，而且总量上从1997年开始大于后者，公务用车油耗占政府部门直接能耗总量的比重由1992年的28.03%上升到2017年的55.91%；日常办公耗能所占比重由1992年的71.97%下降到2017年的44.09%。从2005年开始公务用车油耗所占比重超过日常办公能耗，两者的比重差距变动幅度较为缓慢，反映了政府部门公务用车油耗与日常办公能耗强有力的增长势头（见图3-1与表3-1）。

表 3-1 政府部门直接能耗占终端能源消费总量的比重

单位：%

年份	政府部门直接能耗	公务用车油耗 汽油	公务用车油耗 柴油	其他日常办公能耗 比重下降类 煤炭	其他日常办公能耗 比重下降类 焦炭	其他日常办公能耗 比重下降类 原油	其他日常办公能耗 比重上升类 燃料油	其他日常办公能耗 比重上升类 天然气	其他日常办公能耗 比重上升类 煤油	其他日常办公能耗 比重上升类 电力
1992	5.69	33.25	17.47	3.56	0.14	0.3	3.39	0.63	38.97	3.4
1993	5.78	34.29	19.72	3.5	0.21	0.38	3.79	0.69	37.29	3.31
1994	5.28	31.44	19.02	3.04	0.02	0.3	3.49	0.76	34.83	3.24
1995	4.94	29.17	18.76	2.75	0.11	0.24	3.15	0.64	31.64	3.12
1996	5.04	30.83	18.94	2.71	0.15	0.22	3.43	0.61	30.7	3.2
1997	5.26	31.17	19.75	2.76	0.11	0.25	3.76	1.14	35.34	3.46
1998	5.52	33.04	21.32	2.63	0.16	0.23	3.99	0.79	39.23	3.76
1999	5.58	33.8	21.15	2.37	0.21	0.24	4.02	0.71	40.41	3.8
2000	6.42	34.26	25.27	2.16	0.28	0.09	5.84	2.8	42.09	4.32
2001	6.06	34.64	24.75	2.41	0.24	0.22	3.93	1.05	44.26	4.51
2002	4.96	31.53	24.21	1.63	0.21	0.55	3.76	0.98	40.52	3.22
2003	5.28	32.11	24.52	1.51	0.21	0.54	3.64	1.8	42.39	3.9
2004	5.52	34.68	22.59	1.13	0.29	0.6	8.14	1.4	43.2	4.04
2005	6.12	34.28	25.05	1.22	0.28	0.5	7.84	1.71	40.71	4.6
2006	6.73	34.75	26.34	1.1	0.29	0.46	11.19	1.97	41.13	4.89
2007	6.92	35.71	26.9	1	0.29	0.42	11.5	2.04	41.17	4.95
2008	6.79	34.78	26.31	0.92	0.28	0.4	11.32	2.1	40.11	4.83
2009	6.51	33.14	25.23	0.84	0.25	0.37	10.96	2.01	39.35	4.56
2010	6.09	32.25	25.16	0.69	0.21	0.27	10.23	1.8	37.66	4.54
2011	5.91	32.46	24.77	0.54	0.16	0.19	10.77	3.76	39.6	4.37
2012	6.06	32.28	27.7	0.8	0.13	0.19	13.52	5.46	40.59	4.46
2013	5.98	31.07	27.71	0.74	0.12	0.22	14.95	5.62	40.32	4.33
2014	5.58	28.22	26.85	0.69	0.11	0.19	17.41	4.58	38.17	3.91
2015	5.51	28.11	26.29	0.6	0.11	0.19	14.22	5.39	37.5	4.03
2016	5.38	25.62	25.82	0.6	0.1	0.16	17.34	5.98	36.91	4.11
2017	5.55	25.52	26.47	0.57	0.1	0.14	13.9	5.76	37.18	4.13
累计变动	-0.14	-7.72	9	-2.99	-0.04	-0.15	10.51	5.13	-1.79	0.73
均值	5.76	31.89	23.56	1.35	0.11	0.27	7.08	1.78	38.76	4

注：表 3-1 第二列为政府部门直接能耗总量占终端能源消费总量的比重，第三列为政府部门直接汽油消耗占全社会汽油消费总量的比重，第四列至第十一列分别为政府部门直接能源消耗占相应能源种类消费总量的比重。

二 政府部门能源消费结构

(一) 各种能源消费总量变动

1992~2017年,政府部门对各种能源的消费总量呈现两种变动趋势,一是逐渐增加,二是逐渐下降。第一种变动增长的幅度从高到低分别为柴油、汽油、电力、天然气、燃料油与焦炭。其中政府部门对柴油与汽油的直接消耗量快速增加,2014年增速变缓,并且2016年出现轻微的下降波动,但2017年继续强劲增长,增速分别为9.05%与11.04%。政府部门的电力消费增速起初低于汽油与柴油,但2013年之后增速变快,高于汽油与柴油消费(2014年也有所放缓,但增速降低的幅度较小);2015年之后,政府部门电力消费的增速一路上升,2017年增速高达13.96%,反映出政府部门对电力的巨大消耗。政府部门对天然气与燃料油的消费呈现先缓慢上升,继而快速上升的变动态势。政府部门的焦炭消费先是快速增加,而后增速放缓。第二种消费总量呈现下降趋势的能源分别是煤炭与原油,政府部门对煤炭与原油的消费量皆呈现波动式下降的变动趋势,煤炭消费的变动幅度大于原油。

(二) 各种能源消费比重变动

政府部门对不同能源的消费总量的变动引起政府部门能源消费结构的变动,下文按照比重变动的幅度从高到低分别进行分析。

如图3-2所示,1992~2017年,政府部门直接消费的煤炭所占比重降低了46.3个百分点,变动幅度最大。与煤炭消费的比重变动方向刚好相反,政府部门公务用车柴油消耗所占比重提高了26.58个百分点。政府部门汽油消费的比重较为稳定,提高幅度约为1.29个百分点,均值为17%左右。政府部门汽油消费比重在1992~2001年大于柴油消费,2002年之后逐渐低于柴油消费,主要是由于政府部门公车的采购要求与监管标准逐渐加强和完善,调整了柴油型与汽油型公车的规模和结构,在满足政府公务用车的需求下,尽可能选购低能耗、低排放型公车。电力消费的比重变动幅度略低于柴油消费,政府部门直接耗电比重提高了 10.38 个百分点,根据用电量快速增长的趋势进行推测,电力消耗的比重未来几年仍将呈现上升的趋势。

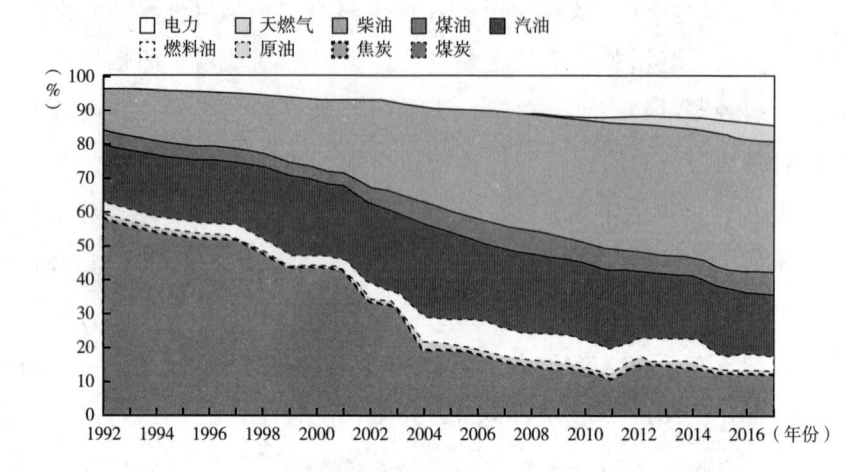

图 3-2 政府部门直接能耗结构

天然气消费的比重变动幅度低于电力消费,政府部门直接天然气消费的比重上升了 5.34 个百分点。《公共机构节能"十二五"规划》中,节能重点之一是燃气灶具改造工程,倡导公共机构食堂使用节能型灶具,使用天然气、液化石油气等清洁能源。其他能源消费的变动幅度较小,其中政府部门直接的燃料油消费、煤油消费比重变动幅度不到 1.5 个百分点,原油与焦炭消费比重变动不到 0.5 个百分点。

(三) 政府部门直接能源消费结构

政府部门能源消费以及比重的变动引起政府部门能源消费格局发生了很大的变化,下文分别以 1992 年与 2017 年各种能源消费比重排序进行说明。1992 年,政府部门直接能源消费结构是以煤炭为主、以汽油与柴油为辅。其中,煤炭消费比重高达 57.96%,汽油与柴油消费比重分别为 16.27% 与 11.76%,电力消费比重不足 5%,天然气消费比例仅为 0.25%,其他能源消费比例较低。在节能减排工作的推动下,2017 年政府部门直接能源消费结构发生了较大的变动,传统的能源消费比重大幅度下降，电力与天然气等清洁能源消费比重上升。2017年各种能源消费比例从高到低分别为：柴油消费比重最高，为38%；其次是汽油与电力消费，比重分别为17.57%与14.48%；煤炭消费失去主导地位，比重降低到11.6%；天然气消费比重为5.59%，燃料油消费比重为5.7%，其他能源消费比例较低。

三　政府部门直接能源利用水平

以人均政府直接能耗水平与单位建筑面积的能耗水平表示政府部门直接能源利用水平，人均政府直接能耗水平由政府部门直接能耗总量除以代表政府规模的就业人数得到，其中代表政府规模的就业人数以"公共管理与社会组织"的就业人数表示。

（一）人均政府直接能耗水平

1992~2017年，人均政府直接能耗呈现持续上升的趋势，与2014~2016年直接能耗总量增速放缓相对应，人均能耗水平同期有所下降，幅度仅为1个百分点左右。2017年政府部门直接能耗总量的增速提高到5.61%，人均政府直接能耗水平由1992年的6548.48千克标准煤/人增加到2017年的12777.24千克标准煤/人，累计增量为6228.76千克标准煤/人，累计增速高达95.12%。主要是由于政府部门的规模不断扩大，用能人数随之增加，引起政府部门直接能耗总量随之增加，但直接能耗总量整体的增长幅度高于政府部门规模的扩大，表现为人均政府直接能耗水平逐年上升，说明政府机构改革仍需进一步进行，适当控制政府用能人数。

（二）政府部门单位建筑面积能耗

与人均政府直接能耗水平的增长趋势相比，1992~2017年政府部门单位建筑面积能耗水平的变动稍微平缓，整体呈现波动式增长的变动态势。1992年单位建筑面积能耗为25.48千克标准煤/平方米，2017年增加到40.84千克标准煤/平方米，但2016年稍有下降，为37.92千克标准煤/平方米。反映出政府部门建筑面积扩大引起的直接能耗总量很大，直接表现就是政府机构建筑面积的扩大速度快于政府机构直接能耗总量增速，单位建筑面积能耗水平不断提高。

四 政府部门与居民生活直接能耗比较

（一）能耗总量比较

政府部门直接能耗总量低于居民生活直接能耗。1992年，政府部门直接能耗仅相当于居民生活直接能耗的32.77%；但两者的差距逐年缩小，2017年政府部门直接能耗总量相当于居民生活直接能耗的52.18%，政府部门直接能耗的增长速度高于居民生活能耗，平均高出1.98个百分点。

（二）人均能耗水平比较

如图3-3所示，在人均能耗水平方面，人均政府直接能耗水平高于人均居民生活直接能耗，两者的差距（人均政府直接能耗与人均居民生活直接能耗相比）呈现先下降、再上升、继而缓慢下降的变动趋势。1992年，政府部门每人每年的直接能耗相当于52名居民每年平均生活能源消耗；2007年两者差距达到顶峰，前者相当于后者的71倍；2016年该数值下降到48倍，但2017年两者差距出现轻微反弹，政府部门每人每年的直接能耗水平相当于49名居民每年平均生活能源消耗。与居民生活直接能耗相比，政府部门的人均直接能耗水平是比较高的，虽然两者的差距历经下降、上升、下降、上升的波动，但数值大小较为相近，这也充分反映出政府部门需要进一步推进节能减排工作。

（三）单位建筑面积能耗比较

政府部门单位建筑面积能耗与居民单位建筑面积能耗的差距呈现逐年扩大的趋势。1992年前者相当于后者的2.96倍，2017年上升到5.37倍。说明与居民建筑相比，政府部门建筑能耗承载量更大，反映出政府部门要加强建筑用能监管，更加注重建筑节能。

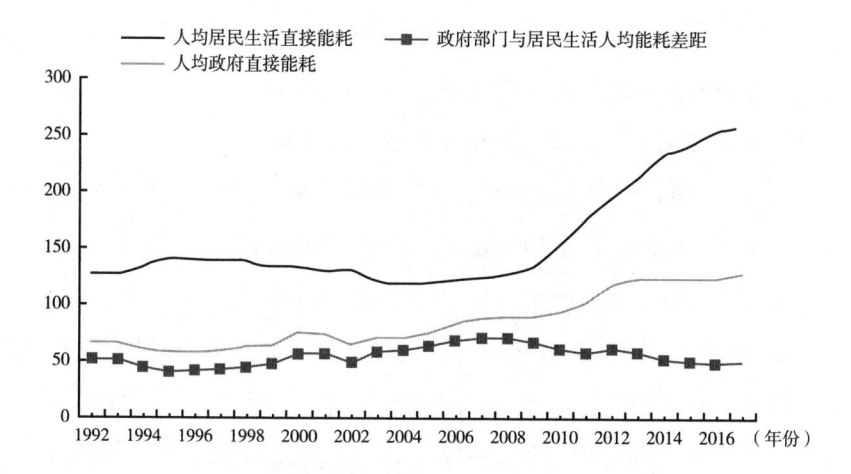

第三章 政府部门消费能耗及二氧化碳排放特征

图 3-3 政府部门与居民生活人均直接能耗水平

注：人均政府直接能耗与人均居民生活直接能耗使用的单位不一样，但是在计算两者差距时，采用相同的单位，具体为：人均政府直接能耗的单位为 10^2 千克标准煤/人，而人均生活直接能耗的单位为千克标准煤/人，同时两者差距等于人均政府直接能耗（单位为千克标准煤/人）与人均居民生活直接能耗相比。

第二节 政府消费间接能耗特征

一 政府消费间接能耗核算方法

由第一章政府消费间接能耗核算模型可知，相应的核算方法有两种，一种是初始计算方法，另一种是根据投入产出表中重要的行平衡关系对初始计算公式进行变形，进一步转换的计算方法。两种方法的推导基础一致，不过表达方式与数据要求稍有不同。

（一）初始计算方法

1. 初始计算公式

由第一章中政府消费间接能耗的初始计算公式即 $E_G^{ind} = ER(I-A)^{-1}Y_G$ 得知，政府消费间接能耗的影响因素可分解为满足政府消费需求的生产部门的直接能耗系数与中间产品生产技术和政府消费在各行业的分配额。这个方法需要以投入产出表为依托，计算结果较为细致与精确，需要编制混合能源投入产出表。

2. 数据基础——混合能源投入产出表的编制

式（1-10）要求构建能源投入产出表，投入产出表中经济变量用价值量表示，能源则是实物量表示。政府消费不同于居民消费，居民消费涉及各个行业，但是政府消费主要涉及农业与第三产业，而且并非第三产业中的每一个部门都与政府消费有关联。因此，根据政府消费的特点与内容，与之相关的行业共有10个，分别是农林牧副渔业，交通运输业，金融业，租赁和商务服务业，研究与试验发展业，其他服务业（包括综合技术服务业，水利、环境和公共设施管理业，居民服务与其他服务业），教育业，卫生、社会保障和社会福利业，文化、体育和娱乐业，公共管理与社会组织。在构建10个非能源部门的混合能源投入产出表时，由于1997年以前投入产出表中行业分类与口径存在差异，所以根据减少误差方面的考虑与研究需要，时间区间为1997~2010年①。由于投入产出表并不是每年都编制，所以分为两种情况，即有投入产出表的年份与无投入产出表的年份。

（1）有投入产出表的年份

由于政府消费不涉及工业，即不涉及能源部门，所以对于1997年、2000年、2002年、2005年、2007年、2010年有相应的投入产出表或延长表的年份，编制混合能源投入产出表的方法比较简单，利用《中国统计年鉴》《中国能源统计年鉴》收集数据，涉及的指标与直接消耗数据相同，共10个指标。

（2）没有投入产出表的年份

对于没有对应的投入产出表的年份（1998年、1999年、2001年、2003年、2004年、2006年、2008年、2009年），在编制混合能源投入

---

① 1997年之前行业的两大类分别为物质生产部门与非物质生产部门，与1997年存在名称与口径方面的差异，故计算范围从1997年开始。

产出表之前，必须利用投入产出表的更新方法，编制其对应的投入产出表。编制依据是国家统计局公布的基期投入产出表，以"左邻居年"为原则，结合投入产出表的更新方法进行编制。比如，2006 年的投入产出表是以 2005 年为基础进行编制的，不能以 2007 年为基础进行编制，其他年份的编制方法如是。

由于数据的限制，现有资料不能提供所需的全部信息，所以需要进行推算，编制报告年投入产出表（延长表）的步骤如下：第一，根据投入产出表的行业分类与统计口径，调整各部门的总产出；第二，根据增加值项目构成以及确定的范围，调整各部门的增加值；第三，确定最终消费中居民消费、政府消费与资本形成、进出口项目的构成；第四，按照报告年的物价指数，计算按照报告年价格表示的基期年投入产出表的直接能耗系数；第五，根据不同部门中间投入的特点，确定各部门重点中间投入流量，然后在对系数进行推算的基础上，利用投入产出表的更新方法计算报告年投入产出表的中间投入矩阵；第六，将中间投入矩阵、增加值矩阵与最终使用矩阵结合起来，构成报告年的投入产出表。投入产出表编制完成后，便可以进行混合能源投入产出表的编制工作，方法与有投入产出表年份的编制步骤相同。

（二）政府消费间接能耗转换方法

1. 转换方法计算公式

在式（1-16）的基础上，根据投入产出表中基本的行平衡关系式对其进行变形，可得到第一章中政府消费间接能耗的最终计算公式，即 $E_C^{ind} = E_P^d Y^{-1} Y_C = (E_P^d Y^{-1}) Y_C$。根据式（1-33），政府消费间接能耗的影响因素可分解为：满足政府消费需求的生产部门的直接能耗强度 $E_P^d Y^{-1}$，用万元产业增加值能耗表示；另一个是政府消费在各行业的分配额。与初始计算方法相比，计算的工作量大大减少，只需要政府消费在各行业的分配额以及相应部门生产直接能耗强度的数据即可计算。

2. 数据基础与估算方法

首先，各部门的增加值的数据，根据统计年鉴和投入产出表中最终使用与支出法增加值的差异，对统计年鉴中支出法的增加值进行调整，得出符合投入产出表计算口径下的数据。其次，与政府消费有关的部门生产的直接能耗数据来源于历年统计年鉴、能源统计年鉴，对第三产业各行业的能源消费根据各行业增加值占第三产业的比重进行分劈得到。再次，相对于居民消费，政府消费的数据在统计年鉴中只有总量数据，并且在投入产出表中各行业的分配额比例变动不是很大，可以采用相近的原则与借助一定的方法进行估算。比如，政府部门在教育方面的消费，可以统计年鉴教育经费中"国家财政性教育经费项目"为基础，根据政府消费在教育方面的比例与当年同期相关政策，对其进行调整，调整的理由主要在于这个指标中包括政府在教育方面的投资支出，有必要从中剔除，以免造成数据的高估；政府对卫生、社会保障和社会福利业的消费额，借助统计年鉴卫生费用中"政府卫生支出"与投入产出表中政府的消费比例进行调整估算；其他消费项目可以根据类似的方法进行估算。最后，根据总量控制与分项核对的原则，对政府消费结构与相应部门增加值和能源消费量进行二次核对，减少误差。

另外这个计算公式在没有投入产出表而只有政府消费总量的情况下，可以推算政府消费间接能耗总量。相对而言，计算结果会比行业分类详细时粗糙，但在数据不齐备的情况下，可以当作一种估算政府间接能耗总量的适用方法。因此本节结合两种方法估算政府消费间接能耗：首先，运用转换方法估算1992~2017年政府消费间接能耗总量；其次，按照行业分类，根据初始与转换计算方法核算政府消费间接能耗分量（样本区间为1992~2017年）；最后，根据第一步分项的合计对第一步的总量进行调整，降低计算误差。

二 政府消费间接能耗总量

（一）总量的变动

整体上，如图3-4所示，1992~2017年，政府消费间接能耗总量呈现增长趋势，若干年份出现轻微下降波动，由1992年的119.25Mtce

上升到 2017 年的 830.37Mtce，累计增速为 596.33%。与政府部门直接能耗总量相比，政府消费间接能耗的数值远远大于前者，两者的差距呈现持续扩大的趋势，间接能耗与直接能耗的比值由 2.73 倍提高到 4.60 倍，两者的关系与居民消费中两项的关系一致，说明不论是居民消费，还是政府消费，完全能耗主要来源于间接能耗，反映出居民与政府部门对能源的需求主要是通过最终消费需求引起的。

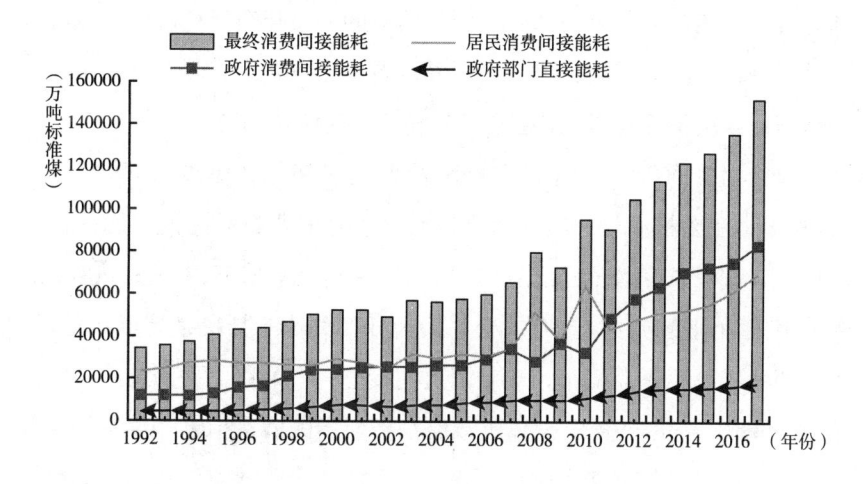

图 3-4 最终消费间接能耗

（二）政府消费与居民消费间接能耗比较

1. 能源消费总量

与居民消费间接能耗总量相比，1992~1999 年政府消费间接能耗始终小于居民消费间接能耗，不过两者的差距不断缩小。以政府消费间接能耗与居民消费间接能耗的比值来看，1997 年政府消费间接能耗仅相当于居民消费间接能耗的 51.7%；2010 年政府消费间接能耗相当于居民消费间接能耗的 50.53%。2011 年政府消费间接能耗超过居民消费间接能耗，为后者的 1.05 倍；截至 2017 年，两者的差距呈现波动式扩大的趋势，政府消费间接能耗为居民消费间接能耗的 1.2 倍左右，反映出政府消费间接能耗强有力的增长势头。政府消费在最终消费中的比重虽然逐年上升，始终没有超过 30%，但是在最终消费间接能耗总量中的比重超过了30%，呈现波动式上升趋势，2004年为34.08%，2017年上升到54.47%，表明政府部门的绿色政府采购制度和低能耗、低排放的公共服务体系需要进一步完善、健全，在满足公众公共服务需求的同时尽可能减少对能源的消费以及环境污染。

2. 不同种类能源的间接消费

对于不同能源，政府消费间接能耗与居民间接能耗的关系有所不同。其中，在煤炭与电力消费方面，两者的关系与在能源消费总量方面的关系相似，因为煤炭与电力在能源消费中比重较大，政府间接消费占最终消费间接消耗总量的比重为34.85%~56%。在焦炭与原油消费方面，政府消费间接能耗远大于居民消费间接能耗，比重为69.81%~87.32%。在燃料油与天然气消费方面，政府消费与居民消费的间接能耗相当，占最终消费间接能耗的比重为41.34%~55.21%；在汽油、煤油与柴油消费方面，政府消费间接能耗始终小于居民消费间接能耗，不过两者的差距逐渐缩小，政府消费间接能耗占最终消费间接能耗的比重为15.68%~38.69%。整体上政府消费与居民消费相比，对各种能源的间接消耗占最终消费的比重是逐渐上升的，表明政府消费间接能耗增长的速度高于居民消费，反映出政府部门属于能源消费的重点部门，公共机构需要加一步加大节能的力度，侧面也反映出公众对绿色政府采购、可持续的政府消费模式的需求。

三 政府消费间接能耗结构

1992~2017年，政府消费间接消耗的各种能源总量呈现持续增长趋势，各种能源消费的变动方向出现两种，即上升与下降，但变动程度较小，最大的不超过5个百分点。其中，燃料油、原油、煤炭与汽油的消费比重是下降的，由1992年的5.32%、19.86%、55.54%与53.49%，分别下降到2017年的1.21%、17.32%、53.49%与52.94%。比重下降幅度最大的是燃料油，降低4.11个百分点；原油与煤炭分别降低2.54个与2.05个百分点；汽油消费比重降低幅度仅为0.55个百分点，不足1个百分点。与之相对应，比重上升的是电力、焦炭、柴油、天然气与煤油消费，1992年的比重分别为5.08%、6.77%、2.93%、2.19%与0.24%，到2017年比重分别提高5.31个、2.52个、0.87个、0.39个与0.18个百分点。

从政府消费间接能耗结构变动来看，政府消费间接能耗结构仍然是以煤炭消费为主、以石油制品与电力消费为辅，反映出生产部门能源消费结构中仍然以传统的能源消费为主，对电力的需求量大幅度提高，同时天然气等清洁能源的比重较小。对于生产部门来说，需要减少煤炭等传统能源的消费，加大新能源与清洁能源的消费，进一步调整能源消费结构，逐步实现升级与优化。

第三节　政府消费二氧化碳排放特征

一　政府消费直接二氧化碳排放

1992~2017年，政府消费能耗的直接二氧化碳排放量呈现增速由慢逐渐加快的变动趋势，排放量由1992年的0.96亿吨增加到2017年的3.2亿吨，年均增速为7.25%，累计增速达233.33%，反映出政府部门能源消费产生的二氧化碳排放总量也是不容忽视的。政府消费能耗的二氧化碳排放量占终端能源消费二氧化碳排放总量的比重在缓慢的升降波动中有所下降，由1992年的3.59%下降到2017年的2.83%，均值为3.17%，表明政府部门能源消费所引起二氧化碳排放量的增长速度略低于终端能源消费排放。另外比重小于政府部门直接能耗占终端能源消费总量的比重（平均为5.76%），反映出政府部门的能耗结构有利于节能减排的实施。

与居民消费相比，政府消费直接二氧化碳排放量远小于前者，政府消费直接二氧化碳排放与居民消费直接二氧化碳排放的比值逐渐上升，两者的差距不断缩小。1992年政府消费直接二氧化碳排放量仅为居民消费直接二氧化碳排放的25.06%，2017年该比值上升到

79.34%，环比提高 2.08 个百分点，表明同能源消费相似，政府消费直接二氧化碳排放的增长速度快于居民消费。从占终端能源消费二氧化碳排放的比重来看，1992 年居民消费直接二氧化碳排放所占比重为政府消费直接二氧化碳排放比重的 4 倍左右，两者的差距逐年缩小，2017 年居民消费排放仅为后者的 1.26 倍，反映出政府消费直接二氧化碳排放的增长速度快于居民生活二氧化碳排放。政府消费直接二氧化碳排放虽然低于居民生活直接二氧化碳排放，但增长速度快于后者。一方面，反映出政府部门对能源与碳排放的影响低于居民；另一方面，反映出政府部门需要进一步加大节能减排工作的力度。

二 政府消费间接二氧化碳排放

在政府消费间接能耗估算的基础上，根据能源消耗与二氧化碳排放的关系，乘以不同能源的二氧化碳排放系数，得到政府消费能耗间接二氧化碳排放量。与直接二氧化碳排放相比，政府消费间接二氧化碳排放量亦呈现先缓慢增加，继而加速上升的变动，总量始终大于直接二氧化碳排放量，而且差距越来越大。1992 年间接二氧化碳排放相当于直接二氧化碳排放的 4.42 倍左右，2017 年差距提高至 10.59 倍，反映出政府消费间接二氧化碳排放总量以高于直接二氧化碳排放的速度快速增长。在占终端能源二氧化碳排放总量的比重方面，政府消费间接二氧化碳排放所占比重处于波动式上升趋势，由 1992 年的 15.83% 上升到 2017 年的 30%。同时，在最终需求间接二氧化碳排放总量中的比重为 18.7%~28.5%，表明与其他最终需求项目二氧化碳排放合计相比，政府消费间接二氧化碳排放增长较快，呈现出增长趋势。

与居民消费间接二氧化碳排放相比，政府消费间接二氧化碳排放总量在 2011 年之前始终小于前者，自 2011 年开始两者的差距逐渐变大，1992 年政府消费间接二氧化碳排放仅为居民消费间接排放的 65.79%，2011 年两者的差距为 1.12 倍，2017 年为 1.37 倍，政府消费间接排放总量以高于居民消费间接二氧化碳排放的速度快速增加。从占终端能源消费二氧化碳排放总量的比重看，2011年之前政府消费间接二氧化碳排放的比重低于居民消费间接二氧化碳排放的比重，1992年、2011年、2017年政府消费与居民消费间接二氧化碳排放的比重分别为15.8%、24.6%、24.96%与22.31%、30%、21.9%。

本章小结

本章主要根据第一章政府消费能耗与碳排放的核算模型对政府消费能耗和二氧化碳排放进行估算，并且分析其特征。通过与官方数据相比，政府消费直接能耗与二氧化碳排放估算结果是可信的，估算的方法是有效的。分析中得到如下主要结论。

（一）政府消费能耗与二氧化碳排放特征

1992~2017年，政府部门直接能耗总量呈现持续增长的趋势，增速有所放缓，但2017年出现反弹；占终端能源消费总量的比重较为稳定，约为5%左右。其中，公务用车耗油的增长高于政府部门直接能耗总量与其他日常办公能耗。与直接能耗相比，政府消费间接能耗以高于前者的速度快速增加，两者的差距呈现逐年拉大的趋势，间接能耗相当于直接能耗的4倍左右。

政府部门能源消费结构逐步由以煤炭消费为主、以汽油与柴油消费为辅、清洁能源消费占比很低向以汽油与柴油消费为主、以电力与煤炭消费为辅、清洁能源消费占比不断提高的模式过渡及转变，表明政府部门能源消费结构正在逐步优化、升级。相应的二氧化碳排放量也呈现逐渐增长的趋势，直接二氧化碳排放占终端能源消费二氧化碳排放总量的平均比重为3.17%；间接二氧化碳排放平均相当于直接二氧化碳排放的6.4倍，占终端能源消费排放总量的比重均值为20.39%，表现出增速低于直接二氧化碳排放的增长趋势。

（二）与居民消费能耗、二氧化碳排放比较

与居民消费能耗及二氧化碳排放总量相比，政府消费直接能耗与二氧化碳排放总量始终小于前者；但政府消费间接能耗与政府消费间接二氧化碳排放在2011年之前小于居民消费，在2011年之后开始大于后者，并且两者的差距越来越大。从增长速度上看，不论是直接能耗与二氧化碳排放，还是间接能耗与二氧化碳排放，从政府消费与居民消费能耗和二氧化碳排放的差距逐渐变大的变动看，前者的增长速度高于后者，表现出强有力的增长势头。

人均政府能耗水平与单位建筑面积能耗水平呈现逐渐上升的趋势，反映出政府部门需要进一步提高能源利用水平，进一步加大节能减排的力度。

第四章 居民消费能源消耗影响因素[*]

以往文献在分析居民消费能耗影响因素时，限于数据可得性，往往只能运用间接期数据的方法或模型，无法运用相应计量模型反映连续时间段的动态波动。本章将指数分解方法与计量模型相结合，对居民生活用能的影响因素进行分析。首先对IPAT模型进行修正与扩展；其次运用对数平均迪氏指数法将因素完全分解，实现完全消除残差，构建相应的完全分解模型；最后根据因素分解分析的结论，建立相应的计量模型，将变量之间的关系进行模型化，深入考察其相应的函数关系。两者相结合进行分析，既发挥了对数平均迪氏指数法完全分解影响因素的特点与计量模型的优势，又可以弥补两者应用中的不足与缺陷。

按照影响方向，中国居民生活用能分为直接能耗与间接能耗，其中直接能耗与居民生活方式、消费模式直接相关；间接能耗与居民消费结构与生活水平密切相关，同时受产品部门的生产技术与能耗强度影响。因此直接能耗与间接能耗的主要影响因素与影响机理存在一定程度的差异，在分析居民生活用能的影响因素时，分别对直接能耗与间接能耗进行分析。同时由于城镇与农村居民生活用能的总量与结构

---

[*] 本章部分内容曾发表于2017年第11期《数学的实践与认识》，论文题目为《居民生活私人交通碳排放驱动因素的"三级分解"模型》。

有所差别，所以分析直接能耗与间接能耗时，分别对城镇居民与农村居民进行分析。

本章运用递进的思维逻辑、结合指数分解方法与相关计量方法以及统计推断对居民生活能耗的因素进行详细分析。首先，根据居民消费方式、平均消费倾向以及平均家庭规模等对 IPAT 模型进行修正与扩展，运用 LMDI 方法分别构建居民生活直接能耗（居住与交通用能）与间接能耗的完全分解模型；其次，构建能源消费压力人口模型、分位数回归与其他计量模型，考察不同收入阶层居民生活能耗差异。

第一节　居民生活直接能耗影响因素

在分析居民直接能耗特征与能耗结构的动态演变规律的基础上，基于居民生活方式、消费模式、消费倾向与收入对 IPAT 等式进行修正，并对 LMDI 方法应用中常见的误区与模型应用局限进行修正、拓展，最后运用修正后的 IPAT-LMDI 模型构建中国居民直接能源消耗完全分解模型，并对城镇居民与农村居民的居住直接能耗、交通直接能耗的影响因素进行分析。

一　对数平均迪氏指数法

（一）对数平均迪氏指数法的分解方式

指数分解方法（Index Decomposition Analysis，IDA）是目前主要的因素分解方法，因变量都用若干个自变量的乘积表示，基本思想是把因变量的变动分解为若干个自变量变动之和或之积的形式，例如[①]：

$$Y = X_1 \times X_2 \times X_3 \times \cdots \times X_n \qquad (4-1)$$

式（4-1）两边求导，得到式（4-2）：

---

① 式（4-1）中 Y 为因变量，X 为自变量。

第四章 居民消费能源消耗影响因素

$$dY = \prod_{j=1,j\neq 1}^{n} X_j dX_1 + \prod_{j=1,j\neq 2}^{n} X_j dX_2 + \prod_{j=1,j\neq 3}^{n} X_j dX_3 + \cdots + \prod_{j=1,j\neq n}^{n} X_j dX_n$$
$$= \sum_{i=1}^{n} (\prod_{j=1,j\neq i}^{n} X_j dX_i) \tag{4-2}$$

运用迪氏指数法将式（4-2）总量的变动分解为：

$$\Delta Y = \int_{Y_0}^{Y_t} dY = \sum_{i=1}^{n} (\int_{X_i^0}^{X_i^t} \prod_{j=1,j\neq i}^{n} X_j dX_i)$$
$$= \sum_{i=1}^{n} (\int_{X_i^0}^{X_i^t} \prod_{j=1}^{n} X_j \frac{dX_i}{X_i})$$
$$= \sum (\int_{X_i^0}^{X_i^t} Y(X_1, X_2, X_3, \cdots, X_N) \frac{dX_i}{X_i})$$
$$= \sum Y'(X_i^0, X_i^t) \ln(\frac{X_i^t}{X_i^0}) \tag{4-3}$$

为使因素完全分解，Ang、Zhang 和 Choi 先后在 1998 年与 2001 年提出对数平均指数分解方法（Ang, B. W., Zhang, F. Q., Choi, K. H., 1998, 2001），并在后期做了相应的补充与完善，按照对数平均迪氏指数法分解：

$$\Delta Y(X_i^0, X_i^T) = \Delta X_i^{eff} = \sum \frac{Y_i^t - Y_i^0}{\ln(Y_i^t) - \ln(Y_i^0)} \ln(\frac{X_i^t}{X_i^0}) \tag{4-4}$$

式（4-4）左边表示其他因素不变时，某因素变动引起总量的变动，所有因素引起总量的变动的合计等于因变量的变动，即：

$$\Delta Y = Y^t - Y^0 = \sum_{i=1}^{n} \Delta Y(X_i^0, X_i^t) = \sum_{i=1}^{n} \Delta X_i^{eff} \tag{4-5}$$

对数平均迪氏指数法中各个因素的分解方法有两种，分别是"加和分解"与"相乘分解"，式（4-4）与式（4-5）是按照前一种方式进行分解的，相乘的分解方法如下：

$$\Gamma Y(X_i^0, X_i^t) = \Gamma X_i^{eff} = \sum \frac{(Y_i^t - Y_i^0)/(\ln Y_i^t - \ln Y_i^0)}{(Y^t - Y^0)/(\ln Y^t - \ln Y^0)} \ln(\frac{X_i^t}{X_i^0}) \tag{4-6}$$

两个时期的因变量相比等于自变量引起总量的变动效应之积，如同式（4-7）：

$$\Gamma Y = \frac{Y^t}{Y^0} = \Pi(\Gamma Y(X_i^0, X_i^t)) = \Pi(\Gamma X_i^{eff}) \qquad (4-7)$$

$$\Gamma X_i^{eff} = \exp\left(\sum \frac{(Y_i^t - Y_i^0)/(\ln Y_i^t - \ln Y_i^0)}{(Y^t - Y^0)/(\ln Y^t - \ln Y^0)}\right) \ln\left(\frac{X_i^t}{X_i^0}\right) \qquad (4-8)$$

其中 n 为自变量个数，t、0 分别为报告期与基期。

（二）对数平均迪氏指数法的性质

①将两个或两个以上因素同时变动时引起的总量变动归到每一个因素中，可将各个因素对总量的影响完全分解，消除残余项。

②$\Delta X_i^{eff} > 0$，$\Gamma X_i^{eff} > 1$ 时，反映该因素的变动引起因变量增加；$\Delta X_i^{eff} < 0$，$\Gamma X_i^{eff} < 1$ 时，表示该因素使因变量减少。

③采用对数指数进行分解，对于零值与负值数据来说，应用中受到很大的局限性。不过针对零值数据，Wood Richard 与 B. W. Ang 先后于 2004 年与 2007 年提出相应的解决办法，指出当遇到零值时，可用 $\delta = 10^{-10} - 10^{-20}$ 替代（Ang, B. W., 2004, 2007）。

（三）应用方面的拓展

在应用中，通过式（4-4）可以得到单一因素变动时，引起总量的变动，所有自变量引起总量的变动之和等于因变量的总变动；由式（4-4）与式（4-5）的比值得到单一因素对因变量的贡献度或贡献率。但在应用中存在一个误区：很多文献判断某一因素对总量变动的影响效应与方向时，简单地通过计算结果的符号，即式（4-4）的结果的符号进行判断，即数值为正，表示正效应；数值为负，表示负效应。其实不然，某一因素的变动，可能增加、可能减少，如果是增加，使得总量增加，则是正效应；若因素是减少的，总量相应地减少，这也是正效应，并不是负效应，因为两者的变动方向是一致的。所以判断两者的影响方向要结合自变量变动与引起相应的总量变动的方向，如同式（4-9）：

$$\alpha_{X_i} = \sum \frac{Y^t - Y^0}{\ln(Y^t) - \ln(Y^0)} \ln\left(\frac{X_i^t}{X_i^0}\right) / (X_i^t - X_i^0) \qquad (4-9)$$

α_{X_i} 表示自变量 X_i 变动一单位，引起因变量的变动，根据其数值大小和符号判断因素对总量的影响方向与程度，近似边际的含义。不仅可以判断由于某一因素变动引起总量的变动，符号代表因素对总量的影响方向，数值为正，代表正效应，反之为负效应，而且可以避免仅由自变量引起总量的变动的符号判断自变量对因变量的影响方向而发生的误判。

二 居民生活直接用能影响因素完全分解模型

根据用途对能源种类进行划分，居住能耗主要为煤炭、焦炭、石油、液化石油气、天然气、煤气、电力和热力；交通能耗主要为汽油与柴油。与交通能耗密切相关的是交通类支出，与居住能耗密切相关的是居住类支出、食品类支出与家庭设备用品及服务类支出，比如食品类消费会引起烹饪能耗、家庭设备用品及服务类消费会引起居住耗电、居住类消费会引起水电燃料消耗等。虽然其他类别支出也会在一定程度上引起居住能耗，但其影响方向是间接的，并且与上述三种消费支出相比，影响程度较小。按照关联性大小，笔者认为，与居住直接能耗关联较大的消费支出为居住类支出、家庭设备用品及服务类支出与食品类支出。

本书根据居民消费、收入与家庭规模和户数对 IPAT 模型进行扩展，运用对数平均迪氏指数法建立中国居民生活直接能耗的完全分解模型。居住直接能耗和交通直接能耗的能源与涉及的消费支出不同，分析时分别建立相应的分解模型（Poortinga, W., Steg, L., 2004）。

（一）扩展的 IPAT 模型

IPAT 等式是由 P. R. Ehrlish 等人于 1971 提出，反映人类对资源环境的影响，I 为人类对资源环境的影响，P 为人口规模，A 反映富裕水平，用人均 GDP 表示，T 反映技术，为万元 GDP 能耗。

利用 IPAT 等式反映居民消费对能源的消耗，就需要对相应的指标进行替代修正。I 为居民能源消耗量，用 E 代替；A 为居民人均消费水平，用 Y_H/P 表示；T 为万元居民消费能耗，反映居民能耗强度，用 EC

表示。则 IPAT 等式转换为：

$$E_H = P \times (Y_H/P) \times EC \qquad (4-10)$$

各个因素对居民生活直接能耗的影响路径很明确，即由于居民日常生活需要消耗各种能源，居民生活直接用能受能源消耗种类与结构影响；收入水平决定了居住消费倾向与居民消费支出；人口规模代表用能人数的多少，人数越多，生活用能越多。因此，居民生活用能不仅与能源消费结构有关，还与收入、消费水平密切相关。同时居民生活用能往往是以家庭为单位进行消费的，为深入考察人数对居民生活用能的影响，可将人口分为家庭规模与户数。由此基于家庭规模与居民消费倾向、收入对式（4-10）进行扩展，得到式（4-11）：

$$E_H = \sum_i \frac{E_{H_i}}{Y_H} \times \frac{Y_H}{R} \times \frac{R}{P} \times (P_1 \times P_2) \qquad (4-11)$$

居民消费对每种能源的能耗强度又可分解为能耗结构与对能源总量的能耗强度，将式（4-11）做进一步分解：

$$\begin{aligned} E_H &= \sum_i \left(\frac{E_{H_i}}{E_H} \times \frac{E_H}{Y_H}\right) \times \frac{Y_H}{R} \times \frac{R}{P} \times P_1 \times P_2 \\ &= \sum_i ES \times EC \times APC \times AR \times P_1 \times P_2 \end{aligned} \qquad (4-12)$$

ES 为居民能源消费结构，EC 为居民能耗强度，APC 为居民平均消费倾向，AR 为居民人均收入，P_1、P_2 分别为户数与平均家庭规模。根据分析需要，用 HE 表示居住能耗，用 TE 表示交通能耗，分别建立居住直接能耗与交通直接能耗的完全分解模型。

（二）基于 LMDI 构建中国居民的居住直接能耗完全分解模型

从基期到报告期，居住直接能耗总量的变动根据式（4-13）计算：

$$\Delta HE^d = HE^{dt} - HE^{d0} \qquad (4-13)$$

根据式（4-4）与式（4-5）运用 LMDI 方法对其进行因素分解，

居民直接能耗分解模型如下：

$$\Delta HE^d = \Delta HES^{d\,eff} + \Delta HEC^{d\,eff} + \Delta APC^{eff} + \Delta AR^{eff} + \Delta P_1^{eff} + \Delta P_2^{eff} \quad (4-14)$$

$$\Delta HES^{d\,eff} = \sum_{i=1}^{9} \frac{(HES_i^{dt} HEC_i^{dt} APC^t AR^t P_1^t P_2^t - HES_i^{d0} HEC_i^{d0} APC^0 AR^0 P_1^0 P_2^0)}{\ln(HES_i^{dt} HEC_i^{dt} APC_i^t AR_i^t P_i^t) - \ln(HES_i^{d0} HEC_i^{d0} APC^0 AR^0 P_1^0 P_2^0)} \times \ln\left(\frac{HES_i^{dt}}{HES_i^{d0}}\right)$$

$$\Delta HEC^{d\,eff} = \sum_{i=1}^{9} \frac{(HES_i^{dt} HEC_i^{dt} APC^t AR^t P_1^t P_2^t - HES_i^{d0} HEC_i^{d0} APC^0 AR^0 P_1^0 P_2^0)}{\ln(HES_i^{dt} HEC_i^{dt} APC_i^t AR_i^t P_i^t) - \ln(HES_i^{d0} HEC_i^{d0} APC^0 AR^0 P_1^0 P_2^0)} \times \ln\left(\frac{HEC_i^{dt}}{HEC_i^{d0}}\right)$$

$$\Delta APC^{eff} = \sum_{i=1}^{9} \frac{(HES_i^{dt} HEC_i^{dt} APC^t AR^t P_1^t P_2^t - HES_i^{d0} HEC_i^{d0} APC^0 AR^0 P_1^0 P_2^0)}{\ln(HES_i^{dt} HEC_i^{dt} APC_i^t AR_i^t P_i^t) - \ln(HES_i^{d0} HEC_i^{d0} APC^0 AR^0 P_1^0 P_2^0)} \times \ln\left(\frac{APC^t}{APC^0}\right)$$

$$\Delta AR^{eff} = \sum_{i=1}^{9} \frac{(HES_i^{dt} HEC_i^{dt} APC^t AR^t P_1^t P_2^t - HES_i^{d0} HEC_i^{d0} APC^0 AR^0 P_1^0 P_2^0)}{\ln(HES_i^{dt} HEC_i^{dt} APC_i^t AR_i^t P_i^t) - \ln(HES_i^{d0} HEC_i^{d0} APC^0 AR^0 P_1^0 P_2^0)} \times \ln\left(\frac{AR^t}{AR^0}\right)$$

$$\Delta P_1^{eff} = \sum_{i=1}^{9} \frac{(HES_i^{dt} HEC_i^{dt} APC^t AR^t P_1^t P_2^t - HES_i^{d0} HEC_i^{d0} APC^0 AR^0 P_1^0 P_2^0)}{\ln(HES_i^{dt} HEC_i^{dt} APC_i^t AR_i^t P_i^t) - \ln(HES_i^{d0} HEC_i^{d0} APC^0 AR^0 P_1^0 P_2^0)} \times \ln\left(\frac{P_1^t}{P_1^0}\right)$$

$$\Delta P_2^{eff} = \sum_{i=1}^{9} \frac{(HES_i^{dt} HEC_i^{dt} APC^t AR^t P_1^t P_2^t - HES_i^{d0} HEC_i^{d0} APC^0 AR^0 P_1^0 P_2^0)}{\ln(HES_i^{dt} HEC_i^{dt} APC_i^t AR_i^t P_i^t) - \ln(HES_i^{d0} HEC_i^{d0} APC^0 AR^0 P_1^0 P_2^0)} \times \ln\left(\frac{P_2^t}{P_2^0}\right)$$

$$(4-15)$$

式（4-14）中，右侧分别表示5个因素中，当其他因素不变时，单一因素的变动引起总量的变动。其中 $i=1, 2, \cdots, 9$，为居住直接能耗的种类，分别为煤炭、焦炭、石油、煤油、液化石油气、天然气、煤气、电力与热力。$\Delta HES^{d\,eff}$ 为居民居住直接能耗结构的变动引起居住直接能耗总量的变动；ΔAPC^{eff} 为平均消费倾向引起居住直接能耗总量的变动，分别为居住类支出的平均消费倾向或家庭设备用品及服务类支出的平均消费倾向或食品类支出的平均消费倾向；ΔAR^{eff} 为人均收入引起居住直接能耗总量的变动；ΔP_1^{eff} 为户数引起居住直接能耗总量的变动；ΔP_2^{eff} 为平均家庭规模的变动引起居住直接能耗的变动；$\Delta HEC^{d\,eff}$ 为与居住直接能耗密切相关的消费支出的能耗强度的变动引起居住直接能耗总量的变动，分别为居住类支出的直接能耗强度或家庭设备用品及服务类支出的直接能耗强度或食品类支出的直接能耗强度，这个指标是基于能源消费总量而言的。根据式（4-12）可以得到居民消费对每种能源的消耗强度：

$$\Delta HEC_i^{eff} = \frac{HEC_i^{dt} APC^t AR^t P_1^t P_2^t - HEC_i^{d0} APC^0 AR^0 P_1^0 P_2^0}{\ln(HEC_i^{dt} APC^t AR^t P_1^t P_2^t) - \ln(HEC_i^{d0} APC^0 AR^0 P_1^0 P_2^0)} \times \ln\left(\frac{APC^t}{APC^0}\right)$$

(4-16)

各个因素引起总量的变动值与居住直接能耗总变动的比值可以反映各个因素对总量变动的贡献程度或贡献率。

（三）基于 LMDI 构建的中国居民交通直接能耗的完全分解模型

从基期到报告期，交通直接能耗总量的变动为：

$$\Delta TE^d = TE^{dt} - TE^{d0} \qquad (4-17)$$

根据式（4-4）与式（4-5）对其进行因素分解，模型如下：

$$\Delta TE^d = \Delta TES^{d\,eff} + \Delta TEC^{d\,eff} + \Delta APC^{eff} + \Delta AR^{eff} + \Delta P_1^{eff} + \Delta P_2^{eff} \qquad (4-18)$$

$$\Delta TES^{d\,eff} = \sum_{i=1}^{2} \frac{(TES_i^{dt} TEC_i^{dt} APC^t AR^t P_1^t P_2^t - TES_i^{d0} TEC_i^{d0} APC^0 AR^0 P_1^0 P_2^0)}{\ln(TES_i^{dt} TEC_i^{dt} APC_i^t AR_i^t P_i^t) - \ln(TES_i^{d0} TEC_i^{d0} APC^0 AR^0 P_1^0 P_2^0)} \times \ln\left(\frac{TES_i^{dt}}{TES_i^{d0}}\right)$$

$$\Delta TEC^{d\,eff} = \sum_{i=1}^{2} \frac{(TES_i^{dt} TEC_i^{dt} APC^t AR^t P_1^t P_2^t - TES_i^{d0} TEC_i^{d0} APC^0 AR^0 P_1^0 P_2^0)}{\ln(TES_i^{dt} TEC_i^{dt} APC_i^t AR_i^t P_i^t) - \ln(TES_i^{d0} TEC_i^{d0} APC^0 AR^0 P_1^0 P_2^0)} \times \ln\left(\frac{TEC_i^{dt}}{TEC_i^{d0}}\right)$$

$$\Delta APC^{eff} = \sum_{i=1}^{2} \frac{(TES_i^{dt} TEC_i^{dt} APC^t AR^t P_1^t P_2^t - TES_i^{d0} TEC_i^{d0} APC^0 AR^0 P_1^0 P_2^0)}{\ln(TES_i^{dt} TEC_i^{dt} APC_i^t AR_i^t P_i^t) - \ln(TES_i^{d0} TEC_i^{d0} APC^0 AR^0 P_1^0 P_2^0)} \times \ln\left(\frac{APC^t}{APC^0}\right)$$

$$\Delta AR^{eff} = \sum_{i=1}^{2} \frac{(TES_i^{dt} TEC_i^{dt} APC^t AR^t P_1^t P_2^t - TES_i^{d0} TEC_i^{d0} APC^0 AR^0 P_1^0 P_2^0)}{\ln(TES_i^{dt} TEC_i^{dt} APC_i^t AR_i^t P_i^t) - \ln(TES_i^{d0} TEC_i^{d0} APC^0 AR^0 P_1^0 P_2^0)}$$
$$\times \ln\left(\frac{AR^t}{AR^0}\right)$$

$$\Delta P_1^{eff} = \sum_{i=1}^{2} \frac{(TES_i^{dt} TEC_i^{dt} APC^t AR^t P_1^t P_2^t - TES_i^{d0} TEC_i^{d0} APC^0 AR^0 P_1^0 P_2^0)}{\ln(TES_i^{dt} TEC_i^{dt} APC_i^t AR_i^t P_i^t) - \ln(TES_i^{d0} TEC_i^{d0} APC^0 AR^0 P_1^0 P_2^0)}$$
$$\times \ln\left(\frac{P_1^t}{P_1^0}\right)$$

$$\Delta P_2^{eff} = \sum_{i=1}^{2} \frac{(TES_i^{dt} TEC_i^{dt} APC^t AR^t P_1^t P_2^t - TES_i^{d0} TEC_i^{d0} APC^0 AR^0 P_1^0 P_2^0)}{\ln(TES_i^{dt} TEC_i^{dt} APC_i^t AR_i^t P_i^t) - \ln(TES_i^{d0} TEC_i^{d0} APC^0 AR^0 P_1^0 P_2^0)}$$
$$\times \ln\left(\frac{P_2^t}{P_2^0}\right) \tag{4-19}$$

式（4-18）中右侧分别表示5个因素中，当其他因素不变时，单一因素的变动引起总量的变动。其中 $i=1,2$ 为居住直接能耗的种类，分别为汽油与柴油。$\Delta TEC^{d\,eff}$ 为交通支出能耗强度的变动引起交通直接能耗总量的变动；ΔAPC^{eff} 为交通支出平均消费倾向引起交通直接能耗总量的变动；ΔAR^{eff} 为人均收入引起交通直接能耗总量的变动；ΔP_1^{eff} 为户数引起交通直接能耗总量的变动；ΔP_2^{eff} 为平均家庭规模的变动引起交通直接能耗的变动；$\Delta TES^{d\,eff}$ 为居民交通直接能耗结构的变动引起交通直接能耗总量的变动，根据式（4-12）可以得到居民交通支出对汽油或柴油的能耗强度效应模型：

$$\Delta TEC_i^{eff} = \frac{TEC_i^{dt} APC^t AR^t P_1^t P_2^t - TEC_i^{d0} APC^0 AR^0 P_1^0 P_2^0}{\ln(TEC_i^{dt} APC^t AR^t P_1^t P_2^t) - \ln(TEC_i^{d0} APC^0 AR^0 P_1^0 P_2^0)} \times \ln\left(\frac{APC^t}{APC^0}\right)$$
$$\tag{4-20}$$

与居住直接能耗相似，各个因素引起总量的变动值与交通直接能耗总变动的比值可以反映各个因素对交通直接能耗总量变动的贡献程度或贡献率。

（四）理论假定

在其他因素不变的情况下，单一因素对能源变动的影响程度与方向应该符合如下假定。

其一，随着城镇居民人均可支配收入或农村居民人均纯收入的提高，居民生活直接用能需求必然随之加大。

其二，万元居民消费直接能耗反映居民消费直接能耗强度，由居民直接能耗与居民消费相比得到，数值大小不仅与分子、分母有关，还与两者变动速度有很大的关联：当分子的增加速度低于分母的时候，表现为能耗强度降低，进而有利于居民部门节能；反之居民能耗强度提高，居民生活直接用能进一步增加。

其三，平均消费倾向越高，居民生活用能越高；反之，居民生活用能则越低，有利于居民部门节能减排。

其四，人口越多，意味着用能人数越多，居民家庭生活用能总量就会越大。不过，家庭规模小，则有利于家庭减少生活能耗。

其五，居民生活直接能耗结构反映不同的能耗种类与水平，一种能耗比重提高，必然引起其他能耗比重降低，所以从总量上看，数值越大，能耗越大，但各种能源同时发生变化时，其影响方向与程度可能发生变化。

三　居民居住直接能耗影响因素

（一）城镇居民居住直接能耗影响因素分解

1992~2017年，中国城镇居民居住直接能耗呈现波动式增长的态势，2004年增速略有下降，之后逐年上升；2015年增速达到最高，超过20%。总量上，城镇居民居住直接能耗由1992年的75.16Mtce上升到2017年的199.57Mtce，累计增速达165.1%。城镇居民居住直接能耗占居民生活直接能耗总量的比重超过90%，由于增长速度低于交通能耗，居住直接能耗在生活直接能耗总量中的比重逐年下降，由1992年的99.86%下降到2017年的90.9%。

1992~2017年，6个因素的变动方向与城镇居民居住直接能耗变动方向一致，均为正效应。其中城镇居民居住直接能耗强度、平均消费倾向与平均家庭规模下降有利于城镇居民居住直接能耗降低，但这3项的降低效应合计不抵人均可支配收入、户数与能源消费结构的增加效应之和，所以城镇居民居住直接能耗是增加的。将各个因素的影响方向与之前的假定进行比较后发现，基本通过验证，说明构建的分解模型是合理的。如图 4-1 所示，1992~2017 年城镇居民居住直接能耗呈现波动式增加趋势，其中城镇居民人均可支配收入和城镇户数的增加与居住直接能耗结构的变动使居住直接能耗分别增加了 1145.075 万吨标准煤、50.12 万吨标准煤与 0.00164 万吨标准煤；居住直接能耗强度、平均消费倾向与平均家庭规模使居住直接能耗分别降低了 7.74Mtce、4.06Mtce 与 1.41Mtce，由于这 3 项使城镇居民居住直接能耗降低的幅度小于前 3 项的增加效应，所以 1993 年的城镇居民居住直接能耗总量比 1992 年增加 3.33Mtce。下面根据各个因素影响大小进行分析。

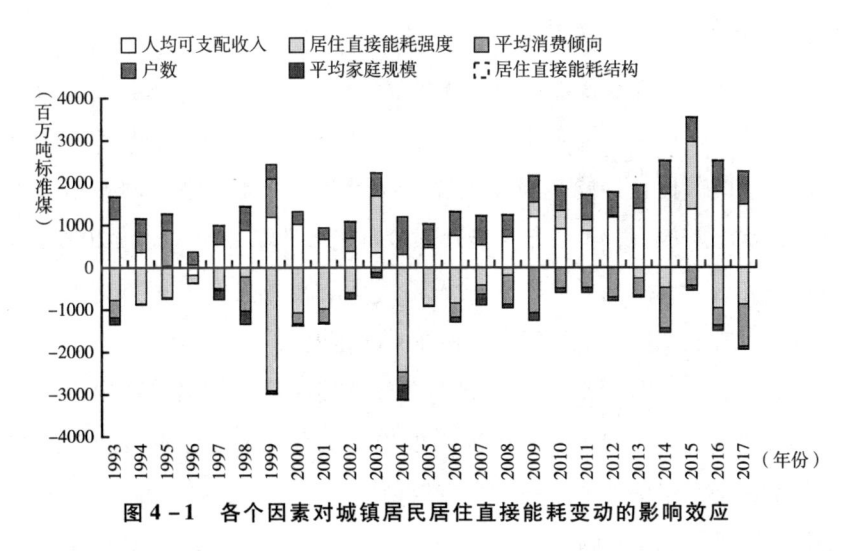

图 4-1　各个因素对城镇居民居住直接能耗变动的影响效应

1. 城镇居民人均可支配收入

1992~2017 年，城镇居民人均可支配收入以 10% 的速度增长（2006 年增速略有下降，幅度约为 2 个百分点），人均可支配收入由 1992 年的 739.1 元增长到 2017 年的 5098.33 元，累计增速达 589.8%。人均可支配收入快速增加，引起城镇居民居住直接能耗大幅度上升，增加量呈现先波动下降、后波动上升的态势，由 1993 年的 11.45Mtce 下降到1998年的4.71Mtce；2006年增加了7.55Mtce，2007年下降，继而2008年上升，由7.28Mtce上升到2017的14.88Mtce。2007年，由于人均可支配收入的小幅度下滑，居住直接能耗量降低了1.75Mtce。城镇居民人均可支配收入引起的居住直接能耗的增加量在增加总量中的比重即贡献率先波动下降、后波动上升，由1992年的354.28%下降到2007年的163.79%，而后上升到2017年的462.05%。城镇人均可支配收入与其引起的居住直接能耗的变动方向一致，皆是逐年增加，表现在城镇居民居住直接能耗对人均可支配收入的边际系数始终为正；但数值呈现逐年减小的趋势，由1992年的9.63下降到2017年的4.03，表明城镇居民人均可支配收入增加1元，引起城镇居民居住直接能耗的增加量会越来越小，两者的敏感程度有所降低。

2. 城镇居民居住直接能耗强度

城镇居民居住直接能耗强度在6个因素中影响效应最大，能耗强度的下降有利于城镇居民居住直接能耗总量的降低。整体上，1992~2017年城镇居民居住直接能耗强度呈现由快到慢的下降趋势，2003年以后下降幅度有所放缓，某些年份能耗强度有轻微升降波动，比如2009年。其中万元居住支出能耗高于家庭设备用品及服务类与食品类支出的能耗，三者的能耗强度趋势相近，存在不同程度的下降。

居住直接能耗强度与其引起的居住直接能耗的变动呈现同方向变动，其边际系数始终为正。能耗强度的降低有利于居住直接能耗的减少。不过个别年份由于能耗强度有轻微上升，居住直接能耗有所增加。增加幅度最大的是2008年，由于金融危机的影响，平均消费倾向有一定程度的下降，城镇居民消费支出的增长速度低于城镇居民居住直接能耗10个百分点，致使居住能耗强度有所上升，居住直接能耗增加15.86Mtce。在食品类支出、家庭设备用品及服务类与居住类支出中，能耗强度下降引起居民居住直接能耗量下降幅度呈现波动式上升趋势。其中下降幅度最大的是家庭设备用品及服务类支出，其次为居住类支出，食品类支出位于其后。

贡献率方面，万元居民消费能耗降低引起的城镇居民直接能耗下降占居住直接能耗变动的比重在波动中有所下降。其中，家庭设备用品及服务类支出的能耗强度的贡献率由1993年的453.54%下降到2009年的214.27%，2017年上升到854.67%；居住类支出的能耗强度的贡献率由1992年的284.12%下降到2017年的89.04%；食品类支出的贡献率由1992年的191.12%下降到2017年的71.6%。从边际系数看，数值逐年增大，反映出城镇居民居住直接能耗对能耗强度的依赖程度越来越大，尤其是食品类支出能耗强度的边际系数高于家庭设备用品及服务类与居住类支出。表明城镇居民可以通过降低万元食品消费能耗、万元家庭设备用品及服务消费能耗与居住消费能耗来降低居民直接能耗。

3. 城镇户数

1992~2017年，随着中国城镇化建设不断深入，大量农民工进城，由于人才流动性增强以及城镇常住人口的统计口径改变等原因，城镇人口逐年增加，家庭户数随之增加，近似直线上升。城镇人口与家庭户数规模不断壮大，城镇居民居住直接能耗随之大幅度增加。由于城镇家庭户数规模的扩大，城镇居民居住直接能耗在轻微波动中上升，由1993年的5.20Mtce上升到2017年的7.69Mtce。1992年城镇户数对城镇居民居住直接能耗总量增加的贡献率排在第2位，仅次于人均可支配收入的影响效应。1993~2016年城镇户数的贡献率在波动中下降，由160.92%下降到71.93%，但2017年贡献率上升到238.8%；城镇居民居住直接能耗对城镇户数的边际系数始终为正，城镇户数与其引起的居住直接能耗变动方向一致，皆是增加的。不过两者的边际系数逐渐下降，由1992年的1.88下降到2007年的0.88，2008年为分界点，自2008年开始缓慢上升，表明城镇户数增加1万户，引起居住直接能耗的增加量将低于1万吨标准煤。

4. 平均消费倾向

1992~2017年，城镇居民平均消费倾向与其引起的居住直接能耗同方向变动，平均消费倾向上升将会引起居住直接能耗增加，反之则有利于居住直接能耗下降。整体上中国居民的平均消费倾向呈现下降趋势，表现在居民消费滞后于人均收入的增长，主要原因有两点：一方面教育支出增加，居民的储蓄意愿增强，降低了居民消费倾向；另一方面房价节节攀升，居民居住成本增加，但购房支出在统计上不属于居民消费支出的范畴，属于投资。居民用于教育与投资的支出比重加大，影响居民对预期收入的判断与当期消费，挤占属于居民消费支出的消费项目，再加上通货膨胀等其他因素，居民消费能力与意愿下降，表现在平均消费倾向有所下降。下文按照平均消费倾向从高到低进行分析。

（1）食品类支出

1992~2017年，城镇居民食品类消费支出的平均消费倾向先是在1992~1999年波动上升，2000年开始逐年下降。食品类支出平均消费倾向的变动引起城镇居民居住直接能耗先增加、后下降，下降的幅度在食品类、家庭设备用品及服务类、居住类消费支出中是最大的，并且呈现波动式提高。2000年食品类支出平均消费倾向引起居住直接能耗降低了5.12Mtce，2017年引起居住直接能耗降低了16.36Mtce。食品类支出平均消费倾向对城镇居民居住直接能耗总量增加的贡献率在波动中下降，由1993年的174.08%下降到2016年的81.13%，2017年上升到507.97%。城镇居民居住直接能耗对食品类支出平均消费倾向的边际系数逐年上升，在3项消费支出中排在最后。

（2）家庭设备用品及服务类支出

1992~2017年家庭设备用品及服务类支出的平均消费倾向与食品类支出稍有不同，1992~2007年在波动中上升，2008年以后下降，2012~2017年上升。家庭设备用品及服务类消费支出增加直接导致居住能耗大幅度增加，尤其是耐用消费品消费的增加，比如每百户拥有的洗衣机、电冰箱、彩色电视机、微波炉、空调、计算机等的数量分别由2012年的95.51台、90.72台、134.8台、47.61台、80.67台、41.52台增加到2017年的96.92台、96.61台、137.43台、59台、112.07

台、71.76台①，直接增加了城镇居民生活对电力的消耗，引起居住直接能耗由2012年的2.15Mtce上升到2017年的8.86Mtce。贡献率在波动中有所下降，由1993年的88.29%下降到2016年的78.67%，2017年上升到275.09%。边际系数逐年增大，在3项消费支出中排在第2位，说明城镇居民居住直接能耗的变动与城镇居民家庭设备用品及服务类消费支出的依赖程度越来越大，其影响效应越来越强。

（3）居住类支出

城镇居民居住类支出呈现持续增加的趋势，由于房价上升，很多家庭的1/3收入用于支付房贷。与食品类支出平均消费倾向变动相似，1992～2017年，城镇居民居住类消费支出的平均消费倾向先缓慢上升，2006年以后房价上升幅度变大，居民消费的能力与意愿受限，平均消费倾向随之下降。从而引起居住直接能耗的变动先增加、后降低，并且增加量在波动中有所降低，降低幅度在波动中有所加大。贡献率在波动中下降，由1993年的81.13%下降到2016年的43.81%，2017年上升到490.55%。与前两项消费支出一样，居住直接能耗对居住类支出平均消费倾向的边际系数逐年增加，表明城镇居民居住直接能耗与居住类消费支出的关联性较大，对其依赖程度有所加强。

5. 平均家庭规模

1992～2017年，随着计划生育实施与人口素质提高，城镇平均家庭规模呈现逐年下降的趋势：20世纪80年代和90年代下降的速度较快，2007年以后幅度减缓，由每户3.89人下降到2017年每户2.88人，表明城镇居民家庭进入"三口之家"模式。家庭规模下降，有利于家庭生活居住能耗的降低，引起的居住直接能耗降低量呈现波动中下降的趋势，1993年降低了1.61Mtce，2017年降低了0.68Mtce。与家庭规模缩小引起的居住直接能耗降低的趋势一致，城镇平均家庭规模的贡献率在波动中有所下降，由1993年的49.96%降低到2017年的21.29%。

---

① 数据来源于《城镇居民住户调查年鉴》。

居住直接能耗对城镇平均家庭规模的边际系数逐年上升,表明家庭规模每减少1个人,引起居住直接能耗下降量越来越大。但是城镇家庭规模不可能一直缩小下去,不能依靠缩小家庭规模来降低城镇居民居住直接能耗。

6. 城镇居民居住直接能耗结构

1992~2017年,城镇居民居住直接能耗结构变动对居住直接能耗总量的影响效应最小,贡献度不足0.01%,但各种能源的比重变动的影响程度比能耗结构变动高。如图4-2所示,1992~2017年煤炭、焦炭与煤油的直接消耗比重下降,引起1993年居住能耗分别降低了0.61Mtce、0.057Mtce与0.085Mtce。煤炭直接消耗比重下降引起的总能耗降低幅度在波动中有所上升,2017年降低349.72万吨标准煤;焦炭与煤油的影响幅度有所降低,2017年分别引起能耗降低了3.17万吨标准煤与0.31万吨标准煤。与前3种能源相反,其他6种能源的直接消耗比重总体逐年上升,引起城镇居民居住直接能耗大幅度增加。例如,1993年电耗比重上升引起城镇居民居住直接能耗总量增加了0.14Mtce,2017年引起能耗上升2.10Mtce。城镇居民居住直接能耗结构中,由于煤炭、焦炭与煤油的比重下降,居住直接能耗有所下降,但同时电力、天然气、液化石油气、石油、煤气、热力的比重上升引起能耗增加,降低与增加的幅度相抵使城镇居民居住直接能耗结构变动引起的能耗变动幅度微弱,不足0.1万吨标准煤。

(二)农村居民居住直接能耗影响因素分解

1992~2017年,农村居民居住直接能耗总量和增长速度均低于城镇居民,由1992年的57.82Mtce增加到2016年的118.05Mtce,2017年有略微的下降。农村居民居住直接能耗占直接能耗的比重与变动的方向与城镇居民类似,由于其增长速度慢于交通直接能耗,所以虽然比重有所下降,但仍然高达90%。农村居民居住直接能耗总量占全国居民居住直接能耗总量的比重逐年下降,由1992年的43.48%降低到2017年的36.36%。

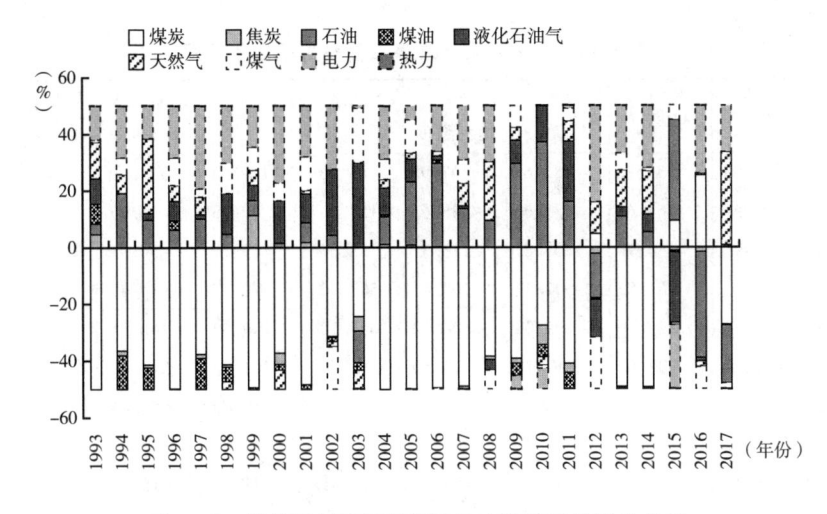

图4-2 城镇居民不同能源居住直接消耗的影响效应

6个因素及各自引起的农村居民居住直接能耗的变动呈现相同的方向，边际系数均为正，满足假定。与城镇居民相比，各个因素的变动方向与程度存在差异（见表4-1）。农村居民人均纯收入的提高引起居住直接能耗增加；家庭规模的缩小有利于居住直接能耗降低；农村户数的变动呈现先增加、后缩减的态势，引起居住直接能耗变动先增加、后降低；居住直接能耗强度在波动中交叉升降，引起居住直接能耗的变动处于增加与降低的波动，对农村居民居住直接能耗的影响效应方向不统一；平均消费倾向在波动中下降，对农村居民居住直接能耗的影响方向前后一致（1993年略微上升），有利于农村居民居住直接能耗降低；农村居民居住直接能耗结构变动对能耗总量的贡献率微弱。由于人均纯收入、户数与平均消费倾向的提高，1993年三者引起居住直接能耗量分别增加0.86Mtce、1.49Mtce与1.07Mtce，但是三者的增加效应之和小于能耗强度与平均家庭规模的降低效应合计，导致农村居民居住直接能耗总量降低5.99Mtce。2017年，除了人均收入与能耗结构引起农村居民居住直接能耗增加外，其他4个因素引起农村居民居住直接能耗总量下降4.04Mtce。下面按照平均贡献率从高到低（绝对值）进行分析。

表4-1 农村居民居住直接能耗影响因素分解

时间	总变动	人均纯收入	直接能耗强度	平均消费倾向	户数	平均家庭规模	直接能耗结构
1992~1993	-59.71	-282.64	107.98	86.43	149.53	-121.00	-0.01
1993~1994	464.68	423.66	-148.65	157.76	47.63	-15.77	0.05
1994~1995	684.94	807.81	-210.35	38.36	79.77	-30.91	0.27
1995~1996	65.82	347.72	160.73	-507.10	80.87	-16.42	0.01
1996~1997	-26.39	-395.03	-400.22	695.10	240.62	-166.85	-0.01
1997~1998	87.62	317.18	-374.50	84.66	301.88	-241.62	0.02
1998~1999	173.23	102.70	-410.38	444.76	89.69	-53.81	0.26
1999~2000	101.92	209.87	-449.51	310.78	67.61	-36.85	0.02
2000~2001	54.34	-34.51	-458.89	518.41	47.97	-18.68	0.05
2001~2002	-16.00	-276.53	-460.56	695.35	158.28	-132.53	-0.01
2002~2003	-60.59	-847.35	-87.07	899.17	70.35	-95.68	-0.02
2003~2004	-1452.05	-1638.26	-111.52	369.51	177.15	-244.56	-4.37
2004~2005	-102.90	-107.09	-181.36	251.64	-50.07	-15.78	-0.24
2005~2006	91.33	-40.12	-8.31	213.51	5.76	-79.59	0.08
2006~2007	12.79	-33.78	10.68	117.66	149.29	-231.08	0.01
2007~2008	206.10	60.00	-5.36	241.77	-124.59	34.22	0.07
2008~2009	651.68	551.95	-107.98	310.77	26.08	-129.31	0.18
2009~2010	866.90	1207.84	-515.94	297.69	-101.87	-20.93	0.10
2010~2011	738.83	770.74	-421.92	519.76	-83.23	-46.81	0.28
2011~2012	363.66	3.62	-197.57	686.14	470.03	-598.68	0.12
2012~2013	534.24	-123.26	73.89	735.20	-264.74	57.56	0.27
2013~2014	186.27	-247.14	-217.00	842.80	-192.70	57.51	0.30
2014~2015	1818.18	1448.71	-219.25	783.25	-164.63	-32.29	2.38
2015~2016	637.25	147.90	-247.72	945.81	-172.47	-36.39	0.13
2016~2017	-404.74	-270.60	-1052.27	1195.09	-91.19	-185.51	-0.25

1. 农村居民人均纯收入

1992~2017年，农村人均纯收入呈现环比增量逐年增加的态势（2006年除外，稍有下降）。人均纯收入提高，引起农村居民居住直接能耗增加，自2006年以后，人均纯收入对农村居民居住直接能耗的影响效应贡献度居于第1位；但边际系数逐年下降，说明农村居民居住直接能耗对人均纯收入的依赖性有所减弱,这与平均消费倾向下降有关。

2. 能耗强度

不同于城镇居民居住直接能耗强度逐年下降的变动,1993~2016年农村居民居住直接能耗强度呈现升跌中略有上升,表明农村居民消费支出的增长速度低于能耗,在一定程度上反映出农村消费不足;但2017年能耗强度略有下降,使居住直接能耗降低了2.70Mtce。其中,家庭设备用品及服务类支出的能耗强度最大,居住类支出次之,食品类支出的能耗强度最小。原因在于农村居民消费结构中三者的比重大小不同,并且家庭设备用品及服务类支出能耗强度的影响程度大于居住类支出与食品类支出。农村居民居住直接能耗对能耗强度的边际系数始终为正,逐年上升,表明对于农村居民而言,降低居住直接能耗强度是节能的有效措施。

3. 平均消费倾向

1993~2017年,农村居民平均消费倾向在波动中下降,个别年份略有上升。其中,家庭设备用品及服务类支出与居住类支出的平均消费倾向分别在2011年与2012年后有所提高,引起能耗大幅度增加;与前两项不同,食品类支出的平均消费倾向逐年下降,引起农村居民居住直接能耗有所降低,并且降低的环比数量在波动中有所提高。居住类支出与食品类支出的贡献程度相近,高于家庭设备用品及服务类支出。

4. 农村户数

与城镇人口数逐年增长相对应,大量农村人口进城,农村人数随之大幅度减少,2017年城乡人口的比例接近1∶1。因此农村家庭户数呈现阶段性变动:1993~2004年逐年增加,但2005年以后逐年减少。农村人数减少,意味着用能人数有所缩减,家庭生活直接用能随之降低。

5. 平均家庭规模

与城镇居民的变动一致,1993~2017年农村居民平均家庭规模逐年缩小,2006年与2007年略有上升波动,引起家庭居住直接能耗有所下降,降低幅度在变动中下降。原因与城镇居民类似,"三口之家"也是农村家庭的主要模式，但农村家庭"四口之家"更为普遍一些，也有家庭成员更多的农村家庭。因此与城镇居民相比，农村居民家庭规模存在较大的降低空间，对能耗降低的贡献度高于前者。

6. 居住直接能耗结构

与城镇居民类似，农村居民居住直接能耗结构的变动对总量的影响效应很小，不同能源对其贡献度高于整体，并且存在差异[①]。

四 居民交通直接能耗影响因素

1993~2017年，中国私人汽车数量以年均23.96%的速度快速增加，由1992年的28.49万辆增加到2017年的5938.71万辆。尤其是城镇居民每百户的家用汽车在2000年不足1辆，2017年增加至18.58辆；与之相比，农村居民私家车数量低于城镇居民。私家车数量上升，引起居民交通直接能耗总量快速增长，由0.18Mtce上升到2017年的31.35Mtce，其中2013年的增速最大。无论是总量还是增长速度，城镇居民均高于农村居民，两者的交通直接能耗在居民交通直接能耗总量中的比重呈现此升彼降的态势，并且两者的差距越来越大。

各个因素对交通直接能耗的影响效应与贡献率低于居住直接能耗，并且影响方向存在差异。整体上，1992~2017年，6个因素中除了平均家庭规模引起交通直接能耗降低外，其他5个因素引起交通直接能耗增加，个别年份存在差异（见表4-2）。以城镇居民为例进行分析，1992年交通直接能耗强度、平均消费倾向与平均家庭规模引起交通直接能耗下降，但下降幅度不抵人均可支配收入、户数与交通直接能耗结构变动的正效应，因此引起居民交通直接能耗增加1.08万吨标准煤；2017年仅平均家庭规模缩小引起交通直接能耗降低，其他因素皆引起交通直接能耗增加，两种方向作用的结果是交通直接能耗增加4.97Mtce。6个因素中人均可支配收入的影响效应最大，其次分别是能耗强度与平均消费

---

① 详见城镇居民居住直接能耗结构的相关分析。

倾向、户数与家庭规模，交通直接能耗结构变动的作用不明显。下文按照平均贡献率从大到小进行分析。

表4-2 城镇居民交通直接能耗影响因素分解

时间	总变动	人均可支配收入	直接能耗强度	平均消费倾向	户数	平均家庭规模	直接能耗结构 汽油	直接能耗结构 柴油
1992~1993	1.08	1.61	-0.38	-0.66	0.73	-0.23	-0.12	0.12
1993~1994	3.19	0.58	2.12	-0.15	0.66	-0.03	-0.11	0.11
1994~1995	3.51	0.09	2.55	0.19	0.75	-0.08	-1.59	1.61
1995~1996	-7.80	-0.28	-8.76	0.80	0.48	-0.03	2.28	-2.42
1996~1997	4.79	0.79	2.59	1.09	0.63	-0.30	1.03	-0.96
1997~1998	3.87	1.67	2.48	-0.75	1.05	-0.59	-0.11	0.11
1998~1999	4.72	2.90	10.64	-9.49	0.83	-0.16	-1.02	1.05
1999~2000	20.91	4.02	8.04	7.85	1.18	-0.17	-1.31	1.34
2000~2001	6.29	3.89	1.45	-0.48	1.55	-0.12	-2.02	2.03
2001~2002	11.30	2.68	3.85	3.12	2.67	-1.02	-2.81	2.83
2002~2003	30.98	2.89	20.45	4.25	4.39	-1.01	-0.08	0.08
2003~2004	21.85	3.50	4.37	8.04	9.85	-3.91	-9.21	9.29
2004~2005	16.75	6.90	7.10	-3.98	7.06	-0.34	0.35	-0.35
2005~2006	27.53	12.93	-4.08	11.18	9.51	-2.01	-7.18	7.21
2006~2007	12.94	10.31	-13.61	8.10	12.93	-4.80	-1.30	1.30
2007~2008	15.30	14.61	-0.04	-7.72	10.18	-1.73	-3.82	3.83
2008~2009	29.25	25.42	-45.98	40.77	12.98	-3.94	6.32	-6.31
2009~2010	34.37	20.02	1.44	2.89	12.34	-2.32	7.43	-7.42
2010~2011	99.68	21.87	17.65	48.56	14.59	-2.99	6.66	-6.64
2011~2012	471.54	50.86	331.60	69.53	23.28	-3.73	-82.51	86.46
2012~2013	147.71	88.80	-50.93	78.00	34.86	-3.03	3.75	-3.75
2013~2014	230.77	124.47	31.13	34.21	55.73	-7.36	22.30	-22.27
2014~2015	114.62	101.62	74.32	-104.08	42.77	-8.61	3.56	-3.56
2015~2016	185.18	131.06	-224.88	235.37	53.34	-9.70	19.42	-19.40
2016~2017	497.38	130.70	254.96	50.19	67.55	-6.02	64.45	-64.21

一是人均收入。汽车消费属于高档消费，只有收入达到一定水平，才会引发消费需求，进而引起交通能耗，所以收入是交通能耗增加的重要因素，并且在6个因素中贡献率最大。交通直接能耗与人均收入的边

际系数逐年增大，表明收入对交通直接能耗的影响程度越来越大。1993~2017年，城镇居民人均可支配收入与农村居民人均纯收入整体上逐年上升（2006年除外，略有下降），收入的增加与生活水平的提升，以及国家的相关汽车政策鼓励，刺激居民汽车消费的需求与热情，引起了私人交通能耗总量增加。城镇与农村居民相比，由于城镇居民人均可支配收入的增长速度高于农村居民人均纯收入，并且城乡收入差距显著，前者的贡献率亦大于后者。

二是交通直接能耗强度。不同于居住直接能耗强度，交通直接能耗强度逐年上升，个别年份略微波动。说明居民交通消费支出的增长速度慢于居民交通直接能耗的增长速度，引起交通直接能耗量大幅度增加，并且增加量逐年上升，交通直接能耗强度的贡献率随之提高。农村居民交通消费支出总量上低于城镇居民，增长速度慢于后者，所以其交通直接能耗强度高于后者，但影响效应不如城镇居民。

三是平均消费倾向。交通支出的平均消费倾向逐年上升，其中农村居民远低于城镇居民。比如，农村居民的交通支出平均消费倾向在2017年的最高值为2.29%，但仍然低于城镇居民1992年的最小值2.72%，说明在汽车消费方面存在较大的城乡差距。交通的平均消费倾向上升引起私人交通消费尤其是汽车消费上升，进而引起交通直接能耗增加，环比增加量逐年增加。

四是户数。与居民直接能耗相似，户数的增加会加大交通直接能耗，其中城镇户数对交通能耗一直是增加效应，但农村户数在2005年以后有所减少，在一定程度上降低了农村交通直接能耗。

五是平均家庭规模。城镇与农村居民平均家庭规模的缩小在一定程度上减少了居民交通直接能耗，并且城镇居民平均家庭规模的影响效应略高于农村居民。

六是交通直接能耗结构。交通直接能耗结构变动对总量的影响效应较小，汽油与柴油比重变动对总量的影响程度高于整体，存在此消彼长的态势。汽油消费的比重先下降、后上升，引起交通直接能耗先降低，而后随着比重的上升而增加。与汽油相对应，柴油消费的比重先上升、后下降，引起交通直接能耗呈现同方向的变动。

根据居民生活直接用能的影响因素分析，不难发现，城镇居民与农村居民生活直接用能影响因素与贡献程度存在差异，两者居住直接能耗与交通直接能耗存在区别。

五 城乡居民生活直接能耗影响因素比较

(一) 城镇居民

第一，6个因素中，人均可支配收入、户数与直接能耗结构引起城镇居民生活直接能耗增加，其中收入的影响效应最大，直接能耗结构变动的作用不明显。

第二，居住直接能耗强度、平均消费倾向与平均家庭规模的下降有利于城镇居民生活直接能耗总量降低。其中，直接能耗强度的影响效应居于第2位，平均消费倾向排在第3位，平均家庭规模的影响效应排在最后，并且其未来的影响作用有限。

第三，对于居住直接能耗与交通直接能耗，直接能耗强度与平均消费倾向的作用方向刚好相反；与居民直接能耗相比，交通支出的直接能耗强度与平均消费倾向逐年上升，对交通直接能耗的影响是使其增加而不是降低。说明对于城镇居民而言，未来交通直接能耗将有很大的增长。

(二) 农村居民

对于农村居民而言，各个因素的影响程度低于城镇居民，并且户数和直接能耗强度在有些年份的影响方向与之相反。

第一，人均纯收入使农村居民的居住直接能耗与交通直接能耗增加，平均家庭规模的缩小有利于家庭生活能耗降低。

第二，农村居民居住直接能耗强度升跌中略有上升，引起居住与交通直接能耗增加。农村居民有关居住能耗的平均消费倾向下降，引发居住能耗降低；但交通支出的平均消费倾向上升，引起交通直接能耗增加。

第三，农村户数在2005年以前呈现增加趋势，但之后总体上逐年下降，对农村居民生活直接能耗的影响方向由使其增加转变为使其降低。

（三）各个因素对居民部门节能的影响潜力

人均收入将随着经济发展逐渐提高。随着城市化建设，农村人口将减少，农村居民家庭用能会降低；但城镇人口规模越来越大，所以不能通过降低这个因素来实现降低城镇居民的能耗。城镇居民能耗强度持续下降的趋势会引起城镇居民能耗减少；农村居民能耗强度上升，其能源需求进一步增加。平均消费倾向有下降的趋势，但中国居民消费需求存在一些不足，不能通过降低居民消费水平与生活质量来实现降低居民能耗。平均家庭规模因素方面，"三口之家"为主要的家庭模式，其影响作用有限。居民能耗结构呈现无序的变动态势，对居民能耗的影响效应不明显，各种能源的使用比例需要进一步升级、优化。

由此看来，要实现降低居民能耗的目标，最有效的措施是进一步降低居民能耗强度，提高居民对能源的使用效率，并且提高清洁型、节能型能源所占的比重，降低煤炭等非可再生能源的比重，进一步优化居民能源消费结构，使其对居民能耗的影响效应尽早明显化。

第二节 居民消费间接能耗影响因素

一 居民生活间接能耗影响因素分解

居民生活间接能耗体现的是对生产部门的消费，即对相应部门的产品形成需求，构成相应部门生产活动对能源的消耗。换言之，体现出生产部门对能源的完全消耗，主要取决于生产技术水平与生产部门能耗强度，由供给方决定，因此称为供给方面的因素。另外对各行业的消费总额构成居民消费水平，其影响因素与直接能耗类似，可分解为平均消费倾向、人均收入水平与用能人数等,统称为消费需求方面的因素。因此居民生活间接能耗影响因素分为供给与需求两个方面,分别为生产技术水平或生产部门能耗强度与平均消费倾向、人均收入水平、户数与平均家庭规模。

按照式(4-11),居民生活间接用能的因素可分解为:

$$E_H^{ind} = \sum_j^{73} \frac{E_{H_j}^{ind}}{Y_{H_j}} \times \frac{Y_{H_j}}{R} \times \frac{R}{P} \times (P_1 \times P_2) \qquad (4-21)$$

居民间接能耗的计算基础涉及 73 个行业,为分析需要,将 73 个生产部门按照居民消费支出的类别进行合并,分别为食品类、衣着类、家庭设备用品及服务类、居住类、交通和通信类、医疗保健类、娱乐教育文化用品及服务类以及杂项。并且由式(1-12)与式(1-14)得知,生产部门直接能耗强度等于居民相应消费项目的间接能耗强度,将式(1-14)代入式(4-21),得到:

$$E_H^{ind} = \sum_j^{10} \frac{E_{P_j}^d}{Y_j} \times \frac{Y_{H_j}}{R} \times \frac{R}{P} \times P_1 \times P_2 \qquad (4-22)$$

式(4-22)的 j 为 73 个生产部门对应的 10 类消费项目,其中各类消费支出的平均消费倾向又可分解为居民消费结构与居民消费支出总量的平均消费倾向,因此居民生活间接用能的影响因素可分解为居民消费项目的间接能耗强度、居民消费结构与消费支出的平均消费倾向、人均收入水平、户数与平均家庭规模,如式(4-23):

$$\begin{aligned} E_H^{ind} &= \sum_j^{10} \frac{E_{H_j}^{ind}}{Y_{H_j}} \times (\frac{Y_{H_j}}{Y_H} \times \frac{\sum_j Y_{H_j}}{R}) \times \frac{R}{P} \times P_1 \times P_2 \\ &= \sum_j^{10} EC_j^{ind} \times CS_j \times APC \times AR \times P_1 \times P_2 \end{aligned} \qquad (4-23)$$

二 居民生活间接能耗的完全分解模型

从基期到报告期,居民生活间接能耗总量的变动为:

$$\Delta E^{ind} = E^{ind^t} - E^{ind^0} \qquad (4-25)$$

按照式（4-6）对各个因素进行"相乘分解"，得到：

$$\Gamma E^{ind} = \frac{E^{ind^t}}{E^{ind^0}} = \Gamma EC_j^{ind\,eff} \times \Gamma CS^{eff} \times \Gamma APC^{eff} \times \Gamma AR^{eff} \times \Gamma P_1^{eff} \times \Gamma P_2^{eff} \quad (4-25)$$

通过式（4-25）右侧各项数值与1的比较，可知各因素对间接能耗总量的变动方向。按照式（4-4）与式（4-5）对各个因素进行"加和分解"，可以得到每项因素引起总量的变动值，分解模型为：

$$\Delta E_H^{ind} = \Delta EC_j^{ind\,eff} + \Delta CS^{eff} + \Delta APC^{eff} + \Delta AR^{eff} + \Delta P_1^{eff} + \Delta P_2^{eff} \qquad (4-26)$$

$$\Delta EC_j^{ind\,eff} = \sum_{j=1}^{10} \frac{(EC_j^{ind^t} CS_j^t APC^t AR^t P_1^t P_2^t - EC_j^{ind^0} CS_j^0 APC^0 AR^0 P_1^0 P_2^0)}{\ln(EC_j^{ind^t} CS_j^t APC^t AR_i^t P_i^t) - \ln(EC_j^{ind^0} CS_j^t APC^0 AR^0 P_1^0 P_2^0)} \\ \times \ln(\frac{EC_j^{ind^t}}{EC_j^{ind^0}})$$

$$\Delta CS^{eff} = \sum_{j=1}^{10} \frac{(EC_j^{ind^t} CS_j^t APC^t AR^t P_1^t P_2^t - EC_j^{ind^0} CS_j^0 APC^0 AR^0 P_1^0 P_2^0)}{\ln(EC_j^{ind^t} CS_j^t APC^t AR_i^t P_i^t) - \ln(EC_j^{ind^0} CS_j^t APC^0 AR^0 P_1^0 P_2^0)} \\ \times \ln(\frac{CS_j^t}{CS_j^0})$$

$$\Delta APC^{eff} = \sum_{j=1}^{10} \frac{(EC_j^{ind^t} CS_j^t APC^t AR^t P_1^t P_2^t - EC_j^{ind^0} CS_j^0 APC^0 AR^0 P_1^0 P_2^0)}{\ln(EC_j^{ind^t} CS_j^t APC^t AR_i^t P_i^t) - \ln(EC_j^{ind^0} CS_j^t APC^0 AR^0 P_1^0 P_2^0)} \\ \times \ln(\frac{APC^t}{APC^0})$$

$$\Delta AR^{eff} = \sum_{j=1}^{10} \frac{(EC_j^{ind^t} CS_j^t APC^t AR^t P_1^t P_2^t - EC_j^{ind^0} CS_j^0 APC^0 AR^0 P_1^0 P_2^0)}{\ln(EC_j^{ind^t} CS_j^t APC^t AR_i^t P_i^t) - \ln(EC_j^{ind^0} CS_j^t APC^0 AR^0 P_1^0 P_2^0)} \\ \times \ln(\frac{AR^t}{AR^0})$$

$$\Delta P_1^{eff} = \sum_{j=1}^{10} \frac{(EC_j^{ind^t} CS_j^t APC^t AR^t P_1^t P_2^t - EC_j^{ind^0} CS_j^0 APC^0 AR^0 P_1^0 P_2^0)}{\ln(EC_j^{ind^t} CS_j^t APC^t AR_i^t P_i^t) - \ln(EC_j^{ind^0} CS_j^t APC^0 AR^0 P_1^0 P_2^0)} \\ \times \ln(\frac{P_1^t}{P_1^0})$$

$$\Delta P_2^{eff} = \sum_{j=1}^{10} \frac{(EC_j^{ind^t} CS_j^t APC^t AR^t P_1^t P_2^t - EC_j^{ind^0} CS_j^0 APC^0 AR^0 P_1^0 P_2^0)}{\ln(EC_j^{ind^t} CS_j^t APC^t AR_i^t P_i^t) - \ln(EC_j^{ind^0} CS_j^t APC^0 AR^0 P_1^0 P_2^0)} \\ \times \ln(\frac{P_2^t}{P_2^0}) \qquad (4-27)$$

式（4-24）是居民间接能耗总量的变动，式（4-27）分别表示5个因素中，当其他因素不变时，单一因素的变动引起总量的变动。$\Delta EC_j^{ind\,eff}$ 为居民消费项目的间接能耗强度引起的居民间接能耗变动，与居民消费有关的生产部门直接能耗强度保持一致，代表能耗强度效应；ΔCS^{eff} 为居民消费结构变动对间接能耗的影响；ΔAR^{eff} 为人均收入引起的间接能耗总量变动，代表人均收入效应；ΔP_1^{eff} 与 ΔP_2^{eff} 分别为户数与平均家庭规模引起的居民消费间接能耗总量变动，代表人口效应；ΔAPC^{eff} 为居民消费支出总量的平均消费倾向引起的间接能耗变动，如果分解单个类别消费支出的平均消费倾向对总量的影响效应，要按照式（4-27）进行因素分解，可得到公式（4-28）：

$$\Delta APC_j^{eff} = \frac{EC_j^{ind\,t}APC_j^t AR^t P_1^t P_2^t - EC_j^{ind\,0}APC_j^0 AR^0 P_1^0 P_2^0}{\ln(EC_j^{ind\,t}APC_j^t AR^t P_1^t P_2^t) - \ln(EC_j^{ind\,0}APC_j^0 AR^0 P_1^0 P_2^0)} \times \ln\left(\frac{APC_j^t}{APC_j^0}\right)$$

(4-28)

式（4-28）中 ΔAPC_j^{eff} 为居民消费项目的平均消费倾向引起的间接能耗总量变动，代表平均消费倾向效应，所有消费项目平均消费倾向的影响效应合计也等于消费结构与消费支出的平均消费倾向效应之和。

三 城镇居民间接能耗影响因素

各个因素对城镇居民间接能耗变动的影响方向对于不同能源与能源消费总量而言是一致的（其中城镇居民对天然气的间接能耗强度上升，呈现增加效应），区别在于影响程度。下文以能源消费总量为例分析城镇居民间接能耗的影响因素。

1992~2017年，城镇居民人均可支配收入与户数的增加效应高于居民消费间接能耗强度、平均消费倾向与平均家庭规模引起的降低效应，导致城镇居民间接能耗的逐年增加量呈现波动上升趋势：1993年增加14.98Mtce，2016年增加量上升到55.05Mtce，2017年的增幅略微下降，为12.53Mtce。其中生产部门能耗强度对居民间接能耗的贡献度略低于人均可支配收入，1993年与2004年的贡献度较小，2005年以后影响效应变得明显，排在第2位；城镇家庭户数与平均消费倾向的贡献度相近，但影响方向相反，前者使居民间接能耗的总量增加，后者则有利于居民间接能耗降低；平均家庭规模不断缩小，引起城镇居民家庭间接能耗有所减少，影响作用呈现弱化的趋势；平均消费倾向的影响程度与平均家庭规模类似，但变动方向刚好相反；城镇居民消费结构对间接能耗呈现增加效应，贡献率整体上逐渐增强、明朗。

（一）供给方面的影响因素

20世纪90年代中国制定可持续发展战略，1992年在联合国环境大会上签署《21世纪议程》；1995年正式将"实现经济与社会相互协调和可持续发展"作为主要的奋斗目标与指导方针，要求各生产部门要注重提高技术水平，降低万元增加值能耗，提高能源利用效率。数值上表现为中国万元GDP能耗与各部门的万元增加值能耗逐步下降（个别年份有回升波动），尤其是工业部门，能源利用效率大幅度提高。

1. 整体影响

居民消费间接能耗供给方面的影响因素由生产部门的生产技术与能耗强度决定，生产部门能源利用效率的提高有利于居民消费间接能耗降低。2005年之前影响程度不明显，之后其影响作用逐渐明显与加强。2005年部门能源效率提高引起城镇居民间接能耗降低12.78Mtce，2017年降低幅度提高到32.23Mtce；贡献率由2005年的130.91%上升到2017年的257.15%，表明相应需求部门的生产技术与能源利用效率对城镇居民间接能耗总量的降低效应尤为显著。

2. 不同行业的能耗强度基期变动

城镇居民不同消费项目对应的行业能耗强度及下降的速度存在差异：能耗强度较大的是与居住类支出有关的建筑业及电力、热力的生产和供应业等。随着家庭装修带动建材市场繁荣，引起了相应行业生产规模的扩大，此类产品的生产属于高能耗过程，刚性较强，能耗强度降低的幅度较慢。因此,万元居住支出能耗强度在居民消费支出中较大,下降幅度较慢。居民交通支出能耗强度略低于居住支出,涉及交通工具尤其是汽车的生产属于高能耗。交通部门也属于高油耗,相应部门能耗强度的下降速度很缓慢,并且2017年稍有回升。通信与医疗保健工具类支出的能耗强度数值较大,并且降低幅度较小,主要是因为与之有关的行业多属于重工业,能耗高,在一定生产技术水平下,刚性较强,能耗强度的下降力度远远不够。

与前几类支出相比,家庭设备用品类支出能耗强度略低于交通类支出,并且下降速度快于前几类,主要是因为与之相关的行业多属于制造业,与交通和通信工具的生产相比,刚性较弱,生产技术更新换代速度较快,在居民消费支出中比重较高。随着生产技术的提高,尤其是节能家用电器逐渐成为家具市场的新宠与主打目标,比如节能空调、节能冰箱等,这些节能家电大幅度降低了居民间接能耗。食品类、衣着类与文娱用品类支出属于轻工业生产范畴,与前几类相比,属于较低能耗部门,能耗强度较低,下降的幅度低于家庭设备用品类支出。主要是因为食品类支出与衣着类支出属于基本生活所需,相应行业的日常运行对能源的消耗也属于基本生产需要,可降度较低。

3. 不同行业能耗强度的影响效应

由于不同行业的能耗强度及变动速度存在差异,不同消费支出间接能耗强度对城镇居民间接能耗的影响效应也存在明显区别。

如图4-3所示,食品类和家庭设备用品及服务类支出的间接能耗强度低于交通类、居住类支出。前两类的变动对城镇居民间接能耗的影响效应高于后两类,一部分原因是这两类消费支出占城镇居民消费支出总量的比重较大,引起城镇居民间接能耗降低,降低的幅度在波动中上升。1993年食品类与家庭设备用品及服务类支出的间接能耗强度下降分别引起间接能耗降低1.10Mtce与1.16Mtce,2017年分别引起间接能耗降低1.31Mtce与6.27Mtce;贡献率分别由1992年的7.39%与7.79%上升到2017年的73.63%与63.46%。

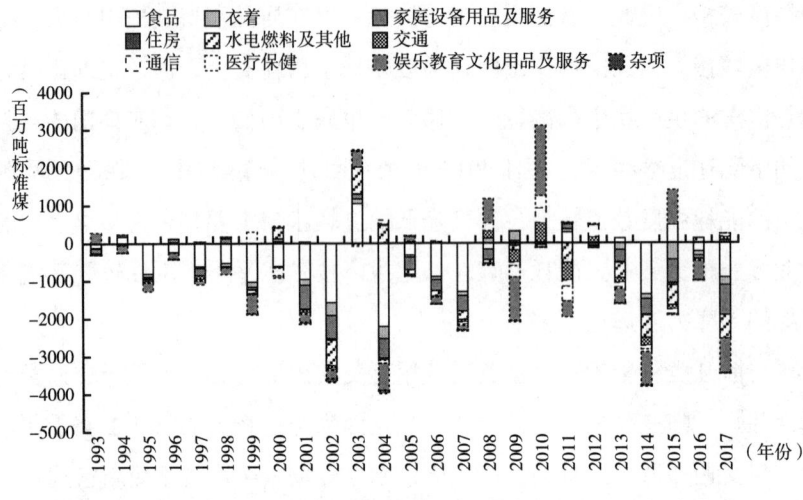

图 4-3 城镇居民消费间接能耗强度对间接能耗总量的影响效应

与前几类支出的影响效应变动趋势相似,娱乐教育文化用品及服务类、居住类与衣着类支出的间接能耗强度引起间接能耗的增加量在波动中上升,贡献率分别由1992年的19.12%、0.7%与1.46%上升到2017年的73.18%、50.08%与16.04%。与前几类支出变动相比,交通和通信类支出间接能耗强度的影响效应在2015年之前呈现波动式上升,之后降低幅度逐渐变小。2017年交通和通信类支出间接能耗强度的影响方向由引起间接能耗降低转变为引起间接能耗增加,主要由于交通和通信类支出占城镇居民消费总量的比重虽然较小,但逐年上升,尤其是汽车消费与电子产品需求加大,由此引起间接能耗增加。另外,杂项类支出集中于服务业,属于低能耗,对间接能耗总量的影响效应不明显。

(二) 消费需求方面的因素

1. 人均可支配收入

1992~2017年,城镇居民人均可支配收入以10%的波动增速增长,2001年增速达到最大(35.08%),随后有所减缓。同时城镇居民人均消费支出以略高于人均可支配收入的速度同步增长,表现为城镇居民消费旺盛率[①]稳

---

① 人均消费支出与人均可支配收入之比。

中上升，2004年有轻微波动，居民对各生产部门的产品产生需求，间接能耗随之大幅度增加。城镇居民人均可支配收入增加引起城镇居民间接能耗呈现稳中递增的态势，1992年引起间接能耗增加16.47Mtce，2017年增加量上升到36.87Mtce；其贡献率由1992年的109.97%上升到2017年的294.18%。同时城镇居民人均可支配收入与间接能耗的边际系数逐年上升，表明由人均可支配收入增加引起的间接能耗增量在提高，进一步说明人均可支配收入是影响城镇居民消费间接能耗的重要因素。

2. 平均消费倾向

1992~2017年，城镇居民消费支出总量的平均消费倾向整体呈现逐渐下降的趋势，源于城镇居民消费支出滞后于可支配收入增长，个别年份存在轻微的反弹。平均消费倾向下降反映出城镇居民消费的意愿与能力有减弱的趋势，引起居民消费间接能耗有所降低。居民消费间接能耗的降低幅度在变动中有所上升，1992年引起总量降低6.77Mtce，2017年降低量上升到16.68Mtce；贡献率随之提升，由-45.21%变动为-133.12%。

不同消费项目的平均消费倾向对城镇居民间接能耗的影响方向与程度存在差别，分为两类：一是平均消费倾向上升引起的增加效应，如家庭设备用品及服务类与娱乐教育文化用品及服务类消费的平均消费倾向逐渐上升引起间接能耗增加；二是平均消费倾向降低引起的降低效应，如食品类、居住类、衣着类与医疗保健类支出。下文按照贡献率从高到低分别进行分析①。

（1）食品类支出

随着城镇居民生活水平的提高，食品类支出的平均消费倾向呈现逐渐下降的趋势，由于在居民消费结构占绝对主导地位，其对城镇居民间接能耗的影响效应最大。1993年平均消费倾向下降3.68个百分点，引起城镇居民间接能耗减少了4.20Mtce；2017年平均消费倾向下降了

---

① 杂项类支出消费结构的变动较小，并且属于低能耗消费项目，故不做详细分析。

2.06个百分点，引起城镇居民间接能耗减少了7.87Mtce。其贡献率有所提高，由1993年的12.06%提高到2017年的24.12%。

(2) 娱乐教育文化用品及服务类支出

娱乐教育文化用品及服务类支出的平均消费倾向呈现先轻微下降、后快速上升的波动态势，由1992年的10.16%上升到2017年的18.89%。娱乐教育文化用品及服务类支出对应的生产部门属于低能耗，对间接能耗的影响效应有减弱的趋势，1992年引起间接能耗降低2.25Mtce，2017年引起间接能耗增加176.44%，并且贡献率降低1个百分点。

(3) 家庭设备用品及服务类支出

家庭设备用品及服务类支出的平均消费倾向呈现先上升、后下降、继而上升的波动，1992年为10.73%，2017年为9.89%，波动幅度较小。其对间接能耗总量的影响幅度较大，1993年引起间接能耗增加了0.61Mtce，2017年引起间接能耗增加3.23Mtce；贡献率在波动中有所提高，由1992年的1.75%上升到2017年的9.93%。

(4) 交通和通信类支出

城镇居民交通支出的平均消费倾向呈现逐步增长趋势；通信支出与之不同，先上升，自2011年开始呈现降低的趋势，不过降低幅度较为缓慢。交通支出与通信支出的平均消费倾向变动分别在1993年引起间接能耗总量降低了29.84万吨标准煤与增加了0.002万吨标准煤；2017年交通和通信类支出平均消费倾向的影响幅度变大，因为交通支出引起间接能耗增加了1.84Mtce，通信支出引起间接能耗减少了1.19Mtce。

(5) 居住类、衣着类、医疗保健类支出

城镇居民居住类支出的平均消费倾向呈现先增加、后降低的趋势。高房价、家庭装修材料价格的上升等因素造成居民居住成本增加，在收入增加幅度有限的情况下，居民的消费意愿与能力受到抑制，造成平均消费倾向下降，在1993年与2017年分别引起间接能耗增加0.063Mtce与减少4.52Mtce。

衣着类与居住类支出的影响效应类似，先上升后下降，在1993年与 2017 年分别引起间接能耗增加 0.95 万吨标准煤与减少 148.94 万吨标准煤。医疗保健类支出稍有不同，其影响呈现下降、上升、下降的趋势，1993 年与 2017 年分别引起间接消耗减少 0.45 万吨标准煤与 0.79 万吨标准煤。2017 年居住类、衣着类、医疗保健类支出的贡献率分别为 -4.56%、-12.34% 与 -2.44%。

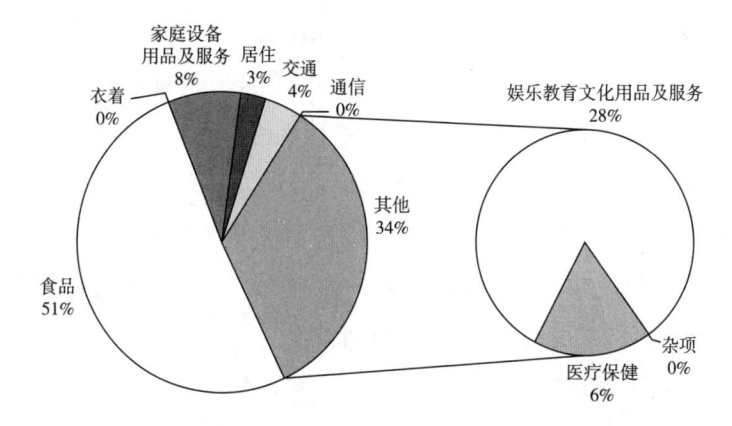

图 4-4　1993 年城镇居民消费项目平均消费倾向的影响效应

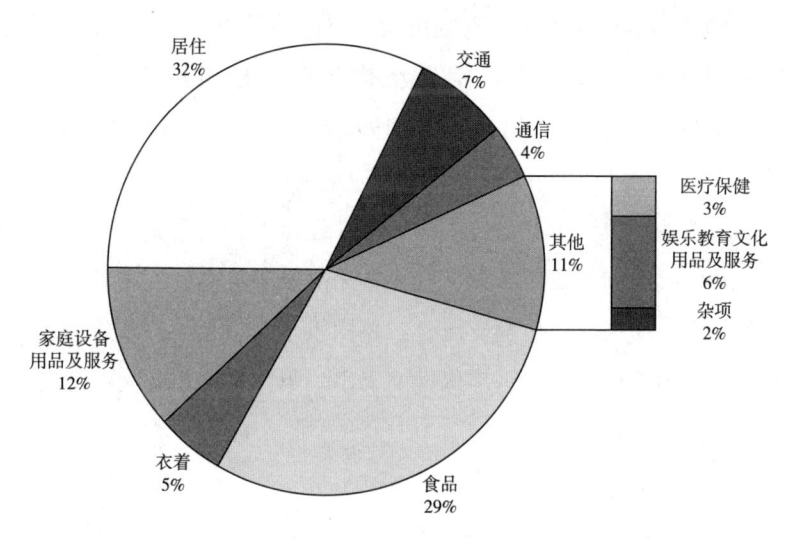

图 4-5　2017 年城镇居民消费项目平均消费倾向的影响效应

3. 户数

与居民直接能耗类似，城镇居民户数的增加引起居民消费间接能耗量随之增长，增量稳步上升，由 1993 年的 7.48Mtce 上升到 2017 年的 19.05Mtce；同时其贡献率由 1993 年的 49.95% 上升到 2017 年的 152.4%，表明城镇人口快速增长引起居民部门的生活用能需求增加。

4. 平均家庭规模

1979 年中国实施计划生育政策，城镇家庭规模逐步缩小。近十几年与 20 世纪八九十年代计划生育政策相比较宽松，表现为平均家庭规模缩小的速度逐渐变慢，逐步形成"三口之家"的模式。城镇平均家庭规模对城镇居民生活间接能耗的影响程度逐渐降低并趋于稳定。城镇平均家庭规模在 1993 年与 2017 年分别引起家庭间接能耗降低 2.32Mtce 与 1.69Mtce；其贡献率由 1993 年的 15.51% 下降到 2017 年的 5.71%（绝对值）。与对城镇居民直接能耗的影响类似，城镇平均家庭规模对居民生活间接能耗的降低作用是很有限的。

5. 居民消费结构

城镇居民消费结构对间接能耗总量的影响效应是引起总量增加，其 1993 年的影响效应弱于平均家庭规模，逐渐凸显出来，并且超过后者。1993 年与 2017 年城镇居民消费结构变动引起间接能耗分别增加 0.24Mtce 与 7.22Mtce，其贡献率由 1993 年的 1.62% 提升到 2017 年的 57.60%，表明居民消费结构的影响效应逐渐明朗。

不同消费项目比重变动的影响效应存在差别，主要分为两种：一是比重上升引起的增长效应，如家庭设备用品及服务类、娱乐教育文化用品及服务类、交通和通信类支出；二是比重下降引起的降低效应，如食品类、衣着类、居住类与医疗保健类支出。下文按照引起间接能耗总量的变动从高到低进行分析。

（1）家庭设备用品及服务类支出

随着城镇居民耐用消费品的快速增加，家庭设备用品及服务类支出比重呈现先上升、而后轻微下降、继而又上升的变动趋势，1992 年的比重为 10.42%，2017 年上升到 12.78%。城镇居民家庭设备用品及服务类消费对相应生产部门产品产生需求，进而引起居民间接能耗在

图 4-6 城镇居民消费项目间接能耗的影响效应

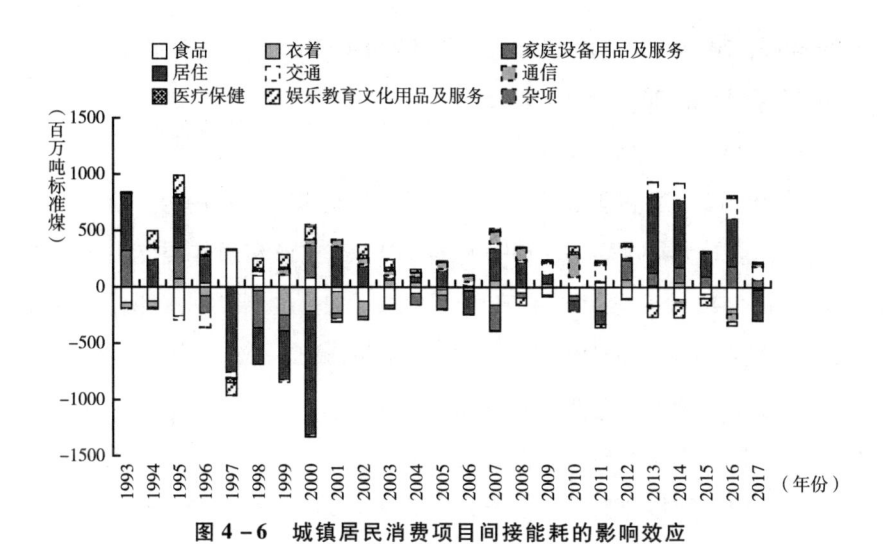

1993年与2017年分别增加1.61Mtce与5.70Mtce；其影响效应的贡献率逐渐上升，由1993年10.79%上升到2017年的45.49%。

（2）娱乐教育文化用品及服务类支出

城镇居民娱乐教育文化用品及服务类支出快速增长，比重由1992年的9.86%下降到1998的7.8%，继而快速上升到2017年的24.39%，在城镇居民消费支出中比重上升幅度最大。1993年的比重略有下降，引起间接能耗降低1.34Mtce；1998年引起的间接能耗降低幅度变小，为0.84Mtce。其后随着其比重上升，影响方向由引起间接能耗下降转变为引起间接能耗增加。2017年比重上升1.17个百分点，引起间接能耗增加5.70Mtce，接近家庭设备用品及服务类支出的影响程度。

（3）食品类支出

城镇居民对肉禽类、反季节蔬菜与水果、糖酒饮料的需求增加，居民在外就餐的次数增多，以及相应食品价格的上涨，使居民食品类支出总量上升。由于增速慢于其他消费支出，食品类支出的比重呈现逐年下降趋势，1992~2017年降低20个百分点，比重不足31%。虽然食品类支出的比重下降，但其仍然占主导地位，使食品类间接能耗占总量的36%以上。因此，随着食品类支出比重的下降，引起城镇居民间接能耗减少

0.68Mtce，2017 年引起间接能耗总量降低 4.63Mtce；其贡献率由 1993 年的 4.58%上升的 2017 年的 49.95%[①]。

(4) 交通和通信类支出

城镇居民交通和通信类支出的比重呈现稳步增长的趋势，引起城镇居民间接能耗大幅度增加。1993 年与 2017 年交通和通信类支出的比重分别上升 5.13 个百分点与 4.51 个百分点，引起的居民间接能耗增量分别为 4.02Mtce 与 0.36Mtce，影响效应随着比重的上升而大幅度提高。

(5) 衣着类与医疗保健类支出

城镇居民衣着类与医疗保健类支出比重呈现轻微的下降波动，由于衣着类支出的间接能耗强度低于医疗保健类支出，虽然衣着类支出的比重高于后者，但综合而言，两者的影响效应较为接近，如 2017 年对间接能耗总量的降低效应为 4.87%左右。

(6) 居住类

随着生存成本上升，城镇居民居住类消费支出的总量呈现增加趋势。居住类支出的比重先上升，而后有轻微下降的趋势，由 1992 年的 1.93%上升到 2009 年的 7.16%，2017 年下降为 4.96%，年均比重波动 0.1 个百分点。居住类支出引起间接能耗在 1993 年增加 0.24Mtce，2009 年减少 4.84Mtce，2017 年减少 2.42Mtce，影响效应有所下降。

四 农村居民间接能耗影响因素

各个因素对农村居民间接能耗变动的影响方向对于不同能源与能源消费总量而言是一致的（其中农村居民天然气与电力的间接能耗强度在大多数年份上升，并且呈现持续上升的趋势，对间接能耗起增加效应），但影响程度有差别。下文以能源消费总量为例，分析农村居民间接能耗的影响因素。

如图 4-7 所示，1995~2017 年，农村居民生活间接能耗总量呈现

---

① 贡献率为负值。

波动式增长，增量在波动中逐渐降低，6个因素的变动与相应的影响效应方向一致，作用方向符合事先假定。6个因素中，农村人均纯收入对农村居民间接能耗总量整体上[①]呈现增加效应，贡献率最大；农村居民消费项目的间接能耗强度呈现降低效应，影响程度接近于人均纯收入；与间接能耗强度的作用方向一致，农村居民平均消费倾向逐渐降低，对间接能耗总量呈现降低效应，不过影响程度低于前者；农村户数呈现两种不同的作用方向，2005年之前是增加效应，之后引起间接能耗降低，并且影响程度在波动中下降；农村家庭规模下降对间接能耗起降低效应，影响程度在波动中略有上升；农村居民消费结构变动呈现增加效应，整体上呈现波动中上升（2017年略有下降波动）的趋势。1993年，由于农村人均纯收入、户数、平均消费倾向与消费结构的增加效应大于间接能耗强度与平均家庭规模的降低效应，农村居民间接能耗总量增加6.39Mtce；2017年，由于农村居民平均消费倾向、户数、平均家庭规模、消费结构呈现的降低效应不抵人均纯收入与能耗强度的增加效应，引起农村居民间接能耗增加2.86Mtce。

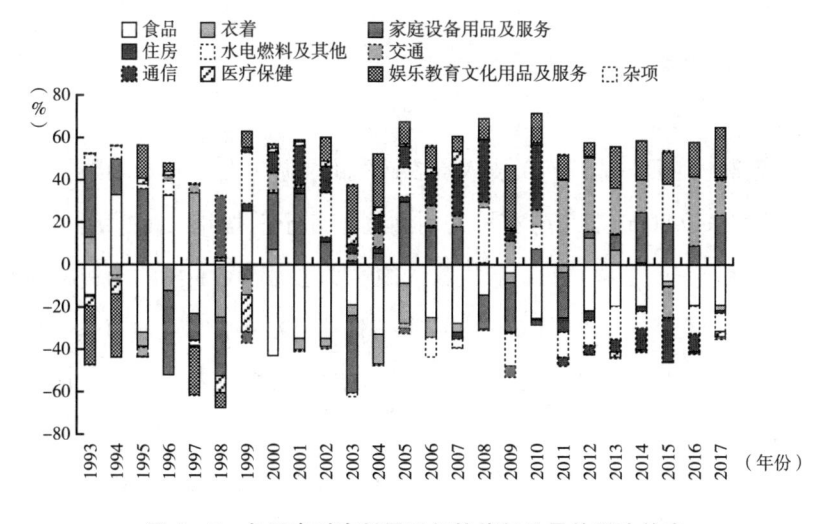

图4-7　各因素对农村居民间接能耗总量的影响效应

[①] 个别年份，不同因素的作用方向前后存在区别。

农村居民与城镇居民相比,各个因素(除了户数)对居民间接能耗的影响方向一致,不过程度方面农村居民低于城镇居民,不管是总量还是速度。

(一) 供给方面的因素①

1992~2017年,农村居民消费间接能耗强度的变动引起农村居民间接能耗总量下降,降低幅度呈现波动中走低的趋势,1993年能耗强度下降引起农村居民间接能耗减少4.25Mtce,2016年引起间接能耗减少1.18Mtce,2017年有所反弹,引起间接能耗量减少了3.09Mtce。农村居民消费项目的间接能耗强度对总量的影响方向与变动趋势相近,程度上存在差别。农村居民消费结构中,食品类与居住类支出占主导地位,两项支出间接能耗强度的影响效应最大,呈现波动中逐渐放缓的趋势。其中食品类支出波动性较大,贡献率由1993年的16.14%下降到2017年的2.74%;衣着类支出间接能耗强度的影响效应呈现轻微下降,贡献率由1993年的5.32%下降到2017年的2.29%。其他各项支出的间接能耗强度呈现波动中减缓的趋势,其中交通和通信类支出的变动较为平缓。

(二) 需求方面的因素

1. 人均纯收入

经济的发展与政府有关支农惠农政策的实施,使农村人均纯收入实现逐步增长,2000年之前农村人均纯收入处于缓慢增长的阶段,2001年之后增速有所加快。农村居民收入的增加也提高了居民的消费能力与保障,表现在农村居民消费支出稳步增长和生活与消费水平不断提高。消费需求加大对能源的间接消耗,农村居民人均纯收入的增长引起农村居民间接能耗总量增加量在波动中持续上升。1993年农村居民人均纯收入增加6.02元,引起农村居民间接能耗增加1.91Mtce;2017年人均

---

① 城镇居民与农村居民消费对应的行业能耗强度是对应的,数值与变动一致,所以在此不再重复赘述。

纯收入增加151.07元引起农村居民间接能耗增加10.17Mtce。农村居民人均纯收入的贡献率由1993年的29.97%提高到2017年的596.5%,表明收入对农村居民间接能耗的增加效应不亚于城镇居民。

2. 平均消费倾向

1992~2017年,农村居民平均消费倾向整体上呈现下降的趋势,缘于农村居民消费支出滞后于人均收入的增长。农村居民预防性储蓄倾向提高,挤占了农村居民的其他消费,因此农村居民消费的意愿与能力有所下降。平均消费倾向下降引起农村居民间接能耗减少,影响程度在波动中有所提高,1993年引起农村居民间接能耗减少1.66Mtce,2017年降低数量提高到12.64Mtce(见图4-8)。按照农村居民各类消费项目平均消费倾向的影响方向,可以将消费项目分为两类:一是降低效应,如食品类与衣着类支出;二是增加效应,如居住类与家庭设备用品及服务类等支出。

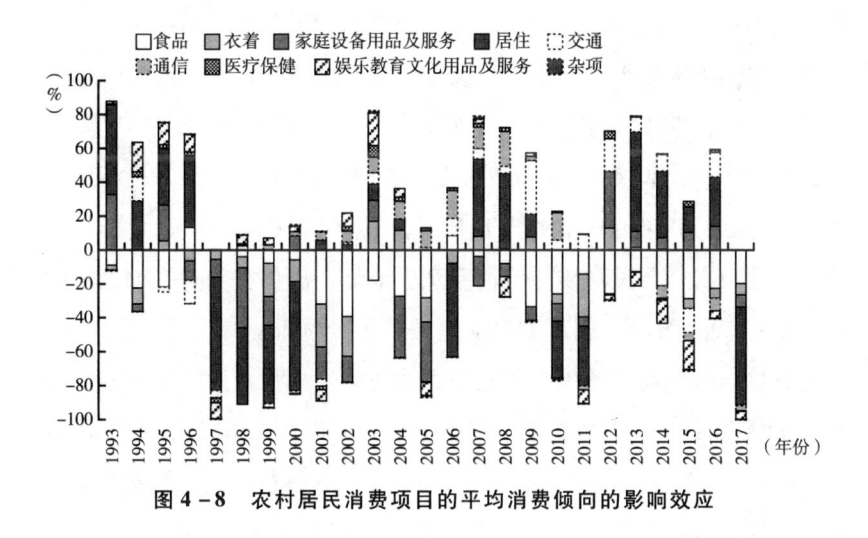

图4-8 农村居民消费项目的平均消费倾向的影响效应

(1)产生降低效应的消费项目

农村居民的食品消费仍以主食为主,出于食品安全的考虑,农村居民对食品类支出的热情与消费意愿受到影响,所以农村居民对食品的平均消费倾向是降低的。食品类支出平均消费倾向降低对农村居民间接能耗起明显的降低效应，但影响程度低于居住类支出，降低幅度呈现波动式上升。1993年食品类消费平均消费倾向降低1.36个百分点，引起农村居民间接能耗减少0.95Mtce；2017年食品类消费平均消费倾向降低1.64个百分点，引起农村居民间接能耗减少2.63Mtce。

农村居民有着艰苦朴素的优良传统与勤俭节约的生活习惯，农村居民的衣着类消费属于间断性消费，不像食品属于高频消费，因此农村居民的衣着类消费平均消费倾向是下降的，对农民居民间接能耗起降低效应。1993年农村居民衣着类消费平均消费倾向下降了0.19个百分点，引起农村居民间接能耗减少了0.30Mtce；2017年农村居民衣着类消费平均消费倾向的降低幅度增大，引起农村居民间接能耗减少0.88Mtce。

（2）产生增加效应的消费项目

随着收入的增加与生活水平的提高，农村居民用于"住"方面的支出逐渐增多，住房条件与质量的提高激发对居住的消费，农村居民的居住类消费平均消费倾向呈现波动式上升，影响效应在消费项目中居第1位。1993年居住类消费平均消费倾向上升1.89个百分点，引起农村居民间接能耗增加5.66Mtce，主要是因为有关住房材料的生产需要消耗大量的能源；2016年居住类消费平均消费倾向上升0.79个百分点，引起农村居民间接能耗增加3.11Mtce；但2017年随着家庭装修材料的价格上升，农村居民对居住的消费意愿降低，居住类消费平均消费倾向降低1.41个百分点，引起间接能耗减少7.68Mtce。

农村居民家庭设备用品及服务类消费的平均消费倾向呈现波动式上升，1994~2011年有所降低，2012年开始提高，2017年有轻微的反弹。1992~2011年，农村居民人均收入增长缓慢、家庭设备用品价格偏贵以及农村消费市场不健全等因素导致农村居民的消费意愿有所降低。但2004年之后"家电下乡"等一系列惠农政策的实施重新刺激了农村居民的消费热情。1993年家庭设备用品及服务的平均消费倾向上升0.82个百分点，引起农村居民间接能耗增加3.50Mtce；2017年下降家庭设备用品及服务的平均消费倾向下降0.14个百分点，引起农村居民间接能耗减少 2.19Mtce。

交通和通信类支出的平均消费倾向呈现波动式增长，对间接能耗起增加效应，其中 2015 年通信类支出的平均消费倾向有轻微的反弹。娱乐教育文化用品及服务类支出的平均消费倾向在 1998 年以前有所提高，之后呈现波动式下降，因此对间接能耗的影响方向前后相反。农村居民对医疗保健类支出的平均消费倾向稳中提高，2017 年有轻微反弹，主要是因为新型农村合作医疗制度的实施范围与力度逐渐变大，农村居民医疗保健类消费支出的比重相对降低。

整体上，这 4 项消费由于平均消费倾向的变动对农村居民间接能耗的影响效应在数值上接近，方向上通信类与娱乐教育文化用品及服务类的影响效应在某些年份出现转变，在其他年份都是正效应，影响幅度呈现逐渐减缓的趋势。

3. 户数

随着人口的增长与城镇的发展，农村人口规模在 1998 年之后逐渐下降，农村家庭用能人数有所缩减，进而影响农村居民间接能耗总量。1993 年农村户数增加 408.14 万户，引起农村居民间接能耗增加 3.31Mtce；2005 年户数减少 168.39 万户，引起农村居民间接能耗减少 1.18Mtce；2017 年户数减少 144.39 万户，引起农村居民间接能耗降低了 1.30Mtce。由此可见，户数的影响方向在不同时期存在差异。未来农村户数对农村居民间接能耗的影响效应是有限的，农村人口不可能无限制地缩减下去。一是城镇的空间是有限的，二是中国推动并支持农村发展，制定相关的支农惠农政策。在这样的形势下，未来一二十年农村人口会持续缩减，但速度会放缓，对农村居民间接能耗的降低效应会放缓、弱化，从影响效应的变动趋势也可以推测出这一点。

4. 平均家庭规模

农村平均家庭规模对农村居民间接能耗呈现降低效应，影响程度在波动中有所下降。与城镇居民类似，农村家庭规模也不可能无限制地缩减下去，家庭规模对间接能耗的降低效应会逐渐弱化。但与城镇居民稍有不同，农村平均家庭规模高于前者，未来10年的影响效应可能还是有效的，会有一定的缓冲期，影响的弱化程度会低于城镇居民的平均家庭规模。

5. 农村居民消费结构

1992~2017年，农村居民消费结构中食品类与衣着类支出比重下降、其他类支出比重上升，由生存型向发展型、从满足温饱向追求生活质量型变动。农村居民消费结构的变动对农村居民间接能耗总量呈现增加效应，增加量呈现波动式变动。1993年，农村居民消费结构的变动引起农村居民的间接能耗增加6.44Mtce；2016年增加量有所减少，降低4.75Mtce；2017年出现反弹，消费结构的影响方向发生变化，只引起间接能耗增加了0.70Mtce。

农村居民不同消费项目的结构变动以及影响效应存在差别，按照比重变动的方向分为两类：一是比重下降，引起间接能耗降低的消费项目是食品类与衣着类；二是比重上升，呈现增加效应的是居住类、家庭设备用品及服务类、娱乐教育文化用品及服务类、交通和通信类与医疗保健类支出等。

（1）产生降低效应的消费项目

农村居民食品消费结构由以主食为主，肉禽、糖、酒等副食类消费逐渐增加，日常膳食结构逐渐改善，食品支出总量是上升的。但是随着收入的提高，农村居民其他类消费的增长速度快于食品类，食品类消费的比重逐年下降，由1992年的57.75%下降到2017年的39.82%。比重下降的还有衣着类支出，农村居民对衣着的要求也是逐渐增多，由仅为了满足保暖发展到追求款式、时尚，衣着消费总量呈现稳步增长的态势。由于衣着类与食品类支出一样属于基本生活类支出，弹性小，增长速度慢于其他消费支出，因此比重是下降的。食品类支出与衣着类支出比重下降对农村居民生活能源消费起明显的降低效应，在消费项目中影响程度分别居于第3位与第4位，两个因素的影响效应呈现波动中轻微放缓的趋势。1993年两个因素的贡献率分别为-22.08%与-7.41%，

2017年有所下降，分别为 -3.3% 与 -5.17%。

（2）产生增加效应的消费项目

居住类支出比重在农村居民消费项目中居于第2位，农村居民新建住房面积逐年扩大，1992年为7.22亿平方米，2009年增加到10.21亿平方米，是原来的1.41倍；2017年有一定程度的减少，为9.63亿平方米。农村居民的居住条件与质量日益改善，传统的土石结构房屋数量减少，砖木、钢筋混凝土结构的房屋数量大幅度增加，再加上家庭装修材料价格提高等因素，农村居民居住类支出总量呈现快速增长的趋势，比重也随之上升。这点从农村居民人均居住面积的快速增加也可明显看出：1992年农村居民人均住房面积仅为14.7平方米，2017年增加到34.1平方米，为原来的2.32倍。居住类支出对农村居民间接能耗的影响程度呈现波动式上升（不过2010年出现反弹）：1993年居住类支出比重上升不到2个百分点，引起农村居民间接能耗增加5.05Mtce；2016年居住类支出比重上升1.8个百分点，引起农村居民间接能耗增加4.75Mtce；2017年居住类支出比重有轻微的下降，幅度为1个百分点，引起农村居民间接能耗降低0.70Mtce。

家庭设备用品及服务类支出对农村居民间接能耗的增加效应低于居住类，居于第2位。随着收入的增加，农村居民对日用品的消费需求不断增强，每百户拥有的电视机、冰箱、空调、家用计算机等耐用消费品呈现快速增长：1992年每百户拥有的洗衣机不足2台、每千户才拥有1台电冰箱，1993年平均1000户才有1台空调、1台彩色电视机；2017年每百户拥有的洗衣机、电冰箱、空调、彩色电视机数量大幅度提高，分别为57.3台、45.2台、16台、59台。总量上升以及比重提高对农村居民间接能耗呈现增加效应，居住类支出的贡献率由1993年的5.05%上升到2017年的23.65%。

交通和通信类支出属于农村居民新的消费热点，相应的需求日益增强。以交通和通信耐用消费品的拥有数量为例，1992年每百户仅有0.6辆摩托车，不足1辆，2000年每25户才拥有1部移动电话，2000年每50

户才有 1 台家用计算机，2017 年 3 种消费品的数量分别增加到 59 辆、36.5 部与 10.4 台，移动电话的普及范围基本超过人手 1 部，计算机基本上是每 10 家拥有 1 台，此外家用汽车也逐渐进入农村的高收入家庭。交通和通信类支出总量快速增长，其比重上升，引起农村居民间接能耗大幅度增加，其贡献率由 1992 年的 0.52% 上升到 2017 年的 40.95%。

医疗保健类与娱乐教育文化用品及服务类支出的消费总量稳步增长，比重逐渐上升，对农村居民间接能耗的增加效应分别由 1993 年的 4.03% 与 1.35% 上升到 2017 年的 5.72% 与 1.68%。

五 城镇与农村居民生活间接能耗影响因素比较

前文通过建立居民间接能耗的完全分解模型，分别分析了影响城镇与农村居民生活间接能耗的主要因素，下文将比较城镇与农村居民生活间接能耗的影响因素，说明得到的结论。

1. 人均收入

人均收入逐渐增加对城镇与农村居民间接能耗呈现增加效应，影响效应是 6 个因素中最大的，并且贡献率在波动中上升；不论是人均收入引起的间接能耗总量还是其增加速度，农村居民均小于城镇居民。

2. 间接能耗强度与平均消费倾向

居民消费间接能耗强度与平均消费倾向逐渐下降对间接能耗总量呈现略低于人均收入的降低效应。城镇居民这两个因素的贡献率绝对值在波动中上升，农村居民则是走低。城镇居民消费项目中家庭设备用品及服务类、娱乐教育文化用品及服务类与交通和通信类支出的间接能耗强度与平均消费倾向呈现波动式上升，其影响效应与整体的方向相反。

3. 户数

户数不断增加对城镇居民间接能耗始终呈现增加效应，但农村户数对农村居民间接能耗的影响方向与程度呈现出两个不同的阶段，2005 年之前是增加效应，之后转变为降低效应（中间个别年份有波动）。两者的未来走势与程度不同，城镇户数对城镇居民间接能耗的影响程度逐渐增强，但城镇人口不可能无限制地增加，因为城镇的可容纳空间与生态承载力存在一定的上限[①]，可能未来几十年内城镇人口规模将持续扩大，但人口增长速度会逐渐放慢，影响力也会逐渐放缓而趋于平稳。相对而言，农村户数不断减少，但也有一定的下限，不可能无限制地减少，减少的速度也会逐渐变慢，同样需要较长的缓冲期。

4. 平均家庭规模

平均家庭规模缓慢缩小对居民间接能耗呈现降低效应，贡献率的绝对值逐渐减小，表明其影响力逐渐弱化，转变为不显著。比较而言，未来城镇与农村平均家庭规模的走势略有差别。城镇居民的平均家庭规模基本呈现"三口之家"模式，接近其上限，未来可能会维持目前的状态或由于计划生育政策的放宽而略高于目前的状态。但其影响程度在2017年以后会逐渐弱化，直至处于停滞状态，缓冲期较短。相对而言，农村居民平均家庭规模多是"四口之家"的模式，仍有下降的空间，但根据农村的具体情况与计划生育政策放宽，农村家庭维持这种模式的韧性很强，下降的实际力量很微弱，相应的影响效应将会逐渐弱化，直至平稳。

5. 居民消费结构

居民消费结构的变动对居民间接能耗呈现增加效应，影响程度低于平均家庭规模，由微弱逐渐明显化；贡献率逐渐上升，不论是居民消费结构引起的间接能耗总量还是其增加速度，城镇居民皆高于农村居民，表明农村居民的消费结构需要进一步优化与升级。

第三节　不同收入阶层居民生活能耗差异

由上文居民生活直接能耗与间接能耗的影响因素分析得知，人均收入对直接与间接能耗皆呈现显著的增加效应，收入决定居民消费水平，

[①] 通过城镇的生态承载力可以计算出城镇的可持续人口。

进而影响居民生活用能。上文基于居民整体的人均收入水平进行分析，对于不同收入阶层的居民能耗水平是否存在显著差异，在能耗方面是否存在"富人搭穷人便车"的现象未进行详细的分析，因此本节以城镇居民为例分析不同收入阶层居民生活能耗的差异。之所以选择城镇居民而不是农村居民，原因有三点：一是收入对城镇居民与农村居民能源消费的影响具有相对同质性，即影响方向与贡献度相近，并且城镇居民生活能源消费在居民能源消费中占比较大[①]，总体上可以代表全国居民；二是便于比较城镇与农村居民能源消费差异，本书没有考虑农村居民生物质能消费，如果以农村居民为例分析难免会出现系统误差，可能会低估收入对能源消费的影响效应；三是相对于农村居民而言，城镇居民的相关数据资料更完备。

本节首先尝试构建能源消费压力模型，比较不同收入阶层居民生活用能的特征，其次建立分位数回归与其他计量模型明确城镇居民生活用能与收入之间的数量关系；最后采用样本推断与一般归纳法，以城镇不同收入阶层居民生活直接用能的差异特征推断全国居民生活用能与收入之间的关系。

一 能源消费压力人口模型构建与结果分析

（一）能源消费压力人口模型

以往文献大多没有针对不同收入阶层居民的能耗进行具体分析，多数仅进行简单的比较分析，比如陆慧等人（2006）利用层次分析法，结合调查数据，分析不同收入阶层的农村居民生活能源消费结构的差异。结果表明，收入越高，越倾向于舒适性、更加卫生的能源；而对于低收入的农村居民而言，经济性是其选择时的首要考虑因素。王妍等人（2009）认为不同收入阶层的人均完全能耗存在显著差异，不论是能耗

[①] 比如，1985年比重为47%，而后整体上逐年上升，2009年的占比为75%，2010年有所降低，比重为65%。

总量还是增长速度,高收入阶层居民远高于低收入阶层居民。

不同收入阶层居民的生活消费方式不同,对生活质量要求存在差别,生活能源消费也会呈现不同的特点,因此本节将不同收入阶层的居民消费模式纳入考虑,尝试构建不同收入阶层的生活能源消费压力人口模型,对不同收入阶层的人群比例进行更新与调整,以此度量不同收入阶层居民生活能源消费的差异。假定存在一个标准的生活能源消费压力人口单位,在城镇居民平均消费水平与人均生活直接用能水平下,将不同收入阶层的人口换算成相应的标准生活能源消费压力人口模型,各收入阶层能源消费压力人口总数等于城镇人口数,在收入分配差距较大的情况下,不同收入阶层能源消费压力人口比例将改变最初的分布格局,以此判断不同收入阶层居民生活能耗的显著差异。不同收入阶层生活能源消费压力人口模型[①]为:

$$
\begin{aligned}
P_i^* &= P_i \times IC_i \times IE_i \\
&= P_i \times \frac{AC_i}{AC} \times \frac{AE_i}{AE}
\end{aligned}
\quad (4-29)
$$

i 为不同收入阶层,按照收入从高到低分别为最高收入、高收入、中等偏上、中等收入、中等偏下、低收入与最低收入。P_i 为 i 类收入阶层的人口数;IC_i 为 i 类收入阶层的消费水平指数,等于人均消费水平与城镇居民人均消费水平相比;IE_i 为 i 类收入阶层人均生活能源消费水平指数,由人均生活能源消费水平与城镇居民人均生活能源消费水平相比得到。P_i^* 为 i 类收入阶层经过换算后的标准能源消费压力人口数,相应的人口比例为:

$$
\alpha_i = \frac{P_i^*}{\sum_{i=1}^{7} P_i^*} = \frac{P_i^*}{\sum_{i=1}^{7} P_i}
\quad (4-30)
$$

各阶层居民换算为标准能源消费压力人口后,总量与城镇居民人口

---

① 该指标和模型的构建受到美国学者 Ehrlish 等人有关人口与环境关系的多因素模型以及彭希哲构建消费压力人口模型的启示。

总数相等，但比例会发生相应的变动。

$$P_i^* = P_i \times IE_i^* \qquad (4-31)$$

IE_i^* 为能源消费压力指数，表示不同收入阶层的居民生活能源消费压力大小。数值大于1，表明该收入阶层的居民生活能源消费大于城镇居民生活平均能源消费水平；数值小于1，表明该收入阶层的居民生活能源消费水平低于城镇居民平均能源消费水平。

（二）结果分析

1. 不同收入阶层能源消费压力人口比例变动

按照城镇居民住户调查，最高收入、高收入、中等偏上、中等收入、中等偏下、低收入与最低收入的人口比例为1∶1∶2∶2∶2∶1∶1，代表整体居民人口分布状况。通过计算不同收入阶层的居民生活能源消费压力人口，相应的人口结构发生了很大的变动，整体上呈现两种变动趋势。一是换算后生活能源消费压力人口比例低于自然人口比例，并且逐渐降低；二是换算后生活能源消费压力人口比例超过自然人口比例，并且持续上升。

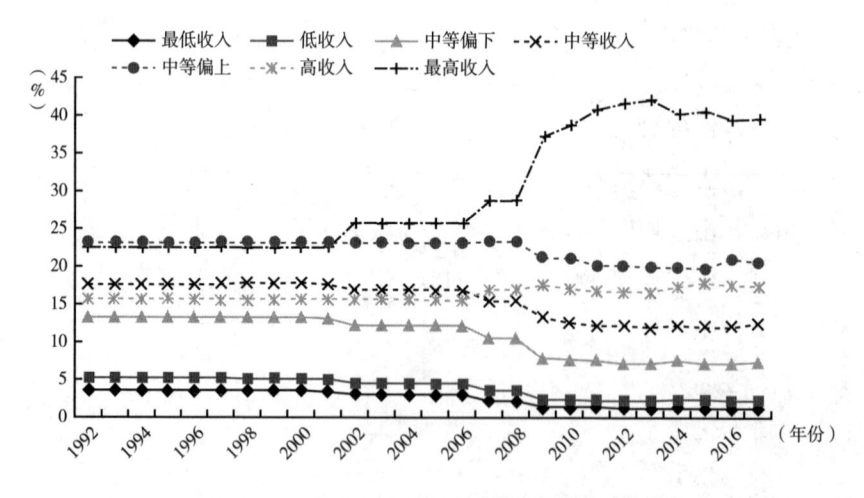

图 4-9 不同收入阶层的能源消费压力人口比例

标准能源消费人口比例低于自然人口的分别是最低收入、低收入、中等偏下收入与中等收入人群。最低收入与低收入人群所占比例不足

10%，平均比例分别为2.44%与3.83%，并且呈现出持续下降的趋势，表明分别占据人口比例不足10%的最低收入与低收入阶层，换算成标准能源消费压力人口数后，比例不足4%；中等收入偏下与中等收入人口占总人口比例为20%，但换算成标准能源消费人口后所占比例分别为10.69%与15.37%，并且呈现不断走低的趋势。

标准能源消费人口比例高于自然人口的分别是中等偏上收入、高收入与最高收入人群。中等偏上收入人群的生活能源消费压力人口比例略超过自然人口比例，均值为22.04%；高收入人口占总人口的比例为10%，但换算成标准能源消费压力人口后，比例达16.05%；最高收入人口的比例更高，为29.58%，表明按照城镇住户调查，比例仅为10%的最高收入人口，换算成标准能源消费压力人口后所占比例翻了一番，接近于自然人口比例的3倍，并且呈现持续增加的趋势。

2. 不同收入阶层能源消费压力指数

结果表明最低收入、低收入、中等偏下收入与中等收入人口的生活能源消费水平低于城镇居民的平均生活能源消费水平，中等偏上收入、高收入与最高收入阶层的生活能源消费水平高于城镇居民的平均生活能源消费水平，并且收入越高，高出平均水平的程度越高。低收入与高收入阶层能源消费压力人口比例的结果与变动趋势以及能源消费压力指数变动表明，收入越低的人群生活能源消费密集程度越低；收入越高的人群，越倾向于能源密集型消费方式，表明不同收入阶层居民的生活用能差异会越来越大，反映出居民生活能源消费在收入阶层上的不均衡现象，在一定程度上也折射出居民收入差距逐渐扩大的现实。

二 城镇居民生活直接用能与人均可支配收入分位数回归分析

（一）理论模型

采用分位数回归（Quantile Regression）分析不同收入阶层对居民生活直接用能的影响差异，并与不同收入阶层的居民生活直接用能和人均收入的OLS估计结果进行比较分析。分位数回归是由Koenker与

Bassett 在 1978 年率先提出的，与最小二乘估计相比，关注的不仅是自变量与因变量的平均回归系数，而且着重于因变量不同分位点与自变量的回归估计。分位数回归应用中具有 OLS 所不具有的优势，比如分位数回归适合含有异方差的模型，详细刻画条件分布的大体特征；对参数估计的方法不是要求残差平方和最小，而是通过加权残差绝对值之和最小进行参数估计；不受异常值的影响，模型估计的结果更加稳健等。

UE^d 表示城镇居民生活直接用能，UR 表示人均可支配收入，对于分位数回归模型，假设随机变量 UE^d 的概率分布为：

$$F(ue^d) = P(UE^d \leqslant ue^d) \qquad (4-32)$$

则 UE^d 的分位数定义为满足 $F(ue^d) > \tau$ 的最小值，即：

$$M(\tau) = \inf\{ue^d : F(ue^d) \geqslant \tau\}, \tau \in (0,1) \qquad (4-33)$$

对 θ 的目标函数取最小化，可得到 $F(ue^d)$ 的 τ 分位数 $M(\tau)$，公式如下：

$$\begin{aligned} M(\tau) &= \operatorname{argmin}_\theta \left\{ \tau \int_{ue^d > \theta} |ue^d - \theta| dF(ue^d) + (1-\tau) \int_{ue^d < \theta} |ue^d - \theta| dF(ue^d) \right\} \\ &= \operatorname{argmin}_\theta \left\{ \int \lambda_\theta (ue^d - \theta) dF(ue^d) \right\} \end{aligned} \qquad (4-34)$$

其中 $\lambda_\theta(u) = u(\tau - I(u<0))$，为检查函数，依据 u 的取值进行加权，考察最小化的一阶条件为：

$$0 = -\tau \int_{ue^d > \theta} dF'(ue^d) + (1-\tau) \int_{ue^d < \theta} dF(ue^d) = -\tau + F(\theta) \qquad (4-35)$$

由上式可知 $F(ue^d)$ 的 τ 分位点的值就是上述优化问题的解。则式（4-34）可等价于：

$$\begin{aligned} M(\tau) &= \operatorname{argmin}_\theta \left\{ \sum_{ue^d \geqslant \theta} \tau |ue^d - \theta| + \sum_{ue^d < \theta} (1-\tau) |ue^d - \theta| \right\} \\ &= \operatorname{argmin}_\theta \left\{ \sum_t \lambda_\tau (ue^d_t - \theta) \right\} \end{aligned} \qquad (4-36)$$

假定城镇居民生活直接能耗与人均可支配收入的分位数回归模型为：

$$M(\tau \mid UR, \beta(\tau)) = (UR)\beta(\tau) \qquad (4-37)$$

当 $\tau \in (0,1)$ 时,根据最小化问题就可得到分位数回归不同的参数估计:

$$\hat{\beta}(\tau) = \mathrm{argmin}_{\beta(\tau)} \{ \sum_{t} \lambda_{\tau} [ue^d - ur\beta(\tau)] \} \qquad (4-38)$$

对城镇居民生活直接能耗与人均可支配收入进行分位数回归时,对原始变量取对数,估计的方法如上文所述。

(二) 模型估计与实证分析

对变量进行单位根检验,在5%的置信水平下属于一阶单整序列。分位数回归估计结果如表4-3所示。

表4-3 城镇居民生活直接能耗与人均可支配收入的分位数回归估计结果

单位:%

	OLS	分位数回归						
		0.1	0.2	0.4	0.5	0.6	0.8	0.9
$\hat{\beta}(\tau)$	0.4805	0.143	0.0674	0.1718	0.208	0.2437	0.3256	0.337
t	2.2299	1.946	2.527	1.958	2.6715	3.919	6.042	2.034
R^2	0.9392	0.805	0.871	0.9216	0.9324	0.943	0.958	0.864

模型通过OLS估计结果,弹性为0.4805,高于各分位数点的估计,变动程度较小。分位数回归结果显示,整体上,随着城镇居民人均可支配收入的增加,生活直接用能对收入的弹性越来越大。收入越高,其对居民生活直接用能的影响程度越大。当居民生活用能在0.1、0.2、0.4与0.5分位数时,收入每提高1%,居民生活直接用能分别增加0.143%、0.0674%、0.1718%、0.208%,弹性系数出现轻微下降,继而逐渐上升;居民生活用能分别在0.6、0.8与0.9分位数时,收入每提高1%,居民生活直接用能的增长幅度分别为0.2437%、0.3256%与0.337%,高收入阶层居民生活用能的收入弹性高于中等收入0.129个百分点。

分位数回归结果表明当居民生活用能较低时,对收入的弹性较大;

随着收入的提高,弹性表现为轻微的波动,随着收入逐渐提高,收入对城镇居民生活直接用能的影响程度逐渐增强。进一步表明收入越高的居民,其生活能源压力更大,这点与能源消费压力人口模型分析的结果是相呼应的。

三 不同收入阶层居民直接用能与人均可支配收入回归分析

(一) 理论模型

考察不同收入阶层居民生活用能与人均可支配收入的计量关系,拟合模型如下式:

$$UE_{it}^d = \alpha_i + \beta_i UR_{it} + \varepsilon_{it} \qquad (4-39)$$

$i = 1, 2, \cdots, 7$ 为不同收入阶层居民,t 为时间,UR_i 为 i 收入阶层居民的人均可支配收入。模型估计时,对各变量取对数,模型转换为:

$$\ln(UE_{it}^d) = \ln(\alpha_i) + \beta_i \ln(UR_{it}) + \ln(\varepsilon_{it}) \qquad (4-40)$$

(二) 模型估计与检验

首先,对各变量进行单位根检验,结果表明最低收入、低收入与中等偏下阶层居民的生活直接用能与相应的人均可支配收入分别在1%与5%的置信水平下属于一阶单整序列;中等收入、中等偏上、高收入与最高收入阶层在1%的置信水平下皆是二阶单整序列。其次,对回归结果进行统计检验、计量检验等,各个模型结果符合经济学检验,各个变量是显著的。其中最低收入、低收入与中等偏下阶层居民的生活直接用能与相应的人均可支配收入回归结果的残差序列存在二阶自相关,通过 AR (1) 与 AR (2) 对模型进行修正,修正后模型拟合效果是可行的。最后对回归残差进行平稳性检验,结果发现各个回归序列中自变量与因变量皆在1%的置信水平下存在长期均衡关系。模型拟合结果如下:

$$\ln(UE_{\text{最低收入}t}^d) = 2.5363 + 0.4742\ln(UR_{\text{最低收入}t}) + \varepsilon_{1t} \qquad R^2 = 0.9067$$
$$(2.1461) \qquad (3.4352) \qquad F\text{-statistics} = 84.722$$

$$\hat{\varepsilon}_{1t} = 1.3573\hat{\varepsilon}_{1t-1} - 0.4351\hat{\varepsilon}_{1t-2} + \hat{\mu}_{1t}$$

$$(6.8522) \quad (-2.3532) \qquad (4-41)$$

$$\ln(UE^d_{低收入t}) = 3.8139 + 0.3384\ln(UR_{低收入t}) + \varepsilon_{2t} \quad R^2 = 0.9346$$
$$(3.0832) \qquad (2.3584) \qquad F\text{-}statistics = 95.352$$

$$\hat{\varepsilon}_{2t} = 1.3408\hat{\varepsilon}_{2t-1} - 0.4384\hat{\varepsilon}_{2t-2} + \mu_{2t}$$
$$(6.852) \quad (-2.353) \qquad (4-42)$$

$$\ln(UE^d_{中等偏下收入t}) = 5.028 + 0.2937\ln(UR_{中等偏下收入t}) + \varepsilon_{3t} \quad R^2 = 0.9639$$
$$(4.2718) \qquad (2.1751) \qquad F\text{-}statistics = 178.275$$

$$\hat{\varepsilon}_{3t} = 1.4765\hat{\varepsilon}_{3t-1} - 0.5628\hat{\varepsilon}_{3t-2} + \mu_{3t}$$
$$(7.699) \quad (-2.90) \qquad (4-43)$$

$$\ln(UE^d_{中等收入t}) = 5.4489 + 0.2592\ln(UR_{中等收入t}) + \varepsilon_{4t} \quad R^2 = 0.6382$$
$$(16.3794) \qquad (6.506) \qquad F\text{-}statistics = 56.39$$
$$(4-44)$$

$$\ln(UE^d_{中等偏上收入t}) = 5.2827 + 0.2938\ln(UR_{中等偏上t}) + \varepsilon_{5t} \quad R^2 = 0.6972$$
$$(15.5897) \qquad (7.4351)$$
$$F\text{-}statistics = 55.28, \text{Prob}(F\text{-}statistics) = 0.000000 \quad (4-45)$$

$$\ln(UE^d_{高收入t}) = 4.453 + 0.3231\ln(UR_{高收入t}) + \varepsilon_{6t} \quad R^2 = 0.7175$$
$$(12.224) \qquad (7.8069) \qquad F\text{-}statistics = 60.949$$
$$(4-46)$$

$$\ln(UE^d_{最高收入t}) = 4.1196 + 0.3792\ln(UR_{最高收入t}) + \varepsilon_{7t} \quad R^2 = 0.7821$$
$$(10.99) \qquad (9.279) \qquad F\text{-}statistics = 86.117$$
$$(4-47)$$

(三) 结果分析

回归模型结果显示,不同收入阶层的人均可支配收入对相应的居民生活直接用能的弹性为正,并且不同收入阶层的回归系数随着收入的增加呈现先下降再上升的变动态势,即从最低收入、低收入、中等偏下到中等收入,回归系数逐渐降低,数值分别为 0.4742、0.3384、0.2937 与 0.2592;从中等偏上、高收入到最高收入,生活直接用能的收入弹性逐渐上升,分别为 0.2938、0.3231 与 0.3792。

收入对居民生活用能的影响效应随着收入的增加呈现先降低,继而超过中等收入再上升的变动趋势。当居民收入较低时,比如处于最低收入阶层的居民，消费是为了满足基本生活所需，而生活用能属于基本生活所需的重要部分，因此该收入阶层的居民生活用能的收入弹性较为敏感，收入对其影响程度较大。当居民收入增加时，处于中等或中等偏下收入阶层，该阶层居民的消费除了满足基本生活所需外，还有一定的收入比例用于基本需求以外的消费，收入再增加，用于其他方面的消费会随着增加，但居民生活用能的消费比例是相对稳定的，所以该阶层居民收入对其生活用能的影响程度不如最低收入阶层的居民敏感，影响效应会低于后者。但是当居民收入超过中等水平，虽然居民用于基本生活所需的生活用能是相对稳定的，但高收入的居民会不断有新的消费需求，比如耐用消费品、住房、汽车，尤其是高端耐用消费品，这些消费项目会引起新一轮的居民生活用能，尤其是对电力的消耗，该阶层的居民生活用能对收入的敏感性逐渐提高，收入对生活用能的影响效应随之增加。

中等收入或中等偏下收入居民的生活用能的收入弹性之所以逐渐降低，其实还有一个原因，即由于收入的限制，该阶层居民的消费受收入的约束性更强，消费意愿受到抑制；一旦收入增加，引发更高的居民消费，进而影响居民生活直接用能总量。整体上讲，本书认为随着收入的增加，居民生活直接用能的收入弹性是逐渐增强的，这与城镇居民生活直接用能与人均可支配收入的分位数回归结果是相互印证的。

城镇居民生活间接能耗占城镇居民生活完全能耗的比例高达70%，上文针对城镇居民不同收入阶层生活用能的差异性进行相应的定性与定量分析，根据一般归纳与统计推断的方法，可以推断不同收入阶层居民生活完全用能呈现出与城镇居民生活直接用能相接近的特征，即收入越高，居民生活用能程度越高，收入对居民生活用能的影响程度越大，并且在不同收入阶层中存在不均衡与不公平的现象，高收入阶层居民生活用能与低收入阶层居民生活用能的差距会越来越大。

本章小结

本章主要运用递进的思维逻辑与统计推断的方法对居民生活能耗的影响因素进行详细分析，所做的工作主要有三方面：一是分别运用修正与扩展的 IPAT – LMDI 模型构建城镇和农村居民直接与间接能耗的完全分解模型；二是根据因素分解的结论之一，即人均收入是影响居民生活能耗增加的重要因素，分别构建能源消费压力人口模型、分位数回归与其他计量模型考察不同收入阶层居民生活能耗的差异性。

根据分析结果，得到如下主要结论。第一，居民生活直接能耗的影响因素中，城镇居民与农村居民生活直接能耗影响因素与贡献程度、居住直接能耗与交通直接能耗存在显著差异。6个因素中，人均可支配收入、户数与能耗结构引起居民生活能耗的增加；对于居住直接能耗与交通直接能耗，能耗强度与平均消费倾向的作用方向刚好相反。其中收入的影响效应最大，结构变动的作用不明显；居住能耗强度、平均消费倾向与平均家庭规模的下降有利于城镇居民直接能耗总量的降低，能耗强度的影响效应居于第2位，平均消费倾向居于第3位；平均家庭规模的影响效应排在最后，并且其未来的影响作用有限。对于农村居民而言，各个因素的影响程度低于城镇居民，并且户数与能耗强度在有些年份的影响方向与之相反。

第二，人均收入、平均家庭规模与消费结构对城乡居民间接能耗呈现一致的影响方向，但户数有所不同；整体上能耗强度、平均消费倾向呈现降低效应，但对于不同的消费项目，影响方向不一致。1992~2017年，城镇居民间接能耗的影响因素中人均可支配收入、城镇户数与城镇居民消费结构对间接能耗形成增加效应，其中居民消费结构的影响效应逐渐明显。城镇居民消费项目的间接能耗强度、平均消费倾向与平均家庭规模呈现降低效应，家庭设备用品及服务类、娱乐教育文化用品及服务类与交通和通信类支出的平均消费倾向呈现增加效应。平均家庭规模的影响作用有限，影响程度正在逐渐弱化。

农村居民间接能耗的影响因素中，人均纯收入是影响其变动的重要因素，并且影响程度会逐渐提高；居民消费能耗强度是引起间接能耗总量降低的有利因素，影响程度呈现稍微减弱的趋势，并且数值略低于城镇居民。农村户数在 1998 年之前呈现增加效应，之后方向发生逆转，呈现降低效应，虽然影响程度略有上升，但其影响效应的未来走势与农村平均家庭规模类似，未来的影响程度会逐渐弱化乃至停滞。农村居民各个消费项目的平均消费倾向与结构变动的影响方向和程度一致，不过整体上平均消费倾向与居民消费结构的影响方向刚好相反，前者是降低效应，后者则是增加效应。

第三，能源消费压力人口模型改变不同收入阶层居民的人口分布格局，居民生活直接用能对收入的弹性随着收入的增加而不断增强，表明不同收入阶层居民的生活能耗存在显著差异。不同收入阶层居民的生活能源消费压力人口模型结果显示，不同收入阶层居民的人口比例与自然人口比例相比，分布与格局发生了很大的改变，中等收入和中等偏下收入阶层居民的生活能源消费压力人口比例远低于调查比例，而人口比例仅 10% 的最高收入阶层居民生活能源消费压力人口比例近 40%，并且具有持续走高的趋势。不同收入阶层的能源消费压力人口比例变动反映出居民生活能源消费在不同收入基础上存在不均衡与不公平的现象。

根据居民生活直接用能与人均收入的分位数回归模型以及不同收入阶层居民生活直接用能与人均可支配收入的计量模型，估计显示居民生活直接用能对收入的弹性随着收入的增加而不断增强，表明收入越高的人群越倾向于能源密集型消费方式。分位数回归的结果与不同收入阶层的回归结果是相互验证的，并且结论与能源消费压力人口模型的分析结果也是相呼应的。

第五章　居民消费能耗二氧化碳排放

本章运用第一章构建的居民消费能源消耗二氧化碳排放的核算模型，估算了1992~2017年居民部门的二氧化碳排放总量，便于检验估算数据的准确性与进行后续的计量分析；根据计算的结果分析居民消费所引起的二氧化碳排放特征；应用修正与扩展的STIRPAT模型对居民生活直接与间接二氧化碳排放的影响因素进行计量分析。

第一节　模型与数据说明

一　二氧化碳排放量的平衡关系

关于全社会能耗引起的二氧化碳排放总量涉及的能源种类以及在不同情况下的能源种类有所差别，下文分别进行说明。

（一）生产部门主要消耗的能源种类

在第一章居民生活二氧化碳排放核算模型中，全社会的二氧化碳排放量存在相应的平衡关系，即从生产的角度看，各生产部门与居民部门直接排放的二氧化碳合计等于全社会二氧化碳排放总量。为保持一致性，全社会用能的种类由生产部门主要能耗决定，即与居民间接能耗种类一致，涉及的能源包括煤炭、焦炭、原油、燃料油、汽油、煤油、柴油、天然气与电力。生产部门排放的二氧化碳、全社会用能引起的二氧化碳排放量都是笔者根据核算模型计算得到的。

从最终需求角度看，全社会消耗这 9 种能源所排放的二氧化碳总量还等于最终需求各部门间接排放的二氧化碳量与居民部门生活直接消费这 9 种能源所排放的二氧化碳量的合计。最终需求各项目间接二氧化碳排放量也是笔者根据相应的核算模型计算得到的。

（二）居民生活排放的二氧化碳涉及的能源种类

居民生活直接二氧化碳排放是居民生活中的能耗产生的，对应的是居民生活直接用能，涉及 11 种能源，分别为煤炭、焦炭、石油、汽油、煤油、柴油、天然气、液化石油气、煤气、电力与热力；居民生活间接二氧化碳排放是居民消费的非能源产品在生产、运输、交换等过程中产生的，是由与居民消费有关的生产活动能耗引起的排放，涉及的能源种类与各生产部门的生产活动直接能耗有关，能源种类与居民生活用能稍有不同，共有 9 种，分别为煤炭、焦炭、原油、燃料油、汽油、煤油、柴油、天然气与电力。

（三）假定生产部门对液化石油气、煤气与热力的需求量较小

居民生活直接能耗种类与生产部门用能种类不同，主要区别在于液化石油气、煤气与热力。生产部门对这 3 种能源也有相应的需求，只是相比居民部门，用量较少。所以如果在假定生产部门对这 3 种能源的需求较小的前提下，可以认为全社会用能引起的二氧化碳排放总量来源于 13 种能源，分别为煤炭、焦炭、原油、石油、燃料油、汽油、煤油、柴油、液化石油气、天然气、煤气、电力与热力，仍然满足二氧化碳排放量的平衡关系。即从生产角度看，全社会用能（13 种能源）排放的二氧化碳总量等于各生产部门与居民部门直接用能所排放的二氧化碳量合计；从最终需求角度看，全社会用能（13 种能源）排放的二氧化碳总量等于最终需求间接排放的二氧化碳总量与居民部门直接用能所排放的二氧化碳量合计。对应的计算公式如下：

$$CO_2 = \sum_{i=1}^{13} CO_{2i} = \sum_{i=1}^{13} (CO_{2Pi}^d + CO_{2Hi}^d)$$

$$= \sum_{i=1}^{13}[CO_{2i}Y^{-1}(Y_H + Y_G + Y_S + Y_E - Y_I) + CO_{2Hi}^d]$$

$$= \sum_{i=1}^{9}E_i 3.67c_i Y^{-1}(Y_H + Y_G + Y_S + Y_E - Y_I) + \sum_{i=1}^{11}E_{Hi}^d \times 3.67c_i \quad (5-1)$$

二　净出口间接二氧化碳排放量的估算

由于中国与进口国家的二氧化碳排放强度存在差异、出口与进口数据的不变价数据调整问题，对于净出口间接排放的二氧化碳量的估算，不能简单采用第一章变换后的间接排放的核算模型进行估算，本章采用的方法是"差额法"，具体的操作步骤如下。第一，首先利用二氧化碳排放系数计算各生产部门直接二氧化碳排放量；第二，计算政府消费、资本形成的间接二氧化碳排放量；第三，计算居民生活引起的二氧化碳间接排放量；第四，最终需求间接二氧化碳排放总量等于各生产部门直接二氧化碳排放量，由此可以利用第一步计算的各生产部门二氧化碳直接排放量减去最终消费与资本形成的间接二氧化碳排放量，得到的差额就是净出口的间接二氧化碳排放量。

三　估算数据说明

碳排放与二氧化碳排放有着密切的联系，但不是等同的概念，居民消费二氧化碳排放量的方法与步骤根据第一章第二节的核算模型进行估算。首先，碳排放系数采用IPCC温室气体排放清单的系数；其次，根据碳与二氧化碳的转换关系，按照能源实物量的碳排放系数计算二氧化碳的排放系数；最后，按照核算模型计算居民生活引起的二氧化碳排放量，包括直接排放与间接排放。

本章计算的样本区间与居民生活用能一致，为1992~2017年，涵盖73个生产部门与居民部门（包括城镇居民与农村居民），所有价值量数据以1992年为基期消除价格影响，转换为不变价，具体的缩减步骤与计算居民生活用能时一致，在此不再赘述。可参见第二章第一节中不变价的计算方法与步骤，采用"自下而上"的方法，得到各生产部门用能的二氧化碳排放与居民生活用能的二氧化碳排放量。根据居民生活用能的二氧化碳排放量核算模型估算的结果，与以往文献相比，呈现两个特点。

其一，终端能源消费二氧化碳总量排放的数值大于一些文献的结果。原因主要有三点。一是很多文献在计算二氧化碳排放量时仅仅考察几种一次能源，有的仅仅考察煤炭，并且直接视二次能源的碳排放系数为0，而本章考察的能源种类比较全面，并且估算二次能源比如电力的碳排放系数。二是很多文献在研究中混同碳排放与二氧化碳排放，研究对象虽然是二氧化碳排放，但在计算时往往是直接按照碳排放系数进行计算的，而本章的研究对象是二氧化碳排放，计算时将碳排放系数根据两者之间的数量关系进行换算。三是不同文献采用的碳排放系数存在差别，数据来源不同，结果自然有所差别，另外基期的选择不同，结果也会有一定差别。本章的样本区间为1992~2017年，1992年为可比价，计算出的各部门终端能源消费二氧化碳排放量与一般文献中的计算结果有差异，数值上大于后者。

其二，整体上，总量和相应的比重大小与一些官方的研究结果接近。总量上，本章计算的13种能源终端消费引起的二氧化碳排放总量与一些官方公布的数据相对比较接近。例如，《中华人民共和国气候变化初始国家信息通报》中公布1994年中国温室气体总排放量为36.5亿吨二氧化碳当量，笔者计算的当期结果为42.6亿吨，前者相当于后者的85.68%，误差可能是因为统计口径有所差别。比重方面，1999~2002年，笔者计算的居民生活用能完全二氧化碳排放占终端能源消费二氧化碳排放总量的比重分别为30.87%、30.54%、32.90%与30.71%，与魏一鸣（2006）的研究结果比较接近，魏一鸣的研究结果是1999~2002年的比重约为30%。

综上所述，由于涵盖的能源种类、采用的二氧化碳排放系数与样本区间基期的选择等方面存在不同，笔者计算的结果与一般文献的结果存在差异，但总量与结构与一些官方的研究结果相接近，并且前文对居民生活间接能耗的估算结果是合理的、方法是有效的，说明本书所采用的核算模型是可行的、结果是可信的。

第二节　居民生活二氧化碳排放基本情况

一　居民生活直接二氧化碳排放

本节分别从居民生活直接二氧化碳排放总量、人均居民生活直接二氧化碳排放水平以及居民生活直接二氧化碳排放总量占比三个方面进行比较分析。

（一）居民生活直接二氧化碳排放总量

1. 全国居民二氧化碳排放总量

如图5-1所示，1992~2017年，居民生活用能直接二氧化碳排放总量呈现两阶段特征，先是上升，而后呈现波动式下降，接着持续增加，近似于"U"形分布。1992~2007年呈现波动性下降，2008~2017年逐年增加，增速起初较为缓慢，2012年后增速逐渐加大。随着中国经济体制改革的推进，居民生活水平不断改善，由满足温饱向小康水平迈进。1997年受亚洲经济危机的影响，中国经济发展有所减缓，居民生活水平受到一定的影响。随着中国经济逐渐回暖，居民生活水平得到不断的改善，逐步实现由小康水平向富裕发展，尤其是城镇居民。受中国经济发展与居民生活水平的影响，居民生活直接二氧化碳排放总量呈现两阶段的变动态势[①]。

[①] 与居民生活直接用能变动趋势相比，居民生活二氧化碳排放在1992~2017年的波动性理应与前者一致，但为什么波动程度较大，除了经济与居民消费水平因素以外，还有一个主要因素是居民生活二氧化碳排放系数、居民生活直接用能的变动趋势在同一阶段也呈现波动性变动，不过程度较小，但居民二氧化碳排放变动的程度较大，主要是由于二氧化碳排放系数将波动程度放大，扩大的倍数等同于排放系数的大小。比如，煤炭的二氧化碳排放系数为1.98千克二氧化碳/千克，相当于煤炭波动程度放大1.98倍，再加上其他能源排放的变动，造成整个二氧化碳排放量波动程度变大。

在总量上，居民生活直接二氧化碳排放量由 1992 年的 3.8621 亿吨逐步上升到 1995 年的 4.3719 亿吨，2007 年下降到 2.4056 亿吨，2017 年又上升到 4.0381 亿吨。不难看出，居民生活直接二氧化碳排放量是很大的。随着中国经济的快速发展、居民生活水平的不断提高，居民生活直接二氧化碳排放量持续增加的趋势不可避免，从侧面也反映出从居民部门着手，节能减排有很大的空间与潜力。

2. 城镇与农村居民生活直接二氧化碳排放比较

如图 5-1 所示，城镇居民生活直接二氧化碳排放量始终大于农村居民，并且两者的差距逐渐加大，这表明城镇与农村居民不仅在生活用能方面存在不均衡的现象，在污染排放方面城镇与农村居民也存在不均衡现象。

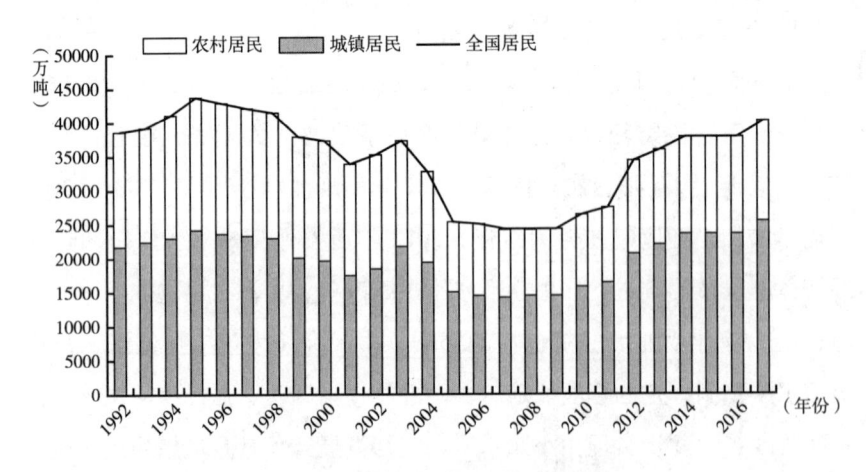

图 5-1 居民生活直接二氧化碳排放量

从城镇与农村居民生活直接二氧化碳占全国居民生活直接二氧化碳排放总量的比重来看，城镇居民生活直接二氧化碳排放量所占比重在 1992 年超过了 56.52%，并且逐渐上升，2017 年上升到 63.92%；农村居民生活直接二氧化碳排放量的比重在 1992 年低于城镇居民，为 43.48%，并且逐年下降，2017 年为 36.28%。这表明随着城镇化建设，居民生活直接二氧化碳排放主要来自城镇居民直接排放，并且城镇居民直接二氧化碳排放量仍将增加,需要进一步推进城镇居民生活方面的节能减排。

(二) 人均居民生活直接二氧化碳排放

如图 5-2 所示,整体上,人均居民生活直接二氧化碳排放与居民生活直接二氧化碳排放总量的变动趋势一致,变动幅度在个别年份有所差别。因为人均居民生活直接二氧化碳排放的变动不仅与总量有关,而且取决于人口数量的变动。1992~2009 年,人均居民生活直接二氧化碳排放呈现波动式下降,由 1992 年的人均生活直接排放 183.73 千克二氧化碳,下降到 2009 年的 95.16 千克二氧化碳。2004 年与 2005 年的人均居民生活直接二氧化碳排放量有所下降,主要是因为同期居民生活直接二氧化碳排放总量下降,但人口数是增加的,分子下降、分母上升使人均数值降低。2010 年开始人均居民生活直接二氧化碳排放量逐渐增加,由 102.91 千克上升到 2017 年的 150.94 千克,并且增速逐渐加快,主要是因为居民生活直接二氧化碳排放总量增长的速度大于人均增长的速度。

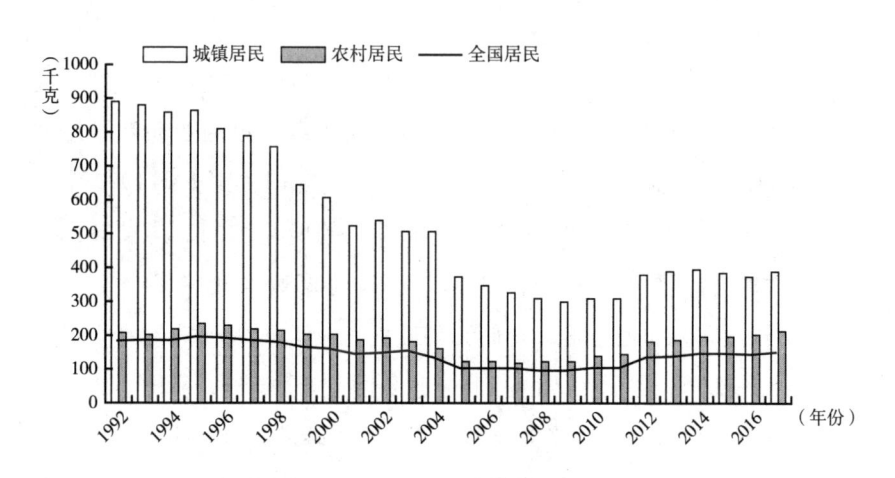

图 5-2 人均居民生活直接二氧化碳排放量

与全国人均居民生活直接二氧化碳排放量相比,农村居民的人均生活直接二氧化碳排放水平与全国平均水平相当,同时城镇居民的人均生活直接二氧化碳排放量远远大于农村居民，不过两者的差距随着城镇人口的不断增加逐渐缩小。1992年每名城镇居民的年均生活直接二氧化碳排放量相当于同期4.26名农村居民的年均生活直接二氧化碳排放水平，2014年相当于2.01名农村居民，2015年与2016年略有下降，但2008年开始反弹，2017年两者的差距不足2倍，仅为1.82名，即每个城镇居民的年均生活直接二氧化碳排放量相当于同期1.82名农村居民的年均生活直接排放水平。人均生活直接二氧化碳排放水平先下降、而后开始逐渐上升的趋势，反映出污染排放形势不容乐观，尤其是对于城镇居民而言，这一点与居民生活直接二氧化碳排放总量的变动趋势相符。

（三）居民生活直接二氧化碳排放总量所占比重的变动

1. 居民生活直接二氧化碳排放总量占终端能源消费二氧化碳排放总量的比重

下面从比重方面考察居民生活直接二氧化碳排放的变动趋势。为了方便比较分析，将73个生产部门合并为6个行业，分别为农林牧副渔业，工业，建筑业，交通运输、仓储和邮政业，批发、零售业和住宿、餐饮业与其他行业。

全社会终端能源消费的二氧化碳排放量呈现增加趋势，各个部门直接排放量的变化与总量相似，不过不同部门所占比重的变动有所差别（见图5-3）。工业始终是二氧化碳排放的主要部门，比重由1992年的75.5%上升到2017年的88.82%。交通部门的能耗增加，其直接二氧化碳排放所占比重由1992年的3.52%上升到2017年的4.64%，并且在2011年之后，交通运输、仓储和邮政业直接二氧化碳排放的比重首次超过居民部门，居于第2位。相对于工业与交通部门，居民生活直接二氧化碳排放量占全社会终端能源消费二氧化碳排放总量的比重逐年下降，由1992年的14.34%下降到2017年的3.57%。2011年以前居民部门是次于工业部门的直接二氧化碳排放第二大来源，2011年后下降到第3位。农业，建筑业，批发、零售业和住宿、餐饮业与其他行业的直接二氧化碳排放略微下降。

各部门直接二氧化碳排放量以及相应比重的变动趋势，一方面说明居民生活直接二氧化碳排放量不容忽视，需要进一步推动居民部门的节能减排的工作；另一方面表明中国节能减排工作的重点仍在生产部门，尤其是工业与交通等高能耗部门。

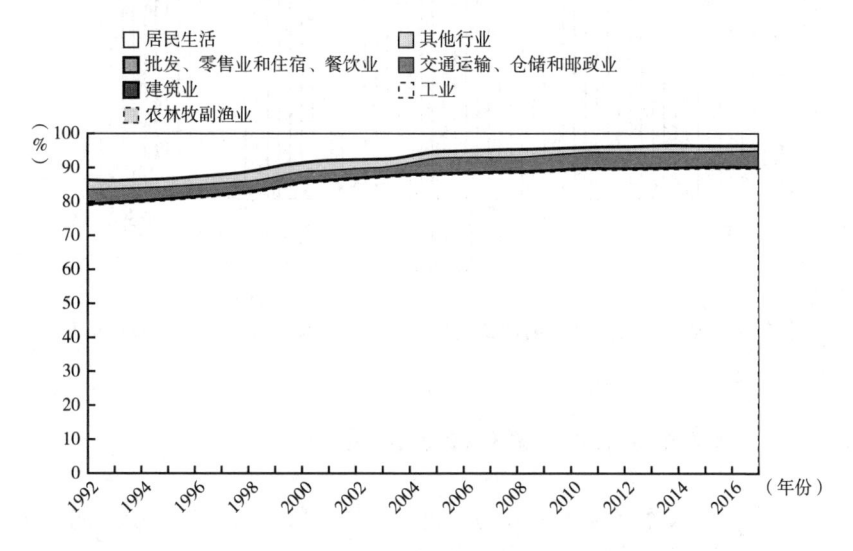

图 5-3　各部门直接二氧化碳排放总量占终端能源消费二氧化碳排放总量的比重

2. 居民生活直接二氧化碳排放总量占其完全二氧化碳排放量的比重

居民生活直接二氧化碳排放量的增长速度低于间接二氧化碳排放，虽然总量是上升的，但占居民生活完全二氧化碳排放量的比重整体上是逐年下降的（见图5-4），由1992年的13.43%下降到2017年的3.85%。同时城镇和农村居民生活直接二氧化碳排放占各自完全排放的比重与全国平均水平方向是一致的，但比重大小有所不同。其中，农村居民直接排放占农村居民完全排放的比重高于全国平均水平，比重由1992年的9.65%降低到2017年的4.1%；城镇居民直接排放占其完全排放的比重由19.24%下降到3.95%，逐渐超过平均水平。

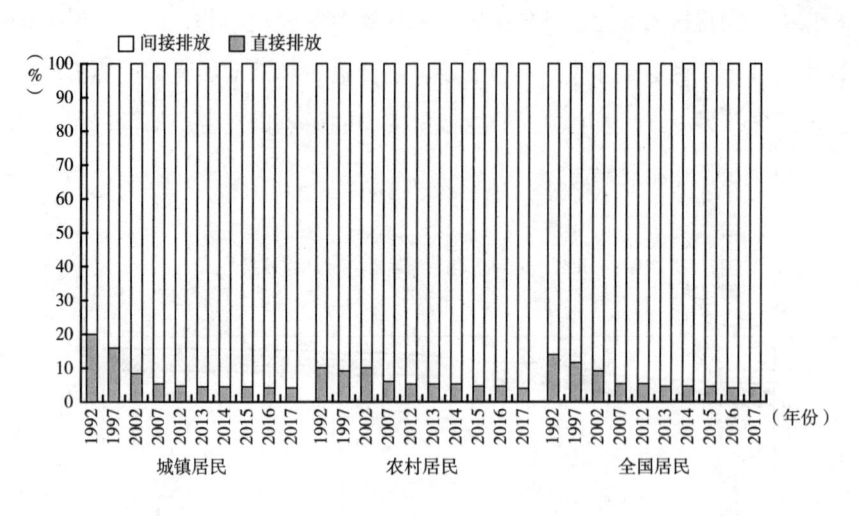

图 5-4 居民生活直接与间接二氧化碳排放占其完全二氧化碳排放的比重

二 居民消费载能二氧化碳排放

为满足居民消费需求造成的二氧化碳排放就是居民生活引起的间接二氧化碳排放，也可称为居民消费载能二氧化碳排放。下文分别从居民消费载能二氧化碳排放总量、居民消费项目载能二氧化碳排放以及居民消费间接二氧化碳排放结构三个方面，对居民消费载能二氧化碳排放特征进行分析。

(一) 居民消费载能二氧化碳排放总量

如图 5-5 所示，不同于居民生活直接二氧化碳排放总量先下降后逐渐上升的变动趋势，居民消费载能二氧化碳排放总量呈现波动式快速增长的态势，1992 年排放总量为 6.478 亿吨，2017 年上升到 24.84 亿吨，这与工业、交通等部门直接二氧化碳排放量逐年增加相对应，表明居民消费的产品多属于高能耗、高排放。

城镇与农村居民消费载能二氧化碳排放量的变动态势与全国居民平均水平趋势一致，两者的关系呈现阶段性不同。1992~1998 年农村居民消费载能二氧化碳排放量大于城镇居民，1999 年开始两者发生逆转，城镇居民消费载能二氧化碳排放量大于农村居民,而且两者的差距越来越大。这一方面反映出城镇与农村居民消费呈现"二元扩大型"差距,另一方面反映出城镇居民消费载能二氧化碳排放的外部性一部分转嫁给农村居民,体现出城镇与农村居民在二氧化碳排放方面存在不均衡现象。

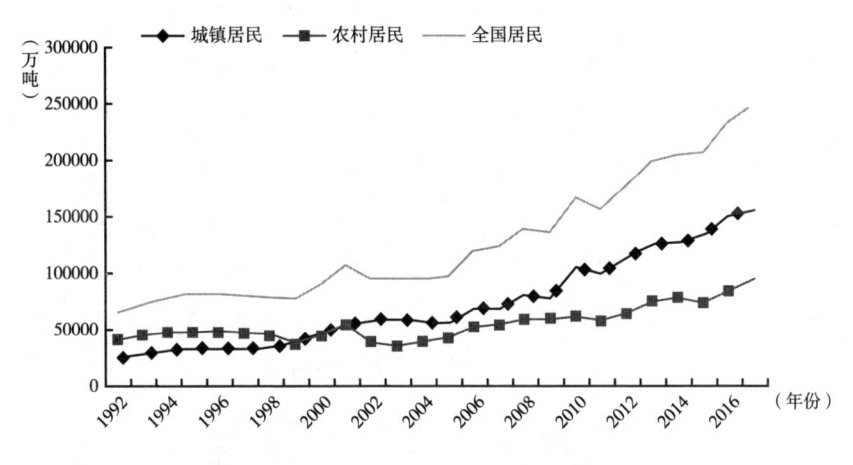

图 5-5 居民消费载能二氧化碳排放量

(二) 居民消费项目载能二氧化碳排放

居民生活间接二氧化碳排放是由满足居民消费的部门所排放的,与居民消费结构密切相关,居民消费结构中不同项目的载能二氧化碳排放总量都是逐渐增加的。其中居住类消费间接二氧化碳排放总量是消费项目中最大的,增长速度最快。一方面由于能源行业属于高排放,尤其是以煤炭为原料的部门二氧化碳排放量巨大;另一方面建筑能耗大幅度增加,造成的二氧化碳排放量随之上升。其次为食品类消费载能二氧化碳排放,因为食品消费属于高频率支出,在居民消费中的比重仍然很大。家庭设备用品及服务类消费载能二氧化碳排放量略低于食品类消费,这类消费对应的部门属于高能耗、高排放行业。随着娱乐教育娱乐用品及服务类消费总量不断增加,相应的载能二氧化碳排放量逐年增加,不过排放量低于前几项消费。其他消费项目的载能二氧化碳排放量较少,其中交通和通信类、医疗保健类消费的载能二氧化碳排放量大于衣着类消费。

从比重看，如图 5-6 所示，居民消费项目载能二氧化碳排放呈现两种变动方向，一种是逐渐上升，另一种是逐渐下降。其中，上升幅度最大的是水电燃料及其他，由 1992 年的 37.2% 上升到 2017 年的 61.3%；其次为通信与交通消费，比重分别由 1992 年的 0.16%、2.81% 上升到 2017 年的 4.09%、5.71%；娱乐教育文化用品及服务类消费间接排放的二氧化碳所占比重约上升 2 个百分点，2017 年的比重为 10% 左右；医疗保健类消费间接二氧化碳排放量所占比重仅上升了 1 个百分点左右。下降幅度较大的是食品类消费，由 1992 年的 27.66% 下降到 2017 年的 6.79%；其次为家庭设备用品及服务类消费，比重由 1992 年的 18.52% 下降到 2017 年的 9.91%；衣着类消费间接二氧化碳排放量比重从 1992 年到 2017 年降低了 4 个百分点。

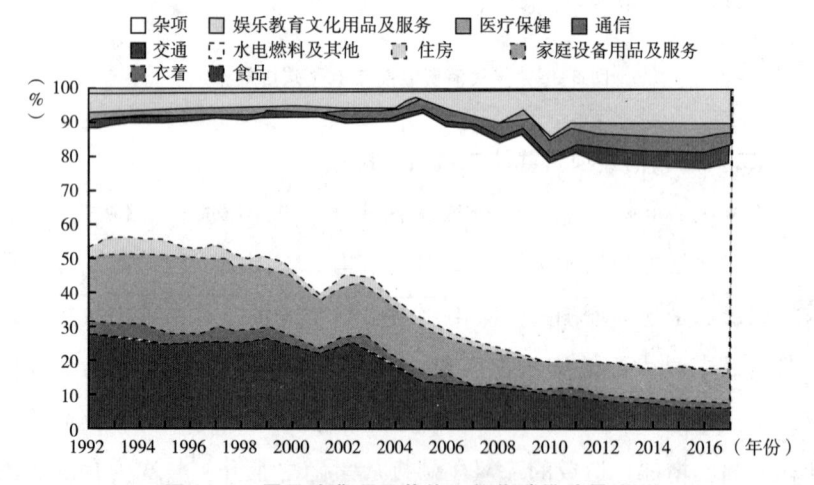

图 5-6 居民消费项目载能二氧化碳排放量比重

城镇与农村居民消费项目载能二氧化碳排放与全国居民消费项目载能二氧化碳排放的变动趋势一致，不同在于消费项目载能二氧化碳排放的总量与比重。其中，农村居民居住类消费载能二氧化碳排放量比重高于城镇居民与全国居民的平均水平，2013 年以后达到 80% 以上，主要是因为随着农村居民居住条件的改善，居住类消费增加，所造成的二氧化碳排放量也随之大幅度增加，不过总量仍然低于城镇居民。

从居民消费项目载能二氧化碳排放量与比重的变动看，居民消费项目中，居住类属于高二氧化碳排放项目，即属于二氧化碳密集型消费，食品类、家庭设备用品及服务类与娱乐教育文化用品及服务类属于中高等二氧化碳排放项目，交通类、通信类与医疗保健类属于中等二氧化碳排放项目，衣着类属于较低二氧化碳排放项目。

三 居民生活完全二氧化碳排放

从居民生活直接二氧化碳排放与间接二氧化碳排放占居民生活完全二氧化碳排放比重来看，中国居民生活完全二氧化碳排放量的变动趋势由受直接与间接排放共同影响向主要受间接排放影响转变，整体呈现快速增加的变动趋势，完全二氧化碳排放总量由1992年的10.34亿吨增加到2017年的28.88亿吨。

最终需求间接二氧化碳排放总量与居民生活直接二氧化碳排放量的合计等于全社会终端能源消费二氧化碳排放总量，下文根据占比分析各项最终需求造成的二氧化碳排放的变动。

从绝对值上看，如图5-7所示，除了居民部门的完全二氧化碳排放外，资本形成、政府消费与净出口的间接二氧化碳排放量在全社会二氧化碳排放总量中的比重绝对值整体上是逐渐上升的[1]，比重分别由1992年的48.52%、18.22%与-5.15%上升到2017年的64.81%、27.98%与-18.31%；而居民生活完全二氧化碳排放比重由1992年的38.4%下降到2017年的25.52%。这是因为政府加大投资，能源消费也大量增加，其所引起的二氧化碳排放量也是巨大的，这与生产部门直接二氧化碳排放量大幅度增加是相对应的。这里要说明的是，在中国国际贸易逐渐转变为顺差时，最终需求间接二氧化碳排放中净出口的二氧化碳排放是负值，属于"二氧化碳净流入"，表明中国进口贸易格局与

---

[1] 按照比重的绝对值来看。

结构不利于中国整体的节能减排，需要调整进口商品结构，加强进口贸易监管，逐步向低耗能、低排放的进口贸易方向转变。

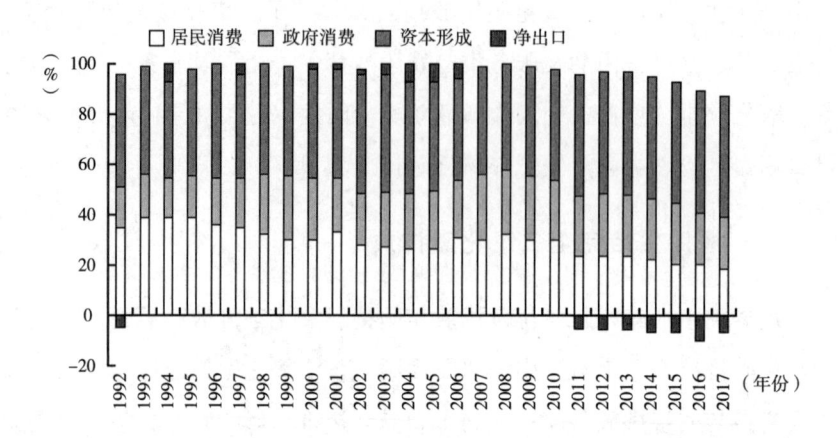

图 5-7　最终需求二氧化碳排放占全社会二氧化碳排放总量的比重

从居民生活直接、间接与完全二氧化碳排放总量与相应的比重变动来看，居民生活二氧化碳排放总量是很大的，并且在未来相当长的时期内，在中国不断刺激居民消费、启动内需拉动经济发展的政策下，居民生活直接二氧化碳排放与居民消费载能二氧化碳排放量持续增加的趋势是不可避免的。从居民消费的角度来看，反映出中国节能减排的空间是很大的。

从居民部门着手开展节能减排工作，除了要分析居民生活二氧化碳排放量的特征，还必须知道影响居民消费二氧化碳排放的因素有哪些以及如何影响？下文将对居民生活二氧化碳直接排放与间接排放的影响因素进行分析。

第三节　居民生活直接二氧化碳排放计量

以往文献常基于 Kaya 恒等式对居民生活二氧化碳排放进行分析，根据 Kaya 恒等式对居民生活二氧化碳排放的影响因素进行分解：

$$CO_2 = \frac{CO_2}{Y_H} \times \frac{Y_H}{R} \times \frac{R}{P} \times P \tag{5-2}$$

式（5-2）右侧分别为居民消费二氧化碳排放强度、平均消费倾向、人均收入、人口规模。其中居民消费二氧化碳排放强度根据二氧化碳排放量的计算公式进一步分解为二氧化碳排放系数与居民消费能耗强度，式（5-2）变形为：

$$CO_2 = \frac{CO_2}{E} \times \frac{E}{Y_H} \times \frac{Y_H}{R} \times \frac{R}{P} \times P \tag{5-3}$$

为深入考察家庭规模对居民生活二氧化碳排放量的影响，将人口数进一步分解为户数与平均家庭规模，这样式（5-3）与居民生活用能的分解方式相同。根据第四章对居民生活用能的详细分解分析，可以得出结论：无论是对居民生活直接二氧化碳排放而言还是对居民消费载能二氧化碳排放而言，分解的影响因素中，起增加效应的是人均收入、户数与居民消费结构；起降低效应的因素是居民消费能耗强度、居民消费二氧化碳排放强度、平均消费倾向与平均家庭规模。这些影响因素中，人均收入的增加效应最大，居民消费能耗强度或居民消费二氧化碳排放强度的降低效应最大。为了分析因变量与自变量的长期函数关系以及不同影响因素的差异，本节不再采用因素分解的方式进行分析，而是分别根据研究对象对 STIRPAT 模型进行修正与扩展，对居民生活二氧化碳的影响因素进行模型量化，同时也可验证上述结论的可靠性。

一　修正的 STIRPAT 模型

（一）模型介绍

STIRPAT 模型由 Dietz 等人（1994）提出，基于 IPAT 的随机形式：

$$I = \alpha P^\lambda A^\gamma T^\beta \varepsilon \tag{5-4}$$

根据式（5-2），上式可变形为：

$$CO_2^d = \alpha P^\lambda (AY_H)^\gamma (CY_H^d)^\beta \varepsilon \tag{5-5}$$

AY_H 表示人均消费水平；CY_H^d 表示居民消费二氧化碳排放强度。居民消费水平提高主要是因为居民收入增加，为了明确收入与居民生活二氧化碳排放的确切数量关系，根据收入水平对式（5-5）进行修正，变形为：

$$CO_2^d = \alpha P^\lambda (AR)^\gamma (CY_H^d)^\beta \varepsilon \qquad (5-6)$$

对上式两边求对数，得到：

$$\ln(CO_2) = \ln\alpha + \beta\ln(CY_H^d) + \gamma\ln(AR) + \lambda\ln(P) + \ln\varepsilon \qquad (5-7)$$

（二）拟合模型

在分析全国居民、城镇居民与农村居民生活直接二氧化碳排放的影响因素时，全国居民生活直接二氧化碳排放考虑城镇与农村居民的排放差距，城镇与农村居民生活直接二氧化碳排放总量相比作为第 4 个影响因素。基于修正的 STIRPAT 模型的全国居民、城镇居民与农村居民生活直接二氧化碳排放量的估计模型分别是：

$$\begin{aligned}
\ln(CO_2^d)_{全国 t} &= \alpha_1 + \beta_1\ln(CY_H)_{全国 t} + \beta_2\ln(AR)_{全国 t} + \beta_3\ln(P)_{全国 t} \\
&\quad + \beta_4\ln(UC^d) + \varepsilon_{1t} \\
\ln(CO_2^d)_{城镇 t} &= \alpha_2 + \beta_5\ln(CY_H)_{城镇 t} + \beta_6\ln(AR)_{城镇 t} + \beta_7\ln(P)_{城镇 t} + \varepsilon_{2t} \\
\ln(CO_2^d)_{农村 t} &= \alpha_3 + \beta_8\ln(CY_H)_{农村 t} + \beta_9\ln(AR)_{农村 t} + \beta_{10}\ln(P)_{农村 t} + \varepsilon_{3t}
\end{aligned}$$
$$(5-8)$$

通过修正的 STIRPAT 模型分析居民生活直接二氧化碳排放的影响因素分别为人口规模、人均收入、居民二氧化碳直接排放强度和城镇与农村居民生活直接二氧化碳排放差距。UC^d 表示城镇与农村居民生活直接二氧化碳排放差距，等于城镇与农村居民直接二氧化碳排放总量相比。

（三）理论假定

各个因素的变动与影响方向应该符合以下假定。其一，居民人均收入随着经济发展有所提高，影响居民消费水平，进而引起居民生活直接二氧化碳排放随之增加。因此其他因素不变，仅仅由收入引起的居民生活直接二氧化碳排放量的变动理应与人均收入的变动方向一致,换言之,居民收入对居民生活二氧化碳排放呈现显著的增加效应。其二,人数越多,意味着用能人数越多,居民生活引起的二氧化碳排放量也会随之增加。其他因素不变,人口规模对居民生活直接二氧化碳量排放起增加效应。其三,直接或间接排放强度理论上数值越小越好。排放强度越小,意味着居民生活能源利用效率越高,居民部门节能减排的成效越好越有利于二氧化碳排放量的减少;而排放强度提高,引起排放量增加。居民消费二氧化碳排放强度呈现逐渐下降的变动趋势,该因素的变动对居民生活直接二氧化碳起明显的降低效应。其四,城镇与农村居民生活直接二氧化碳排放差距在一定程度上反映出城镇与农村居民的消费差异,两者的差距扩大不利于整体居民生活水平的提高。

二 模型估计与检验

所有变量属于一阶单整序列;对回归残差做平稳性检验,残差在1%的显著水平下为平稳序列,说明居民消费直接二氧化碳排放强度、人均收入和人口规模与居民生活直接二氧化碳排放量存在长期均衡关系。为消除变量间的多重共线性,利用 SPSS 软件做岭回归估计,则城镇居民与农村居民直接二氧化碳排放回归模型的残差序列分别存在一阶与二阶序列相关,采取 AR(1)与 AR(2)修正模型中的序列相关性,得到最终的回归模型:

$$\ln(CO_2^d)_{\text{全国}t} = -13.043 + 0.984\ln(CY_H)_{\text{全国}t} + 0.785\ln(AR)_{\text{全国}t} +$$
$$(-3.779) \quad (34.298) \quad (28.155)$$
$$1.414\ln(P)_{\text{全国}t} + 0.199\ln(UC) + \varepsilon_{1t}$$
$$(4.99) \quad (2.992)$$
$$R^2 = 0.9919, F\text{-}statistics = 650.4283, \text{Prob}(F\text{-}statistics) = 0.000000$$

$$(5-9)$$

$$\ln(CO_2^d)_{\text{城镇}t} = -7.910 + 0.905\ln(CY_H)_{\text{城镇}t} + 0.573\ln(AR)_{\text{城镇}t}$$
$$(-3.145) \quad (13.646) \quad (3.951)$$
$$+ 1.186\ln(P)_{\text{城镇}t} + \varepsilon_{2t}$$
$$(3.764)$$

$$\hat{\varepsilon}_{2t} = 0.712\hat{\varepsilon}_{2t-1} + \mu_{2t}$$
$$(4.327)$$

$$R^2 = 0.9790, F-statistics = 240.4775, \text{Prob}(F-statistics) = 0.000000 \qquad (5-10)$$

$$\ln(CO_2^d)_{农村t} = -13.507 + 0.867\ln(CY_H)_{农村t} + 0.289\ln(AR)_{农村t}$$
$$(6.063) \quad (29.192) \qquad\qquad (6.589)$$
$$+ 0.621\ln(P)_{农村} + \varepsilon_{3t}$$
$$(-3.591)$$
$$\hat{\varepsilon}_{3t} = 0.702\hat{\varepsilon}_{3t-1} - 0.613\hat{\varepsilon}_{3t-2} + \mu_{3t}$$
$$(3.613) \quad (-3.315)$$

$$R^2 = 0.9938, F-statistics = 582.8455, \text{Prob}(F-statistics) = 0.000000 \qquad (5-11)$$

模型估计结果通过 F 检验，拟合优度较高；各个变量通过 T 检验，并且各个变量的系数符合经济学意义与拟合模型之间的理论假定，所以本小节的模型拟合是合理的，结果是可行的。

三 实证分析

（一）居民生活直接二氧化碳排放的影响因素

模型的结果显示，4 个自变量的变动方向与其引起排放量变动的方向一致。其中居民消费直接二氧化碳排放强度起显著的降低效应，人口规模与人均收入以及城镇与农村居民直接二氧化碳排放差距对二氧化碳排放总量呈现明显的增加效应。整体上，1992~2017 年，由于居民消费直接二氧化碳排放强度的降低效应与人口规模和人均收入的增加效应合计相互博弈，结果取决于影响效应的大小，居民生活直接二氧化碳排放总量呈现先增加、减少继而持续增加的趋势。尤其是 2011 年与 2012 年以后，居民消费直接二氧化碳排放强度的降低效应不抵人口规模与人均收入的增加效应合计，直接二氧化碳排放总量的增加速度不断加快，总量持续增加。

模型结果显示，人口规模的增加效应最大。人口增长 1%，引起居民生活直接二氧化碳排放总量增加 1.41%，表明人口因素是居民生活直接二氧化碳排放总量持续增加的重要原因。随着计划生育政策的稳步实施与国家相关政策的指导，平均家庭规模的下降使人口规模所起的部分增加效应递减，进而使人口因素对二氧化碳排放总量的影响程度逐渐降低。

居民生活直接二氧化碳排放强度所起的降低效应最大，略低于人口规模的增加效应。居民生活直接二氧化碳排放强度降低1%，引起居民生活直接二氧化碳排放总量减少0.91%，低于同比例变动，表明从居民部门着手，持续降低居民生活直接二氧化碳排放强度将是减少二氧化碳排放量很有效的措施。2009年之后，随着居民消费水平不断提高与居民生活二氧化碳排放量持续增加，居民生活直接二氧化碳排放强度的下降速度有所减缓，该因素所起的降低效应明显低于人口规模、人均收入和城镇与农村居民消费差距的增加效应之和，这就要求提高居民生活能源利用效率，降低二氧化碳直接排放强度，增强其对排放总量的降低效应。

人均收入对居民生活直接二氧化碳排放总量呈现明显的增加效应。居民收入提高1%，引起居民生活直接二氧化碳排放增加0.76%，影响程度略低于居民生活直接二氧化碳排放强度。理论上，居民人均收入会随着经济的发展不断提高，由收入引起的居民生活直接二氧化碳排放量也会随之不断增加。在居民生活水平与生活质量不断提高的情况下，为推动节能减排实现、可持续发展，应积极引导居民的消费方式向资源节约型、环境友好型的转型与发展。

城镇与农村居民生活直接二氧化碳排放的差距不断扩大引起全国居民生活直接二氧化碳排放总量增加。城镇与农村居民直接二氧化碳排放量差距扩大1%，引起全国居民生活直接二氧化碳排放总量增加0.2%，表明城镇与农村居民生活直接二氧化碳排放差距的扩大不利于居民生活直接二氧化碳排放总量的减少。并且随着经济发展与城镇化建设，城镇与农村居民生活直接二氧化碳排放的差距仍会扩大，而该因素对居民生活直接二氧化碳排放总量的影响效应也会相应有所加强。若要减少居民生活直接二氧化碳排放量，有必要缩小城乡差距，使其影响效应的方向发生逆转。

（二）城镇与农村居民的比较

同全国居民生活直接二氧化碳排放的拟合模型类似，分解的3个因素中，人口规模与人均可支配收入对城镇居民生活直接二氧化碳排放量呈现明显的增加效应，城镇居民生活直接二氧化碳排放强度起显著的降低效应。2011年以后，由于城镇居民人口规模与人均可支配收入的增加效应之和逐渐大于城镇居民生活直接二氧化碳排放强度的降低效应，城镇居民生活直接二氧化碳排放量持续增加，增速逐渐加快，但是在这之前，由于两种因素的影响效应相抵而呈现不同的变动趋势。

在整个样本期内，农村居民人均纯收入与直接二氧化碳排放强度对农村居民生活直接二氧化碳排放量的影响方向与城镇居民一致。但城镇与农村居民在人口规模的变动上存在差异，1992~2002年农村居民人口逐年增加，但随着城镇化建设，农民工大量进城以及人才流动等因素使农村居民人口从2003年开始逐渐下降，截至2017年农村人口与城镇人口的规模接近。由于农村人口规模变动的方向呈现前后两阶段转变，虽然人口规模变动与该因素引起的农村居民生活直接二氧化碳排放量的变动方向一致，但在前后两阶段，人口规模的影响效应发生逆转[①]，即1992~2002年呈现增加效应，2003~2017年起明显的降低效应。

各个因素对农村居民的影响程度低于城镇居民。城镇与农村居民生活直接二氧化碳排放强度各降低1%，分别引起城镇与农村居民生活直接二氧化碳排放量降低0.91%与0.87%。城镇居民人均可支配收入与

[①] 在构建农村居民生活直接二氧化碳排放模型时，本书尝试将农村人口在1985~1995年与1996~2010年设置一个虚拟变量，但结果显示，虚拟变量不显著，所以在书中没有另外说明这一点。之所以不显著，原因可能是虽然农村人口规模的变动前后有异，但该因素的变动与其引起农村居民生活直接二氧化碳排放量的变动方向一致，模型拟合的系数始终为正，则所设置的虚拟变量显示为不显著。

农村居民人均纯收入分别提高1%，分别引起城镇与农村居民生活直接二氧化碳排放量增加0.57%与0.29%。城镇人口增加1%，引起城镇居民生活直接二氧化碳排放量增加1.19%；农村人口变动1%，引起农村居民生活直接二氧化碳排放量变动0.629%。

第四节 居民生活间接二氧化碳排放计量

一 扩展的 STIRPAT 模型

（一）理论模型

居民消费间接二氧化碳排放主要由生产部门的生产技术水平与二氧化碳排放强度以及居民消费结构决定，为了深入分析居民消费项目载能二氧化碳排放的影响因素，分别对居民消费以及不同消费项目间接二氧化碳排放的影响因素进行分析。考虑城镇与农村居民消费载能二氧化碳排放的差距，对 STIRPAT 模型进行扩展，则居民消费项目载能二氧化碳排放的拟合模型为：

$$CO_{2t}^{ind} = \alpha P_t^{\lambda} (AY_H)_t^{\gamma} (CY_H^{ind})_t^{\beta} (UC^{ind})_t^{\eta} \varepsilon_t \quad (5-12)$$

不同消费项目载能二氧化碳排放的拟合模型为：

$$CO_{2it}^{ind} = \alpha_i P_t^{\lambda_i} (AY_{Hi})_t^{\lambda_i} (CY_{Hi}^{ind})_t^{\beta_i} (UC_i^{ind})_t^{\eta_i} \varepsilon_{it} \quad (5-13)$$

i 为消费项目，分别为食品类、衣着类、家庭设备用品及服务类、住房、水电燃料及其他、交通类、通信类、医疗保健类、娱乐教育文化用品及服务类与杂项消费支出。AY_H、CY_H 与 UC 分别为居民消费载能二氧化碳排放强度、人均消费水平、城镇与农村居民生活间接二氧化碳排放差距。

（二）理论假定

基于扩展的 STIRPAT 模型对居民消费载能二氧化碳排放的影响因素进行分析，影响因素分别为居民消费对应的生产部门的二氧化碳排放强度、人均消费水平、人口规模以及城乡居民间接二氧化碳排放差距，各个自变量的变动与影响效应满足相应的假定。

1. *居民消费载能二氧化碳排放强度*

根据第一章居民消费二氧化碳排放核算模型的推导可知，居民消费间接二氧化碳排放强度与相对应的生产部门的二氧化碳排放强度一致。根据式（5-3）可知，二氧化碳排放强度等于能耗强度乘以二氧化碳排放系数，由于各种能源的二氧化碳排放系数常被视为不变，则可认为居民消费载能二氧化碳排放强度由生产部门的生产技术水平与能耗强度决定。与能耗强度的变动及其影响效应一致，居民消费间接二氧化碳排放强度的变动与该因素引起的居民消费间接二氧化碳排放的变动方向一致。从节能减排的角度出发，生产部门能耗强度越低，表明能源利用效率越高，二氧化碳排放量越少。换言之，居民消费载能二氧化碳排放强度越低，越有利于居民部门节能减排工作的进行。

2. *人均消费水平*

凯恩斯的绝对收入理论、杜森贝里的相对收入假说、弗里德曼的永久收入理论的主要共同点之一是消费与收入密切相关。由人均消费水平与人均收入关系可知，人均消费可分解为平均消费倾向与人均收入，所以人均消费水平对居民生活间接二氧化碳排放的影响效应由两者的影响效应共同决定。从整体上与平均上看，平均消费倾向呈现持续走低的趋势（但对于不同的消费项目存在差异），当人均收入对居民生活间接二氧化碳排放的增加效应大于平均消费倾向所产生的降低效应时，人均消费水平呈现逐渐提高的趋势，对居民间接二氧化碳排放呈现增加效应；反之人均消费水平不断降低，对居民间接二氧化碳排放呈现降低效应。不管影响效应的方向是增加还是降低，有一点很明确，即人均消费水平的变动与其引起的居民消费载能二氧化碳变动的方向一致。

3. *人口规模*

人数越多，意味着用能越多，则排放的二氧化碳随之增多。因此随着人口规模增加，其引起的居民消费间接二氧化碳排放也会随之增加，两者变动的方向也是一致的。

4. 城乡居民生活间接二氧化碳排放差距

城镇与农村居民生活间接二氧化碳排放差距主要是城镇与农村居民的消费水平差异造成的。从人均消费水平的角度看，随着可支配收入增加，城镇居民人均消费水平提高；农村居民的消费相对不足，人均消费水平呈现逐渐降低的趋势，因此城镇与农村居民的消费差距越来越大。当城镇居民人均消费水平对居民生活间接二氧化碳排放起的增加效应大于农村居民人均消费水平对居民生活间接二氧化碳排放所起的降低效应时，城镇与农村居民消费差距的扩大不利于整体上居民部门的节能减排；若城镇居民所起的增加效应低于农村居民所起的降低效应时，城镇与农村居民间接二氧化碳排放差距可能不会引起居民消费载能二氧化碳排放量增加，但这种情况不利于扩大内需以刺激经济发展。

二 模型估计与检验

对各变量取对数进行估计，进行平稳性检验，结果表明各变量不是平稳序列，但服从一阶单整；对模型估计结果的残差进行单位根检验，表明各变量之间存在长期的均衡协整关系。各个模型拟合的结果如表5-1所示，各变量通过经济学与统计学检验，相应的模型估计拟合优度较高，并且拟合结果符合理论假定，表明模型的拟合是可行的。

表5-1 基于扩展STIRPAT的居民消费载能二氧化碳排放模型的拟合结果

消费项目	$\ln(CY_H^{ind})$	$\ln(AY_H)$	$\ln(P)$	$\ln(UC^{ind})$	α	R^2
居民消费	0.932 10.9591	0.638 7.7549	0.8135 5.5486	0.234 4.007	-1.779 3.1236	0.9979
食品类	0.7754 10.3392	0.364 -3.1519	3.0162 8.7769	0.1033 2.3922	-29.0297 -6.637	0.906

续表

消费项目	$\ln(CY_H^{ind})$	$\ln(AY_H)$	$\ln(P)$	$\ln(UC^{ind})$	α	R^2
衣着类	0.9851 7.4178	1.1735 13.538	19.3821 2.3197	0.046 2.545	-23.0952 2.392	0.9946
家庭设备用品及服务类	0.8732 9.6458	0.9901 15.7463	3.2201 -2.7094	0.0318 2.8596	-24.5718 15.223	0.9826
住房	0.1853 2.0946	0.5702 4.6841	3.1273 2.1861	0.0297 -4.2154	-24.5718 -1.7046	0.9322
水电燃料及其他	0.3412 2.5303	0.384 -2.1944	9.813 15.5848	0.0295 -7.239	-29.989 -14.8873	0.9858
交通类	0.8193 4.2812	1.6435 14.9873	4.405 2.8203	0.0894 -2.1504	-42.5069 2.082	0.9906
通信类	1.4311 4.3586	1.1775 9.376	5.2589 1.6942	0.3776 2.2498	-56.5335 2.0821	0.9943
医疗保健类	1.413 12.1369	1.223 9.0351	8.989 17.3612	0.043 16.404	-31.819 2.082	0.9963
娱乐教育文化用品及服务类	0.8526 15.1315	0.8058 3.6105	7.1453 7.7093	0.4336 -6.657	-79.7894 2.082	0.9913
杂项	0.7526 10.9591	0.7112 5.5485	8.0118 6.217	0.098 4.007	-91.19 3.1236	0.9979

注：表中各消费项目下一列为模型估计中的 t 值。

三 实证分析

（一）全国居民消费载能二氧化碳排放的影响因素

基于扩展的 STIRPAT 模型对居民消费间接二氧化碳排放进行计量分析，结果表明，居民消费载能二氧化碳排放强度对居民消费间接二氧化碳排放呈现显著的降低效应，在4个因素中影响程度最大，但不抵人均消费水平、人口规模和城镇与农村居民生活间接二氧化碳排放差距对居民消费间接二氧化碳排放所起的增加效应合计，因此居民生活间接二氧化碳排放量呈现与居民生活直接二氧化碳排放不同的变动趋势，即持续增加。下面按照弹性从高到低分别进行分析。

1. 居民消费载能二氧化碳排放强度

1992~2017年，居民消费载能二氧化碳排放强度逐渐下降，表明在二氧化碳排放系数不变的情况下，生产部门二氧化碳排放强度与能耗强度有所降低，反映出生产部门的能源利用效率有所提高，有利于生产部门与居民部门的节能减排。模型估计结果显示，生产部门的二氧化碳排放强度降低1%，引起居民消费载能二氧化碳排放量降低0.93%，反映出生产部门能源利用效率的提高有利于中国节能减排工作的开展与推进。同时，居民应该积极践行可持续消费、节能低碳消费理念，消费节能低碳型产品，推动生产部门生产出既满足居民消费需求，又属于资源节约型、环境友好型的产品。

2. 人口规模

拟合的模型结果显示，人口增长1%，引起居民生活间接二氧化碳排放量增加0.81%，反映出在中国人口规模增速逐渐变缓的背景下，人口因素依然是引起居民消费载能二氧化碳排放增加的重要因素。但对于农村居民而言，人口规模因素对居民消费载能二氧化碳排放的影响方向在2003年前后有所差别，2003年之后农村整体人口规模有所下降，人口规模因素逐渐呈现降低效应。整体上人口规模对居民消费载能二氧化碳排放的增加效应源于城镇人口规模所起的增加效应大于农村人口所起的降低效应。

3. 人均消费水平

1992～2017年，居民实际人均消费水平逐渐下降，对居民载能二氧化碳排放呈现明显的降低效应，表明人均收入增加对居民消费载能二氧化碳排放所起的增加效应不抵因平均消费倾向下降而呈现的降低效应。模型估计的结果显示，居民人均消费水平下降1%，则引起居民消费载能二氧化碳排放量降低0.64%。从节能减排的角度看，人均消费水平呈现的降低效应有利于居民生活减少相应的污染排放；但从经济发展与居民效用的角度看，平均消费倾向下降不利于扩大内需以刺激经济发展与提高居民生活质量。从长远的角度考虑，居民人均消费水平降低的趋势会有所转变，其影响效应由降低效应逐渐转变为增加效应，而后逐渐再次转向降低效应。

4. 城镇与农村居民生活间接二氧化碳排放差距

整体上，1992~2017年，城镇与农村居民生活间接二氧化碳排放量差距呈现波动性扩大的趋势，对居民消费载能二氧化碳排放起增加效应，与前3个影响因素相比，影响程度较小。模型结果显示，城镇与农村居民生活间接二氧化碳排放差距扩大1%，则引起居民消费载能二氧化碳排放量提高0.21%，大于城乡居民生活直接二氧化碳排放差距对居民直接二氧化碳排放量的影响效应，表明城乡居民生活二氧化碳排放差距扩大不利于节能减排工作的推进，需要进一步缩小城乡差距。

（二）居民消费项目载能二氧化碳排放的影响因素

居民消费项目载能二氧化碳排放的影响因素中，居民消费载能二氧化碳排放强度、人口规模与城乡居民生活间接二氧化碳排放差距对各消费项目间接二氧化碳排放的影响效应一致。但不同消费项目的人均消费水平对居民消费间接二氧化碳排放的影响方向因自变量变动不同而有所不同，大体分成两类。一是居民衣、食、住方面消费，即食品类、衣着类、居住类、医疗保健类与杂项消费，这几项人均消费水平呈现逐渐下降的变动趋势。主要是因为这几类大多属于基本生活需求消费，弹性较小，居民消费的增长速度慢于人口规模的增长，对相应居民消费项目载能二氧化碳排放的影响呈现降低效应。二是行、用方面或发展型的消费，即家庭设备用品及服务类、交通和通信类、娱乐教育文化用品及服务类消费。随着收入不断提高，居民家庭在耐用消费品与教育、文化、娱乐方面的消费支出大幅度增加，尤其是中高收入人群更倾向于中高档消费，这几类消费项目的人均消费水平逐渐提高，对相应的居民生活间接二氧化碳排放的影响效应是增加的。

1. 人均消费水平下降的消费支出项目

模型估计结果显示，居民食品类与衣着类消费载能二氧化碳排放的影响因素中，食品类与衣着类消费载能二氧化碳排放强度皆呈现显著的降低效应。与居民食品类和衣着类消费有关的生产部门二氧化碳排放强度，比如食品制造业与服装制造业的二氧化碳排放强度下降

1%，分别引起居民食品类与衣着类消费载能二氧化碳排放降低0.78%与0.98%。人均食品类消费与衣着类消费水平下降1%，分别引起居民食品类与衣着类消费载能二氧化碳排放减少0.36%与1.17%。与前两项影响因素不同，人均规模和城镇与农村居民食品类及衣着类消费差距对食品类、衣着类消费间接二氧化碳排放起增加效应。两种影响方向相抵后，降低效应大于增加效应，因此1992~2017年居民食品类与衣着类消费载能二氧化碳排放量皆呈现波动式下降趋势，分别由1992年的17918.44万吨与2915.32万吨逐渐减少到2017年的16880.06万吨与1293.35万吨。

居住类与医疗保健类消费载能二氧化碳排放的变动趋势与食品类、衣着类不同，两者皆呈现上升的变动趋势，其中居住类消费载能二氧化碳排放的增长速度快于医疗保健类消费。4个影响因素中，人均消费水平呈现显著的降低效应；人口规模与城乡消费差距呈现增加效应；居住类消费和医疗保健类消费载能二氧化碳排放强度的变动方向与食品类、衣着类消费不同，即逐渐上升，反映出能源产品部门的二氧化碳排放强度很高。人口规模增长1%，分别引起居民住房、水电燃料及其他与医疗保健类消费载能二氧化碳排放增加3.12%、9.98%与8.98%，其影响效应最大。人均居住类与医疗保健类消费水平下降1%，分别引起居住、水电燃料及其他与医疗保健类消费载能二氧化碳排放总量下降0.57%、0.38%与1.23%。城乡居民消费差距扩大1%，分别引起居住、水电燃料及其他与医疗保健类消费载能二氧化碳排放总量增加0.22%、0.29%与0.04%，影响效应不是很明显。居住类消费载能二氧化碳排放强度上升1%，分别引起住房、水电燃料及其他载能二氧化碳排放总量增加0.18%与0.34%；医疗保健类载能二氧化碳排放强度下降1%，引起医疗保健类载能二氧化碳排放总量降低1.41%。居住类消费载能二氧化碳排放中，人口规模、载能二氧化碳排放强度和城镇与农村居民居住类消费差距所起的增加效应合计大于人均居住类消费水平下降所起的降低效应，因此其总量是增加的；医疗保健类消费载能二氧化碳排放中，人口规模与城乡消费差距的增加效应之和大于医疗保健类载能二氧化碳排放强度与人均消费水平下降的降低效应，因此其总量也是上升的。

2. 消费水平上升的消费支出项目

模型估计显示，1992~2017年家庭设备用品及服务类消费载能二氧化碳排放呈现波动式上升的变动趋势，主要是因为人口规模、人均家庭设备用品及服务类消费水平与城乡消费差距所起的增加效应大于家庭设备用品及服务类消费的相关行业生产用能二氧化碳排放强度所起的降低效应。前3个因素分别上升1%，分别引起家庭设备用品及服务类消费载能二氧化碳排放量上升3.22%、0.99%与0.03%；相关行业生产用能二氧化碳排放强度下降1%，引起家庭设备用品及服务类消费载能二氧化碳排放总量降低0.87%。两种作用方向相抵后，产生增加效应，一方面表明居民家庭设备用品及服务类消费支出大幅度增加，另一方面反映出行业部门需进一步提高生产技术水平与能源利用效率，降低其二氧化碳排放强度。

与家庭设备用品及服务类消费载能二氧化碳排放的变动趋势相比，交通和通信类消费载能二氧化碳排放量呈现增速高于前者的增长趋势。主要是因为居民交通消费尤其是家庭汽车消费带动汽车生产快速增加，汽车生产与消费过程属于高能耗、高排放；通信类产品的生产过程同样需要消耗大量的能源，因而排放出大量的二氧化碳。估计结果显示，人均交通类与通信类消费水平提高1%，分别引起居民交通类与通信类消费载能二氧化碳排放量提高1.64%与1.17%。人口增加1%，分别引起交通类与通信类载能二氧化碳排放上升4.40%与5.25%。城镇与农村居民的交通类和通信类消费差距扩大1%，分别引起载能二氧化碳总量上升0.08%与0.37%。城镇与农村居民交通类消费差距的影响效应小于通信类消费差距，主要是因为私家车属于高档消费，对收入要求高；通信类与之相比，随着通信技术更新换代周期的缩短以及相关电子产品价格大幅度降低，电子产品的普及率大幅度提高，因此通信类影响效应的弹性较高；交通类与通信类消费载能二氧化碳排放强度下降1%，分别引起载能二氧化碳排放量降低0.81%与1.43%。从未来的走势看，随着收入的不断提高，居民交通类与通信类消费载能二氧化碳排放量会随之增加。对于居民消费而言，应该积极选择节能环保的交通类与通信类产品，比如出行尽量多乘坐公共交通工具，购买汽车时选择小排量、环保类车型等，尽量减少居民交通和通信类消费载能二氧化碳排放。

与交通和通信类消费载能二氧化碳排放持续增加的趋势不同，居民娱乐教育文化用品及服务类消费载能二氧化碳排放量呈现增速由缓慢逐渐加快的上升模式。模型显示，人口规模、人均娱乐教育文化用品及服务类消费水平和城镇与农村居民娱乐教育文化用品及服务类消费差距呈现显著的增加效应，增加1%，分别引起娱乐教育文化用品及服务类消费载能二氧化碳排放量增加7.14%、0.80%与0.43%；间接二氧化碳排放强度下降1%，引起娱乐教育文化用品及服务类载能二氧化碳排放量降低0.85%。从变动趋势看，居民娱乐教育文化用品及服务类消费会持续增加，其载能二氧化碳排放随之继续增加的态势在所难免，要倡导居民积极采取节能、低碳的消费模式，比如低碳旅游、低碳教育、电子化阅读等，尽可能减少二氧化碳排放。

第五节　居民消费结构对居民消费碳排放系数的阈值协整效应[①]

随着居民收入逐步增加与生活质量不断提高，居民生活引起的碳排放会越来越多。在国家积极探索以内需拉动国民经济发展的同时，有效地降低居民部门对资源环境的影响，是中国实现可持续发展、可持续消费的重要方面。促使居民生活碳排放减少的主要因素有居民消费碳排放

---

① 本节内容曾发表于2016年第1期《软科学》，题目为《中国居民消费结构对居民消费碳排放系数的阈值协整效应》。

系数（借鉴生产总值碳排放强度与能源碳排放系数的定义，居民消费碳排放系数为单位居民消费支出的碳排放水平）、平均消费倾向、平均家庭规模、居民能耗结构等，不过不同因素的影响效应的程度与减排潜力存在明显的区别。平均消费倾向呈现逐年下降的趋势，对居民生活碳排放起着明显的降低效应，但并不是我们所希望的，并且不能够依靠该因素达到降低碳排放的目的，因为这不利于刺激内需。平均家庭规模虽是降低的趋势，但不可能一直缩小下去，按照2014年放开单独"二胎"政策，倡导的理想家庭模式为"三口或四口之家"，家庭规模逐渐趋于稳定，所以未来依靠缩小家庭规模来降低居民生活碳排放是行不通的。居民能耗结构呈现无序的变动态势、各种能源的比重需要进一步优化，尽量使其对居民碳排放的影响效应明显化。研究文献对于碳排放强度的显著影响有一致的结论，这对研究中国城乡居民消费碳排放系数对居民消费碳排放的影响效应有重要的借鉴意义，因此居民消费碳排放系数就成为基于居民部门开展的节能减排工作的重要突破口。而居民消费碳排放系数取决于居民消费水平、居民消费模式以及居民生活用于购买能源产品的数量，属于影响居民部门碳排放的内生因素。简而言之，与居民消费结构密切相关。鉴于此，本书根据居民消费结构与碳排放系数的变动特征，在考虑城镇与农村居民消费差异的情况下，构建两者的阈值协整模型，探讨居民消费结构对居民消费碳排放系数的非线性影响效应，并探索降低居民碳排放系数的有效途径。

一　居民消费结构信息熵与居民消费碳排放系数的变动

（一）居民消费结构的演变过程

1. 信息熵的定义

各类消费支出的用途以及所占比重不同，无法综合度量居民消费结构的动态演变状态与规律，信息熵可以很好地解决这个问题。信息熵是对一种物质或体系运动无序度的量化，反映其变动结构特征。将信息熵引入居民消费可以很好地考虑到不同消费项目的比重，反映居民消费结构的变动与演变规律。根据信息熵的计算公式，居民消费信息熵的计算公式如下：

$$RCIE = -\sum_{i}^{m}\left(\frac{RC_i}{\sum_i RC_i}\right) \times \ln\left(\frac{RC_i}{\sum_i RC_i}\right) \quad (5-14)$$

$RCIE$ 为居民消费信息熵（Residential Consumption Information Entropy），$i=1,2,\cdots,8$，表示八大类消费支出，RC_i 为 i 类居民消费支出。$RCIE$ 综合考虑各种消费支出的比重变化，反映居民消费结构特征，是对居民消费无序度的量化。数值越大，表示居民消费无序度越大。良好的居民消费结构是从无序向有序、由低级有序向高级有序的演变。但并不表示数值越小，相应的消费结构越好，而是在有序的变动过程中消费结构趋于稳定，才能被视为良好的发展状态。

2. 两个假定

根据信息熵的理论，$RCIE$ 具有两个特性，满足两个假定。

其一，当且仅当只有一类消费支出时，$\text{Min}RCIE=0$，这对居民消费来说，可能性很小，这时信息熵值最小。

其二，当且仅当 $\frac{RC_1}{\sum_i RC_i} = \frac{RC_2}{\sum_i RC_i} = \cdots = \frac{RC_8}{\sum_i RC_i} = \psi$，$\text{Max}RCIE=8$，$\psi$ 为常数，表示 8 类支出的比重相等，这对于居民消费而言，可能性也不大，此时信息熵取得最大值。

由上述两个假定可知，$RCIE$ 的取值范围为 $[0, \ln 8]$。

由居民消费信息熵与最大熵的比值得到反映居民消费分布的指标，即均衡度，揭示居民消费的均匀程度或者各种能源之间的差异程度。数值越大，说明居民能源消费结构趋向均匀、分化程度低；数值越小，反映出各种能源消费的差异性较大，计算公式如下：

$$RCDE = -\left[\sum_{i}^{m}\left(\frac{RC_i}{\sum_i RC_i}\right) \times \ln\left(\frac{RC_i}{\sum_i RC_i}\right)\right]/\ln 8 \quad (5-15)$$

由信息熵的特性可知均衡度的取值范围为 $[0, 1]$。

与均衡度对应的是优势度,表示某一类或几类支出对居民消费结构的影响程度,与均衡度之和为1:

$$RCDD = 1 - RCDE \qquad (5-16)$$

按照式(5-14)计算中国居民消费结构的信息熵,以此表现居民消费结构演变的动态特征。

1985~2013年,中国居民消费水平呈现快速提高的态势,居民消费结构中,食品类、衣着类等基本生活消费支出的比重下降,交通和通信类、家庭设备用品及服务类、娱乐教育文化用品及服务类、居住类等消费的比重持续上升,表明居民消费逐步实现由生存型向享受型与发展型转变。表现居民消费结构变动特征的信息熵逐步上升,由1.56上升到1.97,变动速度由慢转快。信息熵的均衡度逐步上升,表明居民消费结构处于多类消费项目不同程度变动的状态,其数值一直上升,而不是处于缓慢变动而趋于稳定的状态,这表明虽然食品类与衣着类等基本生活消费支出的主导性下降,但影响力仍然高于其他消费项目,同时也表明其他类消费项目的优势并未充分发挥出来,进一步反映出居民消费结构仍需进一步优化、升级,以使信息熵趋于稳定。

(二)居民消费碳排放系数

借鉴经济的碳排放强度与能源碳排放系数的定义,居民消费碳排放系数称为"万元居民消费碳排放",表示为满足单位居民消费水平所消耗的能源引起的碳排放。在满足居民生活需求与提高生活质量的前提下尽可能降低满足单位居民消费水平(或效用)所造成的碳排放,是国家积极探索内需拉动经济发展、倡导可持续消费模式的重要方面。

1992~1994年,居民消费碳排放系数下降了6.31%。20世纪90年代中后期中国居民的消费水平较低,能源消费属于基本生活所需,居民消费支出中食品类与衣着类的比重非常大,其他类消费支出的比重较小。1995~1996年,居民消费碳排放系数略微上升2.23%,主要是因为在经济转轨时期，居民对通货膨胀的不适应以及居民消费心理的不成熟，造成了"抢购潮"，尤其是耐用消费品，家庭耐用消费品的增加与使用引起家庭用能增加，导致碳排放强度在1995年与1996年略微上升。1997~2009年，居民消费碳排放系数逐步下降，降低幅度逐渐缩小，其中2004年与2005年的下降幅度最大。主要是因为随着中国特色社会主义市场经济不断深化，居民消费水平有了显著提高；生活用能方面不局限于满足基本生活所需，更多的是追求生活质量。但居民生活碳排放的上升速度远慢于居民消费水平的提高，所以这一阶段的碳排放系数逐渐下降。

2010~2013年，居民消费碳排放系数变动方向发生转变，由下降转向上升，呈现波动式上升。随着信息化时代的到来，居民在各种高档和多功能家用电器、通信设备以及私家车方面的消费量快速增加，这些都属于引起居民生活碳排放增加的来源。同时，平均消费倾向整体上呈现下降趋势，但交通和通信类支出的平均消费倾向是上升的，增长速度快于居民消费水平，造成居民生活碳排放大幅度增加。随着大力倡导"节能减排"的可持续生产与消费模式，2014年碳排放强度逐渐下降，幅度平缓。一方面是因为"节能减排"政策实施有一定的滞后性，成效显见慢；另一方面居民节能意识薄弱，并且节能产品的价格往往偏高，居民在购买时有所顾虑。随着政府大力扶持节能的新兴产业与产品，并对一些产品进行相应的补贴，以及对"节能减排"的大力宣传与倡导，购买节能产品的居民逐渐增加，进一步促进了生产部门的生产与供应热情，居民消费碳排放系数的降低幅度开始有一定程度的上升，未来居民碳排放系数的走势将是持续下降。

（三）居民消费碳排放系数与居民消费结构动态演变特征

如图5-8所示，1992~2017年，居民消费结构与碳排放系数呈现不同方向的阶段性波动。

1992~1994年，居民消费结构信息熵缓慢上升，居民生活水平较低，恩格尔系数较大，居民消费主要用于基本的衣、食、住、行。1995~1996年，居民消费结构信息熵有轻微下降，主要是因为家庭设备用品及服务类消费支出的比重上升，引起结构变动的混乱，同时家庭耐用消费品增加，居民生活的能源消耗有所增加，引起碳排放系数上升。2000~2009年，居民消费结构中食品类与衣着类支出的比重逐渐下降，居住类、交通和通信类、家庭设备用品及服务类等支出的比重持续上升，居民消费结构逐渐由低级向高级转变，居民消费水平有了显著提高，快于居民生活碳排放，从而居民生活碳排放系数持续下降。

2010~2014年，居民消费结构持续升级，居民对住宅、汽车与家用电器等消费热点产生需求，引起居民生活碳排放增加。这一时期居民的平均消费倾向整体下降，但这几类消费项目的平均消费倾向是上升的，从而引起这一时期居民生活碳排放系数提高。2015~2017年，居民消费结构信息熵与居民生活碳排放系数呈现不同方向变动，居民消费结构信息熵持续增加。在能源与环境压力不断加大的情况下，"节能减排"成为"十一五"规划中重要的约束性指标，政府大力倡导与宣扬可持续消费或绿色消费，鼓励消费节能型产品，减少碳排放与减轻能源压力，促使居民生活碳排放系数下降。

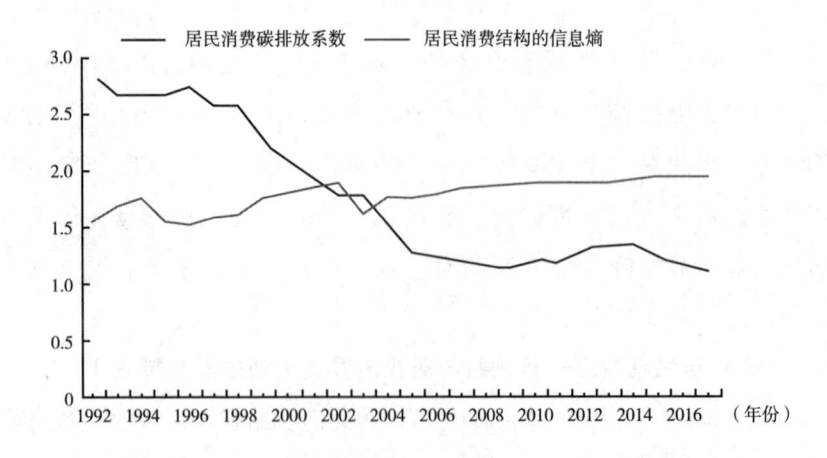

图5-8 中国居民消费结构与碳排放系数的演变特征

由上文的分析不难看出，1992~2017年，在不同时段居民消费结构对居民消费碳排放系数的影响效应存在差异。因此，中国居民的消费结构如何升级、优化调整才能促进居民部门节能减排工作的顺利进行？可以看出，中国居民生活碳排放系数与居民消费结构变动之间呈现的不是线性关系，而是非线性特征，因此不能简单地应用以往的模型设定两者关系，应该建立适合两者真实互动关系的模型。阈值协整模型主要分析非线性序列，不同于以往假定变量之间呈现线性关系的模型，因此笔者在考虑城镇与农村居民消费差异的情况下，构建非线性阈值协整模型，揭示中国居民生活碳排放系数因居民消费结构变动不同和城镇与农村居民消费差异而呈现机制转移的非线性效应。

二 阈值协整模型

（一）城乡消费差异的泰尔系数

由于城乡消费水平存在差距，而居民消费水平受城乡消费水平差距的影响，构建基于居民消费结构与生活碳排放系数的阈值协整模型时，需要兼顾城镇与农村居民消费水平的差异。研究文献中度量城镇与农村居民消费水平常常采用人均消费支出，但该指标没有反映城镇与农村居民人口比重的变化，故采用计算度量城镇与农村居民消费水平差异的泰尔系数，计算公式如下：

$$PC = \sum_{i=1}^{2} (\frac{HC_{kt}}{HC_t}) \ln(\frac{HC_{kt}}{HC_t} / \frac{P_{kt}}{P_t}) = \frac{HC_{1t}}{HC_t} \ln(\frac{HC_{1t}}{HC_t} / \frac{P_{1t}}{P_t}) + \frac{HC_{2t}}{HC_t} \ln(\frac{HC_{2t}}{HC_t} / \frac{P_{2t}}{P_t})$$

(5 - 17)

其中 $k = 1, 2$，分别为城镇居民与农村居民，HC 为消费水平，P 为人口。结果表明中国居民城乡消费水平差距呈现先上升继而缓慢下降的变动趋势，说明中国城乡居民的消费水平差距在城乡收入差距不断缩小的同时有一定程度的降低，但依然很大。

(二) 阈值协整模型的设定

以 QC 表示居民消费碳排放系数，$RCIE$ 表示居民消费结构变动的信息熵，PC 表示城乡居民消费差异的泰尔系数。为表现居民消费结构变动对居民碳排放系数呈现非线性影响效应，需要定义非线性平滑转移函数 $H(RCIE_{t-\xi}, \alpha, \beta)$，大小位于 [0, 1] 连续函数，反映居民消费结构变动对居民消费碳排放系数的影响效应随着变动程度与能耗强度的不同而发生变化。其中，$RCIE_{t-\xi}$ 为阈值变量，ξ 为机制转移的位置；α 为平滑参数，反映两个变量之间平缓速度的快慢；β 为阈值参数，表示机制发生转移时阈值变量的取值。因此，中国居民消费结构与居民消费碳排放系数的阈值协整模型可设定为：

$$QC_t = \lambda_0 + \lambda_1 RCIE_t + \lambda_2 PC_t + \lambda_3 (RCIE \times PC) + \\ (\theta_0 + \theta_1 RCIE_t + \theta_2 PC_t + \theta_3 (RCIE \times PC)) \times H(RCIE_{t-\xi}, \varepsilon, \beta) + \varepsilon_t$$

(5 – 18)

由于平滑转移函数的数值大小不同，居民消费结构变动对居民生活碳排放系数呈现的影响效应分为三类：一是当 $H(.) = 0$ 时，居民消费结构对碳排放系数的影响效应服从第一机制，由 λ_1、λ_2 与 λ_3 来反映；二是当 $H(.) \in (0, 1)$ 时，居民消费结构对碳排放系数的影响效应在第一机制与第二机制之间平滑转换，由 λ_1、λ_2、λ_3、θ_1、θ_2、θ_3、α、β 来反映；三是当 $H(.) = 1$ 时，居民消费结构对碳排放系数的影响效应服从第二机制，由 λ_1、λ_2、λ_3、θ_1、θ_2、θ_3 来反映。ε_t 为随机扰动项。如果模型中的变量如 QC、$RCIE$ 与 PC 为一阶单整序列，并且残差满足零阶单整，则为阈值协整模型。

三 模型的检验与估计

(一) 变量的单位根检验

为确保数据适合构建阈值协整模型，虽然变量不一定是平稳序列，但一阶差分序列必须是平稳的。换言之，要求变量为一阶单整序列，即要通过变量的单位根检验。运用常用的两种单位根检验方法即

ADF 与 PP 法进行检验,结果显示,虽然居民消费结构信息熵、居民消费碳排放系数与城乡居民消费差异的泰尔系数不是平稳的,但一阶差分不存在单位根,即三个变量是属于一阶单整序列的,可以进行下一步的操作。

(二) 对平滑转移函数 $H(.)$ 存在与形式确定的检验

确定平滑转移函数 $H(.)$ 是否存在与具体的形式,首先确定机制转移发生的位置参数,其次进行非线性检验,证明在位置参数确定的情况下设置的模型呈现非线性,最后确定平滑转移函数的具体形式。

1. 机制转移位置参数 n 的确定

位置参数 n 的确定方法首先是基于平滑转移函数的三阶泰勒展开,将展开式代入式(5-18),重新参数化后得到:

$$QC_t = \lambda_0 + \lambda_1 RCIE_t + \lambda_2 PC_t + \lambda_3 (RCIE \times PC) + (\theta_0 + \theta_1 RCIE_t + \theta_2 PC_t + \theta_3 (RCIE \times PC)) \times \sum_{i=1}^{3} \delta_i RCIE_{t-c}^i + \varepsilon_t \quad (5-19)$$

针对不同的 n 运用 OLS 对式(5-19)进行估计,根据 AIC 函数值最小确定相对最优模型或者拟合优度即 R^2 最大时所对应的 n 即为机制发生转移的位置参数。n 的取值范围为 [0,6],根据表 5-2 的相关检验结果,选取 R^2 最大时对应的 n。

2. 非线性检验

进行非线性检验,运用基于极限分布为 χ^2 的 LM 检验,原假设为不存在非线性,即展开式中 $\delta=0$,拒绝原假设,认为该模型存在非线性。由表 5-2 的检验结果得知,拒绝存在线性的原假设,即该模型存在非线性。

3. 平滑转移函数 $H(.)$ 具体形式的确定

通常平滑转移函数形式有两种,即指数函数与逻辑函数,检验方法仍然是 LM 检验,不过原假设与备择假设的设定不同,设定原假设 H_0^1: $\delta_3 = 0$,H_0^2: $\delta_2 = 0 | \delta_3 = 0$,$H_0^3$: $\delta_1 = 0 | \delta_2 = 0. \delta_3 = 0$,如果不拒绝 H_0^1 而

拒绝 H_0^2，则式 $H(.)$ 为指数函数，否则为逻辑函数。根据表 5-2 的检验结果，拒绝 H_0^1，则可确定函数形式为逻辑函数。

表 5-2 模型设定的相关检验结果

位置参数 n 的确定结果								
n	0	1	2	3	4	5	6	
R^2	0.9961	0.9993	0.9931	0.9886	0.9888	0.9881	0.9863	

LM 检验			
原假设	LM	$\chi_{0.05}^2(q)$	结论
$H_0:\delta=0$	203.3	15.43	拒绝原假设
$H_0^1:\delta_3=0$	13.01	6.9	拒绝原假设

阈值协整检验				
检验统计量	估计值	5%临界值	p	结论
$C_{DNLS}^{n,k}$	1.2105	2.763	0.4781	不能拒绝原假设

4. 阈值协整检验

根据估计的平滑转移函数 $H(.)$ 的形式对式 (5-19) 进行估计，若模型估计的残差是平稳序列，则该模型为阈值协整模型。可以采用部分残差进行检验，检验统计量设定为：

$$C_{DNLS}^{n,k} = n^{-2} \hat{\omega}_{k,\mu}^{-2} \sum_{t=k}^{k^n+n^n+1} (\sum_{i=k}^{t} \hat{\varepsilon}_i)^2 \Rightarrow \int_0^1 W^2(s)ds \qquad (5-20)$$

DNLS 为动态最小二乘估计，n 为选取残差的样本数量，k 为选取残差的初始位置，$\hat{\omega}^{-2}$ 为长期方差的一致估计量，分别设定不同 n 与 k 进行计算，选取使 $C_{DNLS}^{n,k}$ 最大的统计量。通过 Monte Carlo 仿真过程计算其临界值。根据估计的结果，不能拒绝原假设，即残差序列是平稳序列。居民生活碳排放系数、居民消费结构信息熵与城乡居民消费差异的泰尔系数是 $I(1)$，模型估计的残差是 $I(0)$，则式 (5-18) 为在考虑城乡居民消费差异情况下构建的居民消费结构与居民生活碳排放系数的阈值协整模型。

四 实证分析

(一) 模型的估计结果

为确定阈值参数，对式（5-19）进行 $DNLS$ 迭代估计，直至残差平方和最小，估计结果如下：

$$QC_t = 3.78 + 0.168 RCIE_t + 0.253 PC_t - 0.46(RCIE \times PC) + \\ (9.2) \quad (-1.48) \quad (-8.68) \quad (9.65) \\ (4.27 + 0.24 RCIE_t + 0.33 RC_t + 0.593(RCIE \times RC)) \times \\ \{1 + \exp[-2.403(RCIE_{t-1} - 1.905)]\}^{-1} + \varepsilon_t \\ (6.3) \quad (-2.82)(-2.951)(13.71) \quad (-6.11) \qquad (5-21)$$

平滑函数的结果反映出，在考虑城乡居民消费差异的情况下，中国居民消费结构的变动对居民生活碳排放系数产生长期效应，呈现非线性特征。其中平滑参数 $\xi = 2.403$，表明这种非线性效应机制转移的速度较为缓慢。

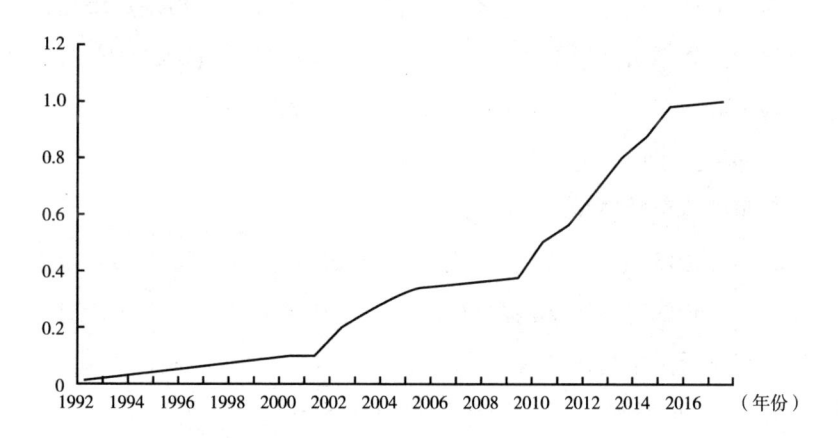

图 5-9 平滑转移函数的变动

(二) 分阶段分析

阈值参数 β （1.905）表明，中国居民消费结构对居民消费碳排放系数的非线性转移发生在居民消费结构信息熵等于 1.905 处。如图 5-8 所示，1992~2009 年居民消费结构信息熵小于估计的阈值参数（β =

1.905），估计的平滑转移函数 $H(.)$ 等于 0 或接近 0，居民消费结构变动对居民消费碳排放系数的影响效应遵循第一机制，由 λ_1、λ_2、λ_3 反映。1992 年与 2009 年居民消费结构信息熵分别为 1.56 与 1.85，城乡居民消费差异的泰尔系数分别为 0.76 与 0.94，居民消费结构的变动引起居民生活碳排放系数分别下降了 0.31 与 0.48。其他年份具有类似的结果，即在居民消费以衣、食、住为主，居民消费水平还未达到小康水平，居民消费结构比较单一、处于低级变动状态时，对居民生活碳排放系数的影响效应为负，有利于居民生活能源效率的提高。

当居民消费结构信息熵在估计的阈值参数（$\beta=1.905$）周围波动时，估计的平滑转移函数 $H(.)$ 介于 0 与 1 之间，居民消费结构变动对居民生活碳排放系数的影响效应在第一机制与第二机制之间平滑转移，由 λ_1、λ_2、λ_3、θ_1、θ_2、θ_3、α、β 反映，影响效应由负向正继而由正向负平滑转换。2003~2007 年，居民消费结构中私家车、住宅、高端通信工具等成为新的消费热点，消费支出总量与比重快速增加，从而引起居民生活碳排放增加，2003 年与 2007 年居民消费结构引起居民生活碳排放系数分别提高 0.48 与 0.51，表明居民消费结构处于众多消费项目分别变动而较为混乱的变动状态，尤其是高能耗消费的增加使居民生活碳排放系数提高。

2008~2013 年，居民消费结构信息熵大于估计阈值参数（$\beta=1.905$），估计的光滑转移函数 $H(.)$ 等于 1 或接近 1，这段时期居民消费结构对居民生活碳排放系数的影响效应服从第二机制，由 λ_1、λ_2、λ_3、θ_1、θ_2、θ_3 反映。居民消费结构中各消费项目的变动呈现不同方向，但逐步形成以居住类、交通和通信类、家庭设备用品及服务类与娱乐教育文化用品及服务类支出为主，以食品类支出为辅的消费格局。在"节能减排"理念下，居民消费向低能耗与低排放的方向转变，引起居民生活碳排放系数在 2015 年与 2016 年分别下降了 0.124 与 0.127。居民消费结构变动对居民生活碳排放系数的影响效应为负，有利于居民生活的节能减排，但作用程度较弱，说明通过优化居民消费结构促进居民部门节能减排这一途径还有很大的潜力与空间，侧面反映当前倡导的可持续消费或绿色消费模式有利于从居民消费角度降低对资源环境的影响，并且有着深远的意义。

（三）对居民生活碳排放强度的偏效应

根据估计结果分别计算居民消费结构与城乡居民消费水平差距对居民生活碳排放系数的偏效应。如图 5-10 所示，居民城乡消费水平差异的泰尔系数对居民生活碳排放系数的影响由负效应逐渐向正效应转变，并且有逐渐增强的趋势，表明城乡消费差距不利于居民部门节能减排。

居民消费结构的变动对居民生活碳排放系数的偏效应呈现先起降低效应，接着转变方向引起能耗强度提高，继而由正效应向负效应平缓转移，最后起降低效应，不过影响程度有所放缓，并且影响效应较小，不是很明显。这表明一方面居民在生活中应不断提高节约用能的意识，从一点一滴做起，杜绝生活中能源的浪费；另一方面中国居民消费结构需要进一步优化与升级，应该倾向于节能产品、低排放消费，政府应该对节能产业与节能产品加大扶持和补贴力度，使低能耗的产品价格降低，刺激居民的消费需求，进一步降低居民生活碳排放系数。

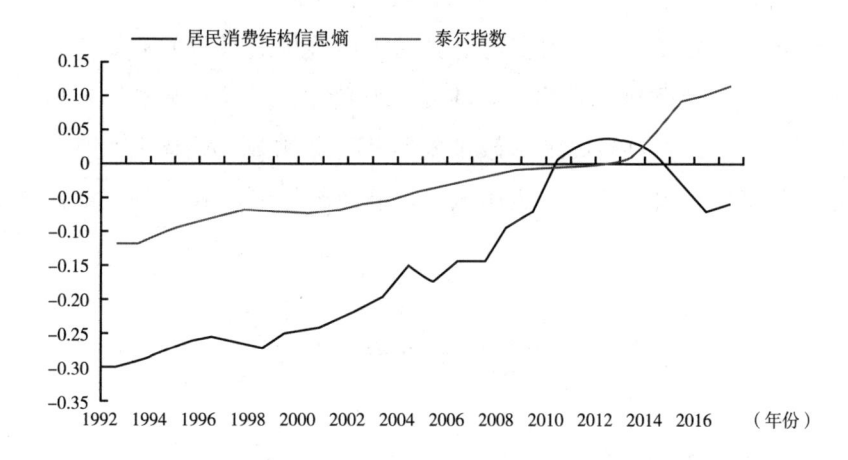

图 5-10　居民消费结构、城乡消费差异对居民生活碳排放系数的偏效应

五 结论

以碳排放系数对居民生活碳排放呈显著的降低效应为基础，根据居民消费结构的变动与居民生活碳排放系数的变动特征，在考虑城乡居民消费差异的情况下，构建两者的阈值协整模型。结果表明，在居民消费结构优化进程中，居民消费结构的变动对居民消费碳排放系数呈现机制转移的非线性阈值协整效应，具体影响效应如下文所述。

第一，1992~2017年，居民消费结构变动对居民消费碳排放系数的长期效应，因消费结构优化、升级而呈现非线性的转换与演变。1992~2017年，居民消费结构中衣、食方面的支出逐渐减少，住、行、用、教方面的支出比重上升，两者的比重接近，逐步形成"两足鼎立"的消费模式，居民消费结构对居民生活碳排放系数的影响效应服从第一机制，呈现负效应。2007~2011年居民消费中住、行、用、教方面的支出大幅度增加，并且属于高碳排放的消费项目，引起居民生活碳排放系数上升，这一时期的居民消费结构对居民生活碳排放系数呈现增加效应，在第一机制与第二机制之间平缓转换。2012~2017年受"节能减排"政策以及可持续消费模式的影响，居民消费逐步向低能耗、低排放方向演变，进而引起居民生活碳排放系数降低。

第二，居民消费结构变动对居民生活碳排放系数的偏效应由负向正转换，继而向节能的方向演变，但负效应不是很显著。同时城乡居民消费差异对居民消费碳排放系数的影响效应整体上呈现负效应，逐渐向正效应演变，表明城乡消费差异不利于居民部门碳排放系数的降低。

本章小结

本章对居民生活二氧化碳排放进行分析，一方面运用居民生活二氧化碳排放核算模型对排放总量进行测算，各部门与终端能源消费二氧化碳排放的估算数据是可信的,可以进一步分析;另一方面分别运用修正与扩展的 STIRPAT 模型对居民生活直接与间接二氧化碳排放的影响因素进行计量分析,得到如下主要结论。

一 居民生活二氧化碳排放的特征

从总量上看,1992~2017 年居民生活直接二氧化碳排放量呈现近似"U"形分布,与之不同,居民消费载能二氧化碳排放量持续增加。居民生活间接二氧化碳排放占居民生活完全二氧化碳排放的比重为 60% 以上,并且呈现逐渐上升的趋势,决定了居民生活完全二氧化碳排放的整体变动趋势,即持续增加。

从比重上看,居民生活直接二氧化碳排放量占全社会终端能源二氧化碳排放量的比重由 1992 年的 14.34% 逐渐下降到 2017 年的 3.57%,2004 年之前的比重仅低于工业部门,但从 2011 年开始交通运输、仓储和邮政业的二氧化碳排放总量超过居民部门排在第 2 位,居民部门排在第 3 位。从最终需求二氧化碳排放量角度看,居民生活完全二氧化碳排放量占最终需求二氧化碳排放总量的比重由 1992 年的 38.4% 逐渐下降到 2017 年的 25.52%。2004 年之前,居民生活完全二氧化碳排放量的比重低于资本形成间接二氧化碳排放量,排在第 2 位,但 2011 年政府消费间接二氧化碳排放量开始超过居民部门,居民部门排在第 3 位。同时净出口间接二氧化碳排放属于"净流入",需要调整进口的产品结构,减少国际贸易中的"二氧化碳流入"。

在城镇与农村比较方面,整体上,无论是总量还是人均水平,城镇居民生活二氧化碳排放量皆大于农村居民,两者的差距逐渐扩大,不过人均排放差距有缩小的趋势。从居民消费项目载能二氧化碳排放区别上看,居民消费中居住类、食品类消费属于较高二氧化碳排放项目,家庭设备用品及服务类与娱乐教育文化用品及服务类消费属于高二氧化碳排放项目,交通类、通信类与医疗保健类属于中等二氧化碳排放项目,其他消费属于较低二氧化碳排放项目。

二　居民消费二氧化碳排放的影响因素

基于人均收入替代人均消费水平对 STIRPAT 模型进行修正，并对影响居民生活直接二氧化碳排放的因素进行计量分析。分析结果表明，人口规模、人口收入与城乡直接二氧化碳排放差距对居民生活直接二氧化碳排放起明显的增加效应，居民生活直接二氧化碳排放强度呈现显著的降低效应。城镇居民与农村居民相比，各个因素对农村居民的影响程度略低于城镇居民，其中 2003 年前后农村人口规模的变动方向发生转变，影响效应由增加效应转变为降低效应。从各个因素的变动与影响效应上看，减少居民部门直接二氧化碳排放量的有效途径就是降低居民生活二氧化碳直接排放强度与缩小城乡居民消费差距。

基于城乡居民间接二氧化碳排放差距对 STIRPAT 模型进行扩展，并对影响居民消费间接二氧化碳排放的因素进行计量分析。结果表明，生产部门二氧化碳排放强度对居民消费间接二氧化碳排放呈现显著的降低效应，在 4 个因素中影响程度最大，但不抵人均居民消费、人口规模与城乡居民消费载能二氧化碳排放差距所起的增加效应合计。因此，居民消费载能二氧化碳排放量持续增加，与居民生活直接二氧化碳排放量的变动趋势不同。

整体上，居民消费项目载能二氧化碳排放的影响因素中，居民消费载能二氧化碳排放强度、人口规模与城乡居民间接二氧化碳排放差距对相应消费项目间接二氧化碳排放的影响方向一致，但不同消费项目的人均消费水平的影响方向由于自变量变动不同而有所不同。大体分成两类：一是居民衣、食、住方面的消费，人均消费水平呈现逐渐下降的变动趋势，对相应居民消费载能二氧化碳排放的变动呈现降低效应；二是行、用方面的消费或发展型的消费，包括家庭设备用品及服务类、交通和通信类、娱乐教育文化用品及服务类支出，这几类消费项目的人均消费水平逐渐提高，对相应的居民消费间接二氧化碳排放呈现增加效应。

三 居民消费结构的变动对居民消费碳排放系数的阈值效应

在居民消费结构优化的进程中，居民消费结构的变动对居民消费碳排放系数呈现机制转移的非线性阈值协整效应。

从长期看，从居民部门出发，中国需要进一步优化居民消费结构，提倡可持续消费模式、降低居民消费碳排放系数，同时缩小城乡居民消费差异，推进区域消费水平均衡化，从而推动中国节能减排工作的顺利进行。

第六章　政府消费能耗及二氧化碳排放影响因素

根据 IPCC 碳排放的指导方法与第一章政府消费能耗二氧化碳排放的核算模型可知，二氧化碳排放可由能源消费与相应的排放系数相乘得到。在二氧化碳排放系数不变的情况下，对两者的因素进行分解时，两者分解的因素是一致的，因此只需对能耗或二氧化碳排放中的一项进行分解。为避免重复，本章根据政府规模，基于 IPAT 等式与 LMDI 指数方法，构建政府部门直接能耗的完全分解模型；根据政府消费间接能耗的核算模型与政府消费、居民消费、最终消费三者之间的关系，采用递进式对因素进行"三级"分解。

第一节　政府部门直接能耗分解

一　政府部门直接能耗的因素分解模型

（一）基于 IPAT 等式的政府部门直接能耗因素分解

根据 IPAT 等式构建基于政府规模的政府部门直接能耗总量的因素分解模型。政府部门直接能耗的影响路径很明确，即政府日常运行与生产公共服务消耗能源，与能源消耗种类、政府部门能耗强度、政府消费水平有关，同时政府消费水平又可分解为政府部门人均消费水平与政府规模。因此政府部门直接能耗的因素可分解为政府部门能耗结构、政府消费直接能耗强度、政府部门人均消费水平与政府规模，如式（6-1）：

$$E_G^d = \sum_{i=1}^{9} \frac{E_i^d}{E} \times \frac{E}{Y_G} \times \frac{Y_G}{P_G} \times P_G = \sum_{i=1}^{9} E_G^d S \times EY_G \times CY_G \times P_G \quad (6-1)$$

$E_G^d S$ 表示政府部门直接能耗结构；EY_G 表示政府消费直接能耗强度，由政府部门直接能耗总量与政府消费相比得到；P_G 表示政府规模，本书采用统计年鉴中"公共管理与社会组织"的就业人数来度量政府规模；CY_G 为政府部门人均消费水平，由政府消费与表示政府规模的 P_G 推算得到。

（二）理论假定

在其他因素不变的情况下，单一因素对能源变动的影响程度与方向应该符合如下几个假定。

其一，政府消费直接能耗强度反映万元政府消费能耗，数值大小不仅与分子、分母有关，还与两者的变动速度有很大的关联。当分子的增加速度低于分母时，表现为能耗强度降低，对能耗总量呈现降低效应。

其二，理论上，政府部门人均消费水平对政府能耗增加会起正作用，政府消费虽然不是由政府部门"消费"的，但其支配权在政府部门，决定着政府部门的福利水平。政府规模越大，就业人员越多，意味着用能人数越多，直接导致政府部门直接能耗总量增加。

其三，政府部门能耗结构反映不同种类能源的消耗水平，一种能耗比重提高，必然引起其他能源消耗比重降低。所以从总量上看，数值越大，能耗越大；但各种能源同时发生变化时，其影响方向与程度可能发生变化。

（三）政府部门直接能耗因素完全分解模型

基于完全分解思想与政府部门直接能耗的特点，本章利用对数平均迪氏指数法对式（6-1）进行"加和分解"。

$$\Delta E_G^d = E_{Gt}^d - E_{G0}^d = \Delta E_G^d S_{eff} + \Delta EY_{G\,eff} + \Delta CY_{G\,eff} + \Delta P_{G\,eff} \quad (6-2)$$

$$\Delta E_G^d S_{eff} = \sum \frac{(E_G^d S_i^t EY_{Gi}^t CY_{Gi}^t P_{Gi}^t - E_G^d S_i^0 EY_{Gi}^0 CY_{Gi}^0 P_{Gi}^0)}{\ln(E_G^d S_i^t EY_{Gi}^t CY_{Gi}^t P_{Gi}^t) - \ln(E_G^d S_i^0 EY_{Gi}^0 CY_{Gi}^0 P_{Gi}^0)} \times \ln\left(\frac{E_G^d S_i^t}{E_G^d S_i^0}\right)$$

(6-3)

$$\Delta EY_{G\,eff} = \sum_{i=1}^{9} \frac{(E_G^d S_i^t EY_{Gi}^t CY_{Gi}^t P_{Gi}^t - E_G^d S_i^0 EY_{Gi}^0 CY_{Gi}^0 P_{Gi}^0)}{\ln(E_G^d S_i^t EY_{Gi}^t CY_{Gi}^t P_{Gi}^t) - \ln(E_G^d S_i^0 EY_{Gi}^0 CY_{Gi}^0 P_{Gi}^0)} \times \ln\left(\frac{EY_{Gi}^t}{EY_{Gi}^0}\right)$$

(6-4)

$$\Delta CY_{G\,eff} = \sum_{i=1}^{9} \frac{(E_G^d S_i^t EY_{Gi}^t CY_{Gi}^t P_{Gi}^t - E_G^d S_i^0 EY_{Gi}^0 CY_{Gi}^0 P_{Gi}^0)}{\ln(E_G^d S_i^t EY_{Gi}^t C_i^t P_i^t) - \ln(E_G^d S_i^0 EY_{Gi}^0 CY_{Gi}^0 P_{Gi}^0)} \times \ln\left(\frac{CY_{Gi}^t}{CY_{Gi}^0}\right)$$

(6-5)

$$\Delta P_{G\,eff} = \sum_{i=1}^{9} \frac{(E_G^d S_i^t EY_{Gi}^t CY_{Gi}^t P_{Gi}^t - E_G^d S_i^0 EY_{Gi}^0 CY_{Gi}^0 P_{Gi}^0)}{\ln(E_G^d S_i^t EY_{Gi}^t CY_{Gi}^t P_{Gi}^t) - \ln(E_G^d S_i^0 EY_{Gi}^0 CY_{Gi}^0 P_{Gi}^0)} \times \ln\left(\frac{P_{Gi}^t}{P_{Gi}^0}\right)$$

(6-6)

ΔE_G^d 表示政府部门直接能耗总变动，代表总效应，$\Delta E_G^d S_{eff}$ 表示政府部门能耗结构效应，$\Delta EY_{G\,eff}$ 表示政府部门能耗强度效应，$\Delta CY_{G\,eff}$ 表示政府部门人均消费水平效应，$\Delta P_{G\,eff}$ 表示政府规模效应。$i=1,2,\cdots,9$，表示能源种类，t 为报告期，0 为基期。

二 政府部门直接能耗因素的综合影响效应

如表6-1所示，分解的4个因素中，政府部门人均消费水平引起政府部门直接能耗大幅度增加，对总量呈现显著的增加效应，平均贡献度达143.6%；从绝对值上看，政府消费直接能耗强度对政府部门直接能耗总量呈现降低效应，略低于政府部门人均消费水平，政府消费直接能耗强度的降低有利于直接能耗总量的减少，平均贡献度为-93.6%；政府规模对政府部门直接能耗呈现的增加效应，低于政府部门人均消费水平，平均贡献度约为49.12%；与前3项显著的影响效应不同，政府部门直接能耗结构的影响效应不明显，平均贡献度不足1%。

在4种因素中，政府消费直接能耗强度的降低效应与政府部门人均消费水平、政府规模与政府部门直接能耗结构的增加效应合计的关系，引起1992～2017年政府部门直接能耗先是波动式上升，在2012年增加量达到顶峰，继而下降，2014年的增加量近乎为历史最低，2015年与2016年增加量交替升跌波动，2017年增加量呈现出显著的升高态势。整体上，降低效应不抵增加效应，1992～2017年政府部门直接能耗增加量呈现波动式上升，因而直接能耗总量呈现快速增长的趋势。将各个因素的影响方向与之前的假定进行比较，基本通过验证，说明构建的分解模型是合理的。

表6-1 政府部门直接能耗因素分解结果

时间	政府部门直接能耗总变动（Mtce）	降低效应 政府消费直接能耗强度	增加效应（万吨标准煤）			
			人均消费水平	政府规模	政府部门直接能耗结构	
					公务用车油耗	日常办公能耗
1992～1993	304.99	-43.05	33.45	314.43	99.79	-99.65
1993～1994	-127.24	-268.03	-120.77	261.59	66.88	-66.90
1994～1995	-4.37	-452.87	237.9	210.59	80.92	-80.92
1995～1996	248.45	-324.84	350.65	222.61	52.35	-52.32
1996～1997	255.56	-194.13	212.17	237.47	-51.26	51.31
1997～1998	445.93	-639.46	839.68	245.39	169.80	-169.48
1998～1999	250.77	-679.51	739.23	190.84	216.18	-215.97
1999～2000	747.96	-99.27	639.32	206.93	16.16	-15.17
2000～2001	364.13	-300.53	541.03	123.27	-16.43	16.79
2001～2002	-772.93	-684.53	-100.39	15.47	473.87	-477.35
2002～2003	520.42	-182.98	520.25	182.87	49.97	-49.70
2003～2004	-130.75	-828.05	534.36	164.11	319.84	-321.01
2004～2005	239.65	-550.42	757.09	32.87	44.13	-44.02
2005～2006	1012.54	65.02	901.07	45.56	-41.95	42.83
2006～2007	403.76	-741.24	1105.61	39.24	152.61	-152.46
2007～2008	48.31	-900.7	952.66	-3.66	41.72	-41.71
2008～2009	77.35	-587.99	654.26	11.08	36.20	-36.19
2009～2010	481.12	-74.65	241.12	314.51	89.22	-89.08
2010～2011	1111.11	372.97	320.38	416.14	140.76	-139.13

续表

时间	政府部门直接能耗总变动（Mtce）	降低效应 政府消费直接能耗强度	增加效应（万吨标准煤）			
^	^	^	人均消费水平	政府规模	政府部门直接能耗结构	
^	^	^	^	^	公务用车油耗	日常办公能耗
2011~2012	2112.62	408.43	1389.6	309.77	-316.39	321.21
2012~2013	870.48	-783.51	1324.87	328.98	-55.29	55.43
2013~2014	178.38	-1412.19	1336.81	253.75	-94.73	94.75
2014~2015	300.94	-913.89	867.12	347.16	372.95	-372.40
2015~2016	265.41	-1090.34	844.89	510.75	-376.85	376.96
2016~2017	1317.11	-501.04	1344.7	473.2	-9.24	9.49
累计变动	1012.13	-458	1311.25	158.77	-109.04	109.14
累计变动幅度(%)	331.86	1063.96	3919.59	50.49	-109.26	-109.527

注：人均消费水平、政府规模、政府部门直接能耗结构表示各因素变动引起政府部门直接能耗总量的变动，各类数值除以政府部门直接能耗总变动可以得到各个因素的贡献度。

三 各个因素的影响效应

下面按照贡献度从高到低进行分析。

（一）政府部门人均消费水平

如前文中模型的假定所述，根据政府消费的含义与内容，政府消费虽然不都是由政府部门就业人员所"消费"的，但由政府部门支配与分配。1992~2017年，政府部门人均消费水平增速呈现由慢转快的上升趋势。政府部门人均消费水平的增加引起政府部门直接能耗的增加量呈现波动式上升的变动态势。2010年，政府部门直接能耗的增加量有所减少，但仍然为正，2012年快速上升，自2013年开始增速放缓，2017年增加量开始提高。1992~2017年，政府部门人均消费水平提高引起政府部门直接能耗总量的增加量由最初的0.33Mtce提高到13.44Mtce，累计增幅高达397.27%，增加效应是4个因素中最大的。可以预见，随着政府部门人均消费水平不断提高，该因素的增加效应会越来越大。

(二) 政府消费直接能耗强度

1992～2017年，政府消费直接能耗强度整体上呈现逐年下降的趋势，主要是因为政府部门直接能耗总量的增长速度快于政府消费的增长速度。政府消费直接能耗强度的下降引起政府部门直接能耗明显降低，并且减少量逐渐随着该因素的变动呈现波动式上升，影响效应呈现波动式增强。2015年以后降低幅度有所减小，该因素的降低效应随着能耗强度的降低幅度有所放缓而随之减弱。1992年，政府消费直接能耗强度降低引起政府部门直接能耗减少了0.43Mtce；2014年，政府消费直接能耗强度降低幅度达到最大，引起政府部门直接能耗降低了14.12Mtce；2010年，政府消费直接能耗强度降低幅度放缓，引起政府部门直接能耗减少了5.01Mtce。由政府消费与政府部门直接能耗的变动趋势可以推断，政府消费直接能耗强度的下降幅度有所放缓，相应的降低效应会有所减弱，与其他3个因素的博弈力量会随之变弱，进而可以预见政府部门直接能耗总量未来仍会增长。

(三) 政府规模

1992～2017年，政府规模整体上呈现持续增加的趋势，政府规模的增加引起政府部门直接能耗总量的增加量始终为正[①]。政府规模引起的直接能耗增加量呈现不同的变动趋势：先缓慢下降，2009年增加量仅为0.11Mtce；自2010年开始增加量逐渐上升，呈现波动式上升；2017年，政府规模的扩大引起政府部门直接能耗增加4.73Mtce。

政府规模的影响效应之所以呈现先下降继而上升的变动趋势，主要是因为政府改革，控制政府规模。2009年以前，政府部门每年新增工作人员数是逐渐下降的；自2010年开始新增工作人员数量呈现波动式变动，以基数低于往年的幅度变动，有增加的趋势。随着政府规模的扩大，用能人数增多，其对政府部门直接能耗总量的影响效应也会逐渐加

---

① 2001年政府规模略微下调，引起政府部门直接能耗降低的幅度不到1%。

强,更加明朗化。该因素与政府部门人均消费水平一起会加强增加效应,引起政府部门直接能耗总量大幅度增加。

(四) 政府部门直接能耗结构

与前 3 项影响因素相比,政府部门直接能耗结构对能源消费总量呈现微弱的增加效应,逐年增加量不超过 1 万吨标准煤,平均贡献度不超过 1%。由政府部门直接能耗结构的变动可知,煤炭、原油等传统能源的消费比重是下降的,煤炭消费比重下降引起政府部门直接能耗总量大幅度下降;同时汽油、柴油、电力与天然气等能源的消费比重上升,引起政府部门直接能耗总量随之上升。比重下降与上升的两股力量引起政府部门直接能耗结构呈现由煤炭逐渐向汽油、柴油、电力、天然气等能源消费转型,降低效应与增加效应的作用相抵,政府部门直接能耗结构的逐渐优化对能源消费总量的影响效应尚未发挥与表现出来,影响程度比较微弱。

第二节 政府消费间接能耗"三级"因素分解

由于行业分类的前后差异,构建混合能源投入产出表的基础是从 1997 年开始,在估算政府间接能耗量的基础上,按照转换计算公式进行"三级"因素分解:首先根据政府消费间接能耗估算模型进行一级分解;其次针对政府消费在各行业的分配额与政府消费总量的关系进行"二级"分解;再次根据政府消费与居民消费以及最终消费的关系对政府消费支出水平进行"三级"分解;最后运用 LMDI 方法对 6 个因素进行完全分解。

一 政府消费间接能耗的因素分解模型

(一) 因素分解

根据政府消费间接能耗的转换计算公式,可分解为满足政府消费需求的生产部门直接能耗强度 $E_P^d Y^{-1}$ 与政府消费在各部门的分配额 Y_G,都是 (10×10) 的对角矩阵,这属于"一级"分解;为反映政府消费项目的结构变动,将 Y_G 进一步分解为政府消费结构与政府消费支出总量,即 $Y_G = \frac{Y_G}{YG} \times YG$,这属于"二级"分解;为了分析政府消费的影响因素,根据政府消费、居民消费、最终消费三者之间的关系,对政府消费进行"三级"分解:

$$YG = \frac{YG}{YH_G} \times \frac{YH_G}{YH} \times \frac{YH}{Y_{HG}} \times Y_{HG} \qquad (6-7)$$

从第四章对居民消费间接能耗的分析可知,为满足居民消费需求的生产部门除了与政府消费有关的 10 个部门以外,还有其他部门,主要是工业。按照与政府消费项目来分,居民消费支出分为与政府消费项目对应的居民消费支出与其他消费支出,YH_G 表示与政府消费项目对应的居民消费支出;$\frac{YG}{YH_G}$ 表示相同消费项目的政府消费与居民消费之比,反映政府消费的执行力度,数值越大,表示政府消费需求越大,同时在公共服务类消费方面,居民的支出比例越小。YH 为居民消费支出总量,$\frac{YH_G}{YH}$ 则表示与政府消费对应的居民消费支出占居民消费支出的比重,$\frac{YH}{Y_{HG}}$ 为居民消费支出占最终消费的比重,Y_{HG} 为最终消费支出总量。

对政府消费间接能耗的影响因素采取递进的方法逐步进行一级、二级与三级分解,具体可以分解为生产部门直接能耗强度、政府消费结构、相同消费项目的政府消费与居民消费之比、与政府消费相对应的居民能消费支出占居民消费支出的比重、居民消费占最终消费支出的比重以及最终消费支出总量 6 个,对应的分解过程与模型分别为:

$$E_G^{ind} = \frac{E_P^d}{Y} \times Y_G \qquad \text{(一级分解)}$$

$$= \frac{E_P^d}{Y} \times \frac{Y_G}{YG} \times YG \qquad \text{(二级分解)}$$

$$= \frac{E_P^d}{Y} \times \frac{Y_G}{YG} \times \frac{YG}{YH_G} \times \frac{YH_G}{YH} \times \frac{YH}{Y_{HG}} \times Y_{HG} \qquad \text{(三级分解)}$$

$$= E_P^d R \times Y_G S \times Y_{G/H_G} \times Y_{H_G/H} \times Y_{H/HG} \times Y_{HG} \qquad (6-8)$$

（二）理论假定

各个因素对政府消费间接能耗的影响应该符合相应的假定。

1. 生产部门直接能耗强度

生产部门能耗强度降低有利于能源消费的下降，与政府消费有关的生产部门直接能耗强度对政府消费间接能耗总量的影响理应是降低的，并且与自变量的变动方向一致。

2. 政府消费结构

政府消费结构变动取决于政府消费项目增长的幅度，并且从能源利用效率方面看，政府消费应适当扩大低能耗、低排放的公共服务，降低能源消费以及相应的污染排放。因此相应的结构变动中，低能耗的消费比重越大，越有利于政府消费间接能耗降低。

3. 政府消费水平

整体上政府消费水平对政府消费间接能耗的影响随着需求与供给规模的扩大而有所增加，但进一步分解的4个因素对间接能耗总量的影响未必与政府消费水平影响效应一致。政府消费水平可由政府消费与居民消费的比例关系、居民消费占最终消费的比重以及最终消费组成。最终消费包括居民消费与政府消费，两者占最终消费的比重是此消彼长的关系。

对于政府消费与居民消费的关系是"挤入效应"还是"挤出效应"，不同的文献有不同的研究结果。有的认为政府消费与居民消费为互斥关系，政府消费对居民消费产生"挤出效应"（王宏利，2006；申琳、马丹，2007；张治觉，2006；胡书东，2002）；有的则认为政府消费与居民消费之间是互补关系，即政府消费的增长有利于居民消费的增加（李广众，2005；潘彬、罗新星、徐选华，2006；谢建国、陈漓高，2002；杨子晖，2006）。笔者认为，两者的关系不能简单从总量上比较，而是要从分项进行具体分析。消费同样的项目时，政府消费对居民消费产生"挤出效应",政府消费多,居民用于相同项目的消费则会有所减少,比如政府消费在医疗保健或教育方面的比例加大,随着医疗与教育等公共服务体系的完善,则居民消费在医疗与教育方面的支出会随之减少。居民消费在相同的消费项目上的支出减少,随之会引起其他消费项目支出的增加,所以在不同的消费项目上,政府消费对居民消费的影响效应则是互补的。由此可见政府消费与居民消费的关系也是影响政府消费的一个重要因素,有必要把居民消费与政府消费相同的项目和不同的项目分开,所以把政府消费与居民消费相比分解成相同消费项目的政府消费与居民消费之比、与政府消费相对应的居民消费支出占居民消费支出的比重。相应因素的影响效应主要取决于政府消费与居民消费的关系,不仅受相同消费项目上政府消费与居民消费关系的影响,而且受不同消费项目上政府消费与居民消费关系的影响。

(三) 基于 LMDI 方法构建的政府消费间接能耗完全分解模型

从基期到报告期,政府消费间接能耗总量的变动为:

$$\Delta E_G^{ind} = E_G^{indt} - E_G^{ind0} \tag{6-9}$$

基于 LMDI 方法对式 (6-8) 的因素进行完全分解,相应的分解模型为:

$$\Delta E_G^{ind} = \Delta E_P^d R_{eff} + \Delta Y_G S_{eff} + \Delta Y_{G/H_{G_{eff}}} + \Delta Y_{H_G/H} + \Delta Y_{H/H_{G_{eff}}} + \Delta Y_{HG_{eff}}$$

$$= \sum_{j=1}^{10} \omega_j \times \ln\left(\frac{E_P^d R_j^t}{E_P^d R_j^0}\right) (\text{生产部门直接能耗强度的影响效应}) + \sum_{j=1}^{10} \omega_j \times$$

$\ln\left(\frac{Y_G S_j^t}{Y_G S_j^0}\right)$ (政府消费结构的影响效应) + $\sum_{j=1}^{10} \omega_j \times \ln\left(\frac{Y_{G/H_G}^t}{Y_{G/H_G}^0}\right)$ (相同消费项目的政府消

费与居民消费之比的影响效应) + $\sum_{j=1}^{10} \omega_j \times \ln\left(\frac{Y_{H_G/H}^t}{Y_{H_G/H}^0}\right)$ (与政府消费相对应的居民消

费支出占居民消费支出比重的影响效应) + $\sum_{j=1}^{10} \omega_j \times \ln\left(\frac{Y_{H/HG}^t}{Y_{H/HG}^0}\right)$ (居民消费占最终消费

支出比重的影响效应) + $\sum_{j=1}^{10} \omega_j \times \ln\left(\frac{Y_{HG}^t}{Y_{HG}^0}\right)$ (最终消费支出总量的影响效应) (6-10)

$$\omega_j = \frac{E_{Gj}^{indt} - E_{Gj}^{ind0}}{\ln(E_{Gj}^{indt}) - \ln(E_{Gj}^{ind0})} \quad (6-11)$$

其中 $j=1, 2, \cdots, 10$，为与政府消费有关的10个行业，分别为农林牧副渔业，交通运输业，金融业，租赁和商务服务业，研究与试验发展业，其他服务业（包括综合技术服务业，水利、环境和公共设施管理业，居民服务与其他服务业），教育业，卫生、社会保障和社会福利业，文化、体育和娱乐业，公共管理与社会组织，ω_j 为权重。

二　政府消费间接能耗影响因素的综合效应

对行业进行分类，建立相应的混合能源投入产出表，计算政府消费分行业的间接能耗，由于行业分类前后的差异，因素分解的样本区间为1992~2017年，为了使前后文分析一致，基期统一为1992年。首先对统计年鉴中居民消费支出数据与投入产出表中居民消费对应的各行业进行比对调整，得到投入产出表下的居民消费额（这一部分工作在第三章居民消费间接能耗计算时已完成）；其次由居民消费与政府消费矩阵，可以得到最终消费矩阵；最后针对统计年鉴与投入产出表中最终消费差异对估算的最终消费数据进行核对与二次调整。

如表6-2所示，1992~2017年，政府消费间接能耗总量呈现持续增加的态势，根据政府消费间接能耗计算公式，分解的三大因素中，政府消费间接能耗强度呈现显著的降低效应。政府消费总量的影响程度与间接能耗强度不相上下，不过影响方向刚好相反。同时对政府消费进行三次分解的4个因素中存在两种不同的影响方向。政府消费项目结构变动不利于政府消费间接能耗的降低。1992~2011年，政府消费间接能耗强度对间接能耗总量的降低效应大于政府消费项目结构与政府消费总量的增加效应合计，引起政府消费间接能耗降低2.71Mtce；但2011~2014年、2014~2016年与2016~2017年两种影响力量的关系发生逆转，降低效应不抵增加效应，政府消费间接能耗分别增加17.90Mtce、19.15Mtce 与 5.33Mtce。

第六章 政府消费能耗及二氧化碳排放影响因素

表6-2 政府消费间接能耗因素分解结果

行业		能耗强度				政府消费结构				总变动			
		1	2	3	4	1	2	3	4	1	2	3	4
农林牧渔业		-0.28	-9.87	-18.0	-56.15	56.41	16.59	-8.66	8.49	62.64	33.6	3.57	-9.35
交通运输业		-27.7	40.72	-143.	-1025	368.5	213.9	1071	542.3	409.1	471	1385	537.2
金融业		-0.27	-0.11	-3.17	1.45	0.16	1.63	31.15	48.48	0.05	1.86	31.53	75.73
租赁和商务服务业		-4.39	5.77	-23.9	-105.2	24.67	-9.36	112.7	12.68	26.22	7.66	113.6	-40.7
研究与试验发展业		-65.6	16.79	-56.2	-50.20	8.01	-4.21	-41.5	-35.5	3.11	63.6	-49.4	-40.6
其他服务业		-351.	5.16	-164	-77.33	-266.	173.4	-468.	-217	-324	380	-468	-209
教育业		-599.	-112.	-55.0	-267.8	21.62	21.14	135.3	152.6	-206	146	370.2	422.5
卫生、社会保障和社会福利业		-298.	235.5	-326	-988.1	5.71	162.7	267.2	208.4	-46.7	648	328.7	-258
文化、体育和娱乐业		-59.7	-10.2	-24.1	-85.51	8.34	1.68	11.24	9.38	3.88	34.4	36.78	-4.58
公共管理与社会组织		-152	-449	-447	-711.3	107.0	-324	-113	-217	-198	2.24	163.1	60.63
政府消费水平	2.1	-637	667.2	1217	1045.71								
	2.2	7061	-522	-984	-464.52								
	2.3	-169	-38.25	-62.8	-162.67								
	2.4	1809	1709.3	2010	2969.01								

注: 1、2、3、4分别指1993～2011年, 2011～2014年, 2014～2016年与2016～2017年时间段; 2.1、2.2、2.3与2.4分别指在相同的消费项目上政府消费与居民消费支出之比, 与政府消费对应的居民消费项目占居民消费支出的比重, 居民消费支出占最终消费支出的比重以及最终消费支出。

243

三 各个因素的影响效应

下面按照供给与需求方面的影响因素进行分析。

（一）供给方面的因素

整体上，1992~2017 年，政府消费间接能耗强度呈现下降的变动，能耗强度的降低有利于政府消费间接能耗总量的下降。整体上，由于生产部门能耗强度下降，政府消费间接能耗在 1993~2011 年、2011~2014 年、2014~2016 年与 2016~2017 年分别减少 29.30Mtce、2.78Mtce、12.62Mtce、33.66Mtce。

除了农林牧副渔业的能耗强度较低以外，其他行业的能耗强度较为接近，但影响效应不同。交通运输业，教育业，卫生、社会保障和社会福利业以及公共管理与社会组织的能耗强度降低引起政府消费间接能耗总量降低的效应较大。公共管理与社会组织的能耗强度降低是因为中国逐渐重视加强公共机构的节能工作。与政府消费有关的其他行业的能耗强度也有所降低，相比而言，影响效应低于前 4 个行业。表明中国公共机构要进一步加强公共服务体系建设，提高公共交通、教育、卫生等方面的服务水平，同时严格开展与实施公共机构节能工作，立足提供低能耗、低排放的公共服务，逐步建立比较完善的可持续公共服务体系。

（二）需求方面的因素

1. 政府消费结构

1992~2017 年，政府消费结构的变动提高了政府消费间接能耗，对间接能耗总量的影响程度先缓慢下降，继而逐步上升。政府消费项目的结构变动有两种方向：一种是比例上升，另一种是比例下降；比例相对较小，提高或降低最高不超过 3 个百分点。

政府消费在交通运输业，教育业，卫生、社会保障和社会福利业与金融业的支出比例分别平均提高 2 个、2.5 个、2.8 个与 1 个百分点；政府消费在农林牧副渔业，租赁和商务服务业与文化、体育和娱乐业的支出比例变动幅度较小，提高幅度皆不超过 0.3 个百分点。与前 7 种消费项目比例提高不同,政府消费在其他服务业、公共管理与社会组织、研究与试验发展业的支出比例有所下降,平均幅度分别为3个、2个与0.5个百分点。政府消费项目比例的变动在1993~2011年、2011~2014年、2014~2016年与2016~2017年分别引起政府消费间接能耗增加3.34Mtce、2.53Mtce、9.97Mtce与5.11Mtce。

2. 政府消费支出

1992~2017年,政府消费支出的增加引起其间接能耗总量大幅度增加,在影响因素中增加效应最大,贡献度与政府消费间接能耗强度不分上下。根据政府消费、居民消费与最终消费的关系对政府消费支出进行三次分解的4个因素中,整体来看,最终消费支出总量与相同消费项目上政府消费与居民消费之比呈现显著的增加效应,其中最终消费支出总量的贡献度最大;与政府消费对应的居民消费占居民消费支出比重与居民消费支出占最终消费的比重呈现降低效应,是因为政府消费与居民消费关系的动态变化。下面按照分解的顺序进行分析。

(1) 相同消费项目上政府消费与居民消费支出之比

1992~2017年,在相同的消费项目上,政府消费与居民消费支出之比呈现先下降再逐渐上升的变动,反映出政府消费水平逐渐提高,公共服务体系趋于完善的变动趋势。2006~2009年,政府消费水平不足,公共服务需求缺口有所变大,政府消费与居民消费之比呈现下降的变动。2009年以后随着政府部门加大民生类服务的支出,比如教育业、文化、社会保障和社会福利等公共服务,居民此类消费支出比例有所下降,负担有所减轻,政府消费与居民消费的比值发生逆转,有所上升,同时引起政府消费间接能耗有所增加。2009~2012年、2012~2014年与2014~2017年政府消费与居民消费的比值分别提高12.48个、19.80个与16.55个百分点,引起政府消费间接能耗分别增加6.67Mtce、12.16Mtce与10.45Mtce。

(2) 与政府消费对应的居民消费项目占居民消费支出的比重

在与政府部门相同的消费项目上,居民的消费支出占居民消费支出总量的比重呈现先上升继而逐渐下降的变动,反映出公用服务体系逐渐完善。但居民对政府消费的需求仍然很旺盛,政府部门应多提供低能耗、低排放的公共服务,降低政府消费间接能耗。与政府消费相对应的居民消费项目与政府消费的关系根据假定是互斥关系,由于居民其他消费支出与政府消费是互补的关系,这一部分支出占居民消费支出的比重较大,居民消费与政府消费主要表现为互补关系。与政府消费对应的居民消费项目占居民消费支出的比重变动引起政府消费间接能耗在2004~2009年增加70.61Mtce,在2009~2012年、2012~2014年与2014~2017年分别降低5.22Mtce、9.84Mtce与4.64Mtce。

(3) 居民消费支出比例系数①

1992~2017年,居民消费占最终消费比重下降引起政府消费间接能耗降低。1993~2011年、2011~2014年、2014~2016年与2016~2017年居民消费总量占最终消费支出比重分别下降2.82个、0.53个、0.65个与1.39个百分点,引起政府消费间接能耗分别减少1.69Mtce、0.38Mtce、0.62Mtce与1.62Mtce。居民消费支出比重下降对政府消费间接能耗的影响效应之所以是降低的,具体可以这样解释:前文事先对政府消费与居民消费关系的假定是,在相同的项目上,政府消费与居民消费的关系是互斥的,政府消费对居民消费产生挤出效应;在不同的消费项目上,政府消费与居民消费的关系是互补的,政府消费对居民消费产生挤入效应。在与政府消费相对应的项目上,居民消费支出占居民消费支出总量的比重呈现先上升继而逐渐下降的趋势,而且比重最大值仅为37.89%,这就意味着居民其他消费支出所占的份额较大,使居民消费与政府消费整体上呈现互补的关系,因此居民消费占最终消费支出的比重表现出的影响效应是有利于政府消费间接能耗降低。同时也反映出政府部门应进一步完善公共服务体系,满足居民的消费需求。

---

① 居民消费支出占最终消费支出的比重。

（4）最终消费支出

1992~2017年，最终消费支出对政府消费间接能耗起增加效应，因为最终消费支出增量中政府消费的贡献度呈现波动式上升的趋势。政府消费支出规模的扩大引起政府消费间接能耗增加，1993~2011年、2011~2014年、2014~2016年与2016~2017年最终消费支出分别增加17169.63亿元、4850.1亿元、3630.91亿元与9133.99亿元，引起政府消费间接能耗分别增加18.09Mtce、17.09Mtce、20.10Mtce与29.69Mtce。

本章小结

本章在政府消费直接与间接能耗以及二氧化碳排放估算与特征分析的基础上，一方面基于政府规模与IPAT等式构建政府部门直接能耗的因素分解模型，另一方面根据政府消费间接能耗的计算公式对其影响因素进行"三级"分解。得到如下几点主要结论。

第一，各因素影响结果满足假定，各影响因素中政府部门人均消费水平、政府规模与政府部门直接能耗结构的影响合计呈现显著的增加效应，明显大于政府消费直接能耗强度的降低效应，引起1992~2017年政府部门直接能耗总量呈现不断上升的趋势。政府部门人均消费水平的增加效应最大，并且贡献度呈现逐渐增强的趋势；政府规模的增加效应呈现先下降继而上升的变动，影响程度呈现不断增强的趋势；政府消费直接能耗强度对直接能耗总量的降低效应略低于政府部门人均消费水平，高于政府规模，不过随着能耗强度降低，影响程度呈现放缓的趋势；政府部门直接能耗结构的增加效应不明显，影响程度很微弱。

第二，政府消费间接能耗影响因素中生产部门直接能耗强度的降低效应最大，政府消费结构变动使其总量增加，政府消费总量与间接能耗强度的影响程度不分上下，不过影响方向相反。同时本章针对政府消费、居民消费与最终消费的关系对政府消费支出进行三次分解的 4 个因素中，整体来看，最终消费支出总量、相同的消费项目上政府消费与居民消费之比呈现显著的增加效应；与政府消费项目对应的居民消费项目占居民消费支出的比重、居民消费支出占最终消费的比重呈现降低效应，这种效应源于政府消费与居民消费关系的动态变化。

第七章 最终消费与能源消耗及碳排放的协调发展

从经济发展角度看，中国经济发展主要依靠投资与出口拉动，最终消费占 GDP 的比重小于发达国家，也低于区域平均水平[①]。从长远的角度看，伴随着中国内需拉动经济发展政策的稳步实施，最终消费将逐渐成为拉动经济发展的主要驱动因素；从资源环境的角度看，为满足最终消费需求必定会消耗一定的能源，产生二氧化碳排放。一方面，经济要发展，最终消费要不断发挥其对经济增长的拉动作用；另一方面，要减少消费领域对资源环境的影响，实现最终消费与资源消耗、环境污染之间的协调发展。

本章结合弹性脱钩理论与强脱钩实现程度系数等脱钩理论对最终消费与为满足最终消费的能耗及二氧化碳排放的耦合状态进行分析；根据各变量的历史趋势、外推法，结合经济发展政策、目标以及"十二五"规划中关于能源与碳排放约束等因素，分别设置基准情景、碳排放约束情景与协调发展情景，运用情景分析法对三种情景进行模拟分析。

---

① 以居民消费率为例进行说明，1978～2010 年中国居民消费率由 48.79% 下降到 33.80%，20 世纪 90 年代以来全球居民消费率均值为 62%，东南亚国家平均为 65%，2005 年日本、英国、美国的居民消费率分别为 57.29%、64.57% 与 70.52%。以上数据由笔者根据世界银行统计资料整理得到。

第一节 脱钩理论与模型

一 脱钩理论

脱钩理论用于衡量经济发展过程中资源消耗与经济增长的协调发展关系,为经济发展的可持续性提供量化工具(OECD,2002),普遍应用于生产领域(Tapio,P.,2005;Gray,David,Anable,Jillian,Illingworth,Laura,2006;王明霞,2006),消费领域涉及的较少。本章以脱钩理论为基础,衡量为满足最终消费需求的直接能源消耗以及二氧化碳排放与最终消费的协调发展程度,即为满足居民消费需求与政府消费需求,居民部门与政府部门直接能源消耗与二氧化碳排放的耦合状态。

"脱钩"一词来源于物理学,指物理变量之间的关系发生脱离,彼此的关系有所阻断(Gray,David,Anable,Jillian,Illingworth,Laura,2006)。OECD用脱钩理论研究经济发展过程中经济增长与资源消耗和环境污染的关系,评价经济在实现增长的同时,引起的资源消耗和环境压力是否与其产生背离,被视为经济发展可持续性的一种量化工具,广泛应用于分析经济增长与各种资源消耗以及环境污染排放的协调性。DeBruyn与Opshoor在1997年提出"复钩"的概念(DeBruyn,S. M.,Opshoor,J. B.,1997),指经济发展过程中,经济增长时,资源消耗或环境污染的增长与其同步或超过前者。另外,在经济发展过程中,变量之间的关系脱钩与复钩同时存在或交替变动也是常见的,因此将脱钩与复钩结合起来更有利于评价变量之间的耦合关系和协调性,可以说复钩概念的提出对脱钩理论是进一步的补充与完善。Tapio将弹性应用到脱钩理论中,计算经济增长与资源消耗、环境污染的弹性,将数值按照大小进行分类,将两变量的耦合状态分为复钩、脱钩、增长联结三大类,其中复钩和脱钩根据变量增长率与弹性的取值范围各分为三小类,增长联结细分为两小类,共八类耦合状态,进一步丰富了脱钩理论与方法。

二 弹性脱钩模型

（一）居民消费与能源消耗、二氧化碳排放的弹性脱钩模型

按照 Tapio 脱钩弹性的计算方法，居民消费与居民生活直接用能以及二氧化碳排放的弹性脱钩模型分别为：

$$GE_H = \frac{\Delta E_H^d}{E_H^d} \Big/ \frac{\Delta Y_H}{Y_H} \tag{7-1}$$

$$GCO_{2H} = \frac{\Delta CO_{2H}^d}{CO_{2H}^d} \Big/ \frac{\Delta Y_H}{Y_H} \tag{7-2}$$

式（7-1）分子表示居民生活直接用能的增长率，分母为居民消费的增长率，两者相比表示弹性；式（7-2）分子表示居民生活用能直接二氧化碳排放的增长率。与之类似，政府消费与政府部门直接能耗及二氧化碳排放的弹性脱钩模型分别为：

$$GE_G = \frac{\Delta E_G^d}{E_G^d} \Big/ \frac{\Delta Y_G}{Y_G} \tag{7-3}$$

$$GCO_{2G} = \frac{\Delta CO_{2G}^d}{CO_{2G}^d} \Big/ \frac{\Delta Y_G}{Y_G} \tag{7-4}$$

根据居民消费、政府消费与最终消费的关系，可以得到最终消费与为满足最终消费的直接能源消耗及二氧化碳排放的弹性脱钩模型，分别为：

$$GE_{YG} = \frac{(\Delta E_H^d + \Delta E_G^d)}{(E_H^d + E_G^d)} \Big/ \frac{(\Delta Y_H + \Delta Y_G)}{(Y_H + Y_G)} \tag{7-5}$$

$$GCO_{2YG} = \frac{(\Delta CO_{2H}^d + \Delta CO_{2G}^d)}{(CO_{2H}^d + CO_{2G}^d)} \Big/ \frac{(\Delta Y_H + \Delta Y_G)}{(Y_H + Y_G)} \tag{7-6}$$

（二）脱钩与复钩的分类

按照弹性脱钩模型将两变量的关系分为三大类、八小类，Tapio 脱钩弹性分类中将弹性临界值设定为 0.8 与 1.2。笔者认为当分子的增长

速度高于分母时，表现为弹性大于1，反之小于1，等于1表示分子与分母是同比例变动，把临界值设定为1进行判断应更为合理。由此原分类中八小类合并为两大类、六小类，下文以居民消费与居民生活能耗和二氧化碳排放的关系分类为例进行说明。

表7-1 居民消费与居民生活直接用能及二氧化碳排放的脱钩和复钩界定

状态		居民生活直接能耗增长率	居民生活直接二氧化碳排放的增长率	居民消费的增长率	弹性	增长率		强脱钩实现程度系数
						能耗强度	二氧化碳排放强度	
复钩	扩张性复钩	>0	>0	>0	>1	>0		<0
	强复钩	>0	>0	<0	<0	>临界值		
	弱复钩	<0	<0	<0	0<G<1	0<t<临界值		
脱钩	弱脱钩	>0	>0	>0	0<G<1	临界值<t<0		0<r<1
	强脱钩	<0	<0	>0	<0	≤临界值		r>1
	衰退性脱钩	<0	<0	<0	>1	<临界值		0<r<1

注：t 统指居民消费直接能耗强度或二氧化碳排放强度的变动率；r 为居民消费与居民生活直接用能和二氧化碳排放的强脱钩实现程度系数。

1. 第一类是复钩

复钩表示居民生活直接能耗与二氧化碳排放的增长速度要么大于居民消费，要么降低幅度小于居民消费。当居民消费的增长伴随着居民生活直接能耗总量与二氧化碳排放量快于居民消费的增长时，呈现扩张性复钩的发展状态，是经济发展过程不利的状态，居民消费与居民生活直接能耗、二氧化碳排放的协调性差，属于不可持续的发展模式。在居民收入增长与居民生活水平提高，可持续消费模式不是很普及的情况下，居民生活用能需求巨大，这种状态是很有可能出现的。当居民消费需求下降时，居民生活直接能耗与二氧化碳排放量增加，此时居民消费与后两项的关系最为不利，协调性为最差，属于极不可持续的发展状态。当居民消费需求下降，居民生活用能与二氧化碳排放随着下降，但降低幅度低于居民消费需求时，居民消费与后两项处于弱复钩的关系，居民消费下降不是我们所期望的，并且结合实际情况，这种状态出现的可能性很小。

2. 第二类是脱钩

脱钩意味着居民生活直接用能与二氧化碳排放的增长率低于居民消费的增长或降低幅度大于居民消费。当居民消费增长时，居民生活能耗与二氧化碳排放是下降的，反映出居民消费与居民能耗和二氧化碳排放处于强脱钩的发展状态，协调性最强。当居民消费增长时，居民生活用能与二氧化碳排放的增长速度滞后于前者，表现为居民消费直接能耗强度或二氧化碳排放强度下降，这时居民消费与居民能耗和二氧化碳排放处于弱脱钩的发展状态，是相对有利的发展状态。当居民消费下降，居民生活用能与二氧化碳排放以大于前者的降低幅度下降时，经济变量之间处于衰退性脱钩的发展状态。

政府消费与政府部门直接能耗和二氧化碳排放的弹性脱钩分类同居民消费类似，最终消费相应的分类亦是如此。

三 强脱钩实现程度系数

（一）居民消费直接能耗强度与二氧化碳排放强度变动率临界值的确定

通过弹性脱钩模型可以动态判断居民消费与居民生活直接用能和二氧化碳排放的脱钩及复钩关系，但无法判断脱钩或与强脱钩的差距，这就需要构建强脱钩实现程度系数。

借鉴用水量与经济增长的强脱钩实现程度系数的定义方法（汪奎，2011），首先分别推导居民消费直接能耗强度与居民消费直接二氧化碳排放强度的临界值：

$$(1+\frac{\Delta E_H^d}{E_H^d})^n = [(1+\frac{\Delta Y_H}{Y_H}) \times (1+\frac{\Delta EC_H^d}{EC_H^d})]^n \qquad (7-7)$$

$$(1+\frac{\Delta CO_{2H}^d}{CO_{2H}^d})^n = [(1+\frac{\Delta Y_H}{Y_H}) \times (1+\frac{\Delta CO_2C_H^d}{CO_2C_H^d})]^n \qquad (7-8)$$

式 (7-7) 与式 (7-8) 中，EC_H^d 与 $CO_2C_H^d$ 分别为居民消费直接能耗强度与居民消费直接二氧化碳排放强度。根据居民生活直接能耗与二氧化碳排放变动率的取值范围，当增长率为正，表示居民生活直接用能与二氧化碳排放是增加的；当增长率小于零，表示居民生活直接用能与二氧化碳排放是减少的；当增长率等于零，表示居民生活直接用能与二氧化碳排放量逐年不变，可分别求得居民消费直接能耗强度与居民消费直接二氧化碳排放强度变动率的临界值，分别为：

$$\left(\frac{\Delta EC_H^d}{EC_H^d}\right)^* = \left(\frac{\Delta CO_2 C_H^d}{CO_2 C_H^d}\right)^* = -\left(\frac{\Delta Y_H}{Y_H}\right)/\left(1+\frac{\Delta Y_H}{Y_H}\right) \qquad (7-9)$$

通过居民消费的增长率与居民消费直接能耗强度和直接二氧化碳排放强度的变动以及后两者与临界值的关系，对前者与后两者之间的脱钩及复钩关系进行分类判断。当居民消费增长时，如果居民消费直接能耗强度与居民消费直接二氧化碳排放强度不大于其临界值，居民消费与居民消费直接能耗强度和直接二氧化碳排放强度处于强脱钩状态；若直接能耗强度与直接二氧化碳排放强度小于零且大于临界值时，居民消费与居民消费直接能耗强度和直接二氧化碳排放强度处于弱脱钩的状态；当居民消费下降，同时直接能耗强度与直接二氧化碳排放强度小于临界值时，居民消费与居民消费直接能耗强度和直接二氧化碳排放强度处于衰退性脱钩的状态（见表 7-1）。

当居民消费增长，同时居民消费直接能耗强度与居民消费直接二氧化碳排放强度上升时，居民消费与居民消费直接能耗强度和直接二氧化碳排放强度处于扩张性复钩的状态；当居民消费下降，直接能耗强度与直接二氧化碳排放强度上升，同时小于临界值时，居居消费与居民消费直接能耗强度和直接二氧化碳排放强度处于弱复钩的状态；当居民消费下降，直接能耗强度与直接二氧化碳排放强度上升，同时大于临界值时，居民消费与居民消费直接能耗强度和直接二氧化碳排放强度处于强脱钩的状态。

（二）居民消费直接能耗与二氧化碳排放的强脱钩实现程度系数

在前文分析的基础上，可以定义居民消费与居民生活直接能耗和二氧化碳排放的强脱钩实现程度系数：

$$ER_H = \left(\frac{\Delta EC_H^d}{EC_H^d}\right) \bigg/ \left(\frac{\Delta EC_H^d}{EC_H^d}\right)^* \qquad (7-10)$$

$$CO_2R_H = \left(\frac{\Delta CO_2C_H^d}{CO_2C_H^d}\right) \bigg/ \left(\frac{\Delta CO_2C_H^d}{CO_2C_H^d}\right)^* \qquad (7-11)$$

强脱钩实现程度系数表示在居民消费增长一定的情况下，居民消费直接能耗强度和二氧化碳排放强度与强脱钩状态下的居民消费能耗和二氧化碳排放强度的接近程度。数值越大，表示居民消费与居民生活能耗和二氧化碳排放的协调性越强。当数值大于等于1时，两者处于强脱钩的状态；当数值大于0小于1时，两者处于弱脱钩的状态；数值为负时，表示两者处于复钩的状态，协调性较差。

与弹性脱钩模型相结合分析居民消费与居民生活直接用能和二氧化碳排放的脱钩及复钩状态，对前者与后两者的协调性进行分析，政府消费与最终消费和相应能耗及二氧化碳排放的耦合状态的评价方法同居民消费类似，相应指标的计算和评价标准分类也与居民消费类似，故不再赘述。

第二节 最终消费与能源消耗、二氧化碳排放的耦合状态

以1992年为基期，计算最终消费与能源消耗和二氧化碳排放的脱钩弹性及强脱钩实现程度系数，评价最终消费与能源消耗以及二氧化碳排放的协调发展关系。

一 最终消费与能源消耗、二氧化碳排放的耦合状态

（一）从脱钩弹性看

整体上，1992~2017年，最终消费总量呈现波动式增长趋势，增速由快逐渐趋于平缓，年均增速为8%；为满足最终消费需求的直接能源消

耗总量与二氧化碳排放总量呈现波动式增长，增速在大部分年份小于最终消费，其中个别年份的直接能耗与二氧化碳排放量出现降低的变动。

如表7-2所示，从脱钩弹性的数值看，最终消费与相应的能耗和二氧化碳排放大致呈现三种耦合状态，年份上由多到少分别为弱脱钩、扩张性复钩与强脱钩。意味着在大部分年份能耗与相应二氧化碳排放的增长速度低于最终消费，呈现弱脱钩。2003年、2010~2012年与2015年，能耗与最终消费增长率的关系出现逆转，能耗的增长速度超前于最终消费，脱钩弹性大于1，呈现扩张性复钩，即最终消费增长伴随着高于其增长的能耗。二氧化碳排放的增长速度在2010年与2012年高于最终消费，两者呈现扩张性复钩的耦合关系。2001~2002年与2004年，为满足最终消费需求的能耗有轻微的降低，两者表现出强脱钩的耦合状态。与能耗相比，二氧化碳排放在7个年份出现了下降，集中于2005年以前，主要是因为能耗的波动与二氧化碳排放系数上升使其波动放大。

（二）从强脱钩实现程度系数看

从强脱钩实现程度系数的变动看，最终消费与能耗的强脱钩实现程度系数只有2001年、2002年与2004年大于1，实现强脱钩，两者的协调性达到最好，即最终消费增长时，为满足最终消费需求的能耗有所下降，但是能耗的下降是外界因素引起的，而且同期最终消费的增长速度有所减缓，由此两者并不是真正意义上的"最佳状态"。其他年份的强脱钩实现程度系数都很小，个别年份出现负值，这就意味着在单位最终消费能耗的临界值皆为负值的前提下，能耗强度是上升的。仅考虑强脱钩实现程度系数为正值，最小的为2009年的0.16，最大的为1999年的1.00，大部分年份的数值在0.7之下，这就反映出最终消费与为满足最终消费需求的能源消耗总量的强脱钩实现程度相对较低，两者的协调发展关系不理想。与能耗相比，最终消费及其能耗二氧化碳排放的强脱钩实现程度系数略高，有7个年份的数值大于1，数值最小的为2011年的0.16，除此之外5个年份的数值高于0.9，两者的耦合状态稍微优于最终消费与能耗。

第七章 最终消费与能源消耗及碳排放的协调发展

表7-2 最终消费与为满足最终消费需求的能耗及二氧化碳排放的脱钩分析

年份	脱钩弹性							强脱钩实现程度系数					
	能源消耗			二氧化碳排放				能源消耗			二氧化碳排放		
	最终消费	居民消费	政府消费	最终消费	居民消费	政府消费		最终消费	居民消费	政府消费	最终消费	居民消费	政府消费
1993	弱脱钩	弱脱钩	弱脱钩	弱脱钩	弱脱钩	弱脱钩		0.31	0.46	0.15	0.39	0.55	0.07
1994	弱脱钩	弱脱钩	强脱钩	弱脱钩	弱脱钩	强脱钩		0.43	0.22	1.68	0.56	0.38	2.10
1995	弱脱钩	弱脱钩	弱脱钩	弱脱钩	弱脱钩	强脱钩		0.64	0.58	0.96	0.71	0.66	1.07
1996	弱脱钩	弱脱钩	弱脱钩	强脱钩	强脱钩	弱脱钩		0.77	0.94	0.54	1.14	1.44	0.62
1997	弱脱钩	弱脱钩	弱脱钩	强脱钩	强脱钩	弱脱钩		0.52	0.65	0.37	1.11	1.47	0.54
1998	弱脱钩	弱脱钩	弱脱钩	弱脱钩	强脱钩	弱脱钩		0.73	0.88	0.56	0.95	1.14	0.64
1999	弱脱钩	强脱钩	弱脱钩	强脱钩	强脱钩	弱脱钩		1.00	1.16	0.66	1.38	1.62	0.79
2000	弱脱钩	弱脱钩	弱脱钩	弱脱钩	强脱钩	弱脱钩		0.41	0.94	-0.5	0.95	1.16	0.52
2001	强脱钩	强脱钩	强脱钩	强脱钩	强脱钩	强脱钩		1.17	1.28	1.01	1.48	2.24	0.04
2002	强脱钩	衰退性脱钩	衰退性脱钩	强脱钩	强脱钩	衰退性脱钩		1.35	0.80	-8.3	1.03	0.64	-6.3
2003	扩张性复钩	扩张性复钩	扩张性脱钩	弱脱钩	弱脱钩	弱脱钩		-0.16	-0.19	-0.07	0.39	0.38	0.42
2004	强脱钩	强脱钩	强脱钩	强脱钩	强脱钩	强脱钩		2.69	4.27	0.69	2.32	3.15	1.17
2005	弱脱钩	弱脱钩	弱脱钩	强脱钩	强脱钩	弱脱钩		0.74	0.98	0.52	2.73	4.20	0.75
2006	弱脱钩	弱脱钩	弱脱钩	强脱钩	强脱钩	扩张性复钩		0.52	0.87	0.21	0.50	1.20	-0.16

257

续表

年份	脱钩弹性 能源消耗 最终消费	脱钩弹性 能源消耗 居民消费	脱钩弹性 能源消耗 政府消费	脱钩弹性 二氧化碳排放 最终消费	脱钩弹性 二氧化碳排放 居民消费	脱钩弹性 二氧化碳排放 政府消费	强脱钩实现程度系数 能源消耗 最终消费	强脱钩实现程度系数 能源消耗 居民消费	强脱钩实现程度系数 能源消耗 政府消费	强脱钩实现程度系数 二氧化碳排放 最终消费	强脱钩实现程度系数 二氧化碳排放 居民消费	强脱钩实现程度系数 二氧化碳排放 政府消费
2007	弱脱钩	弱脱钩	弱脱钩	弱脱钩	强脱钩	弱脱钩	0.64	0.72	0.60	0.98	1.37	0.67
2008	弱脱钩	弱脱钩	弱脱钩	弱脱钩	弱脱钩	弱脱钩	0.69	0.51	0.89	0.91	0.85	0.96
2009	扩张性复钩	扩张性复钩	弱脱钩	弱脱钩	弱脱钩	弱脱钩	0.16	-0.2	0.81	0.94	0.97	0.89
2010	扩张性复钩	扩张性复钩	扩张性复钩	扩张性复钩	扩展性复钩	扩张性复钩	-0.55	-0.78	-0.13	-0.04	-0.20	0.17
2011	扩张性复钩	扩张性复钩	扩张性复钩	弱脱钩	弱脱钩	扩张性复钩	-0.29	-0.18	-0.51	0.16	0.63	-0.54
2012	扩张性复钩	扩张性复钩	扩张性复钩	弱脱钩	扩张性复钩	扩张性复钩	-0.12	-0.05	-0.11	-1.01	-1.71	-0.24
2013	弱脱钩	弱脱钩	弱脱钩	弱脱钩	弱脱钩	弱脱钩	0.33	0.25	0.45	0.53	0.58	0.50
2014	弱脱钩	弱脱钩	弱脱钩	弱脱钩	弱脱钩	弱脱钩	0.67	0.50	0.91	0.70	0.54	0.88
2015	扩张性复钩	扩张性复钩	弱脱钩	弱脱钩	强脱钩	弱脱钩	-0.3	-1.0	0.73	0.92	1.01	0.81
2016	弱脱钩	弱脱钩	弱脱钩	弱脱钩	弱脱钩	弱脱钩	0.52	0.41	0.74	0.92	0.97	0.86
2017	弱脱钩	弱脱钩	弱脱钩	弱脱钩	弱脱钩	弱脱钩	0.52	0.71	0.33	0.11	0.01	0.29

下面分别对居民消费和政府消费与相应的能耗和二氧化碳排放的耦合状态进行分析。

二 居民消费与能源消耗脱钩分析

1992~2017年,居民消费的增长速度低于最终消费。居民消费占最终消费的比重由1992年的78.31%逐年下降到2017年的65.18%。政府消费占最终消费支出的比重由1992年的21.69%逐年上升到2017年的34.82%,以高于最终消费的增速增长。其中2002年出现1.35%的下降波动,同期现价政府消费是增加的,不变价出现下降波动可能是价格因素的缘故。由居民消费与政府消费占最终消费的比重变动可以看出,最终消费的变动主要是受居民消费影响,同时政府消费的影响逐渐显著。

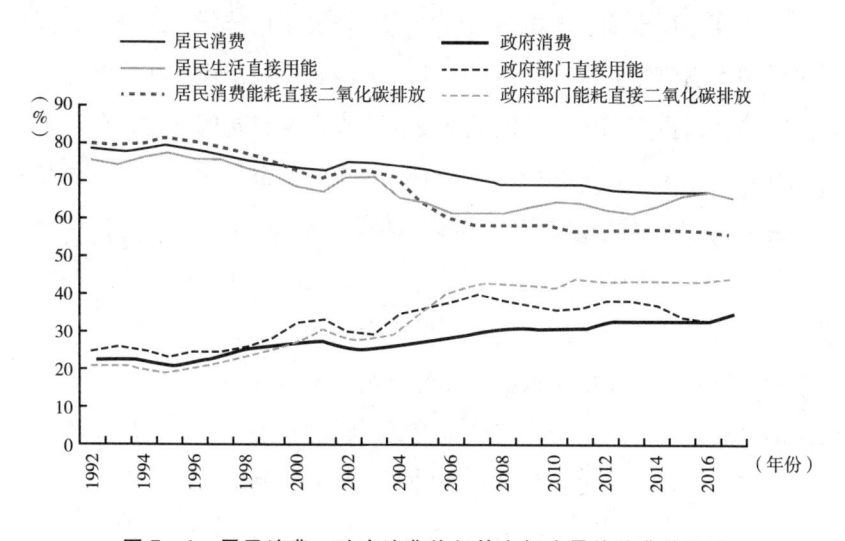

图7-1 居民消费、政府消费能耗等占相应最终消费的比重

与此同时,居民生活直接能耗和政府部门直接能耗占为满足最终消费需求直接能耗总量的比重与各自消费支出占最终消费支出总量的比重类似,居民生活直接能耗占最终消费直接能耗的比重由1992年的75.32%逐年下降到2017年的65.67%,同时政府部门直接能耗占总能耗的比重由1992年的24.68%逐年上升到2017年的34.33%,反映出政府部门直接能耗的增长速度高于居民生活能耗，同时居民生活直接能耗的增长速度低于最终消费能耗。整体上居民生活直接能耗与政府部门直接能耗呈现逐渐增长的趋势，个别年份出现涨跌波动，并且增速略小于居民消费支出与政府消费支出。大部分年份的居民消费与居民生活用能、政府消费与政府部门用能皆呈现弱脱钩的耦合状态，个别年份呈现扩张性复钩与强脱钩的关系。

（一）居民消费与居民生活能耗总量的脱钩分析

从脱钩弹性数值来看，1992～2017年居民生活直接用能总量与居民消费的耦合状态呈现三种，分别为弱脱钩、扩张性复钩与强脱钩，其中在16个年份为弱脱钩，在6个年份为扩张性复钩，仅有1999年、2001年与2004年3个年份为强脱钩。1999年与2001年居民生活直接能耗出现2%左右的下调，降低幅度不大；2004年的下降幅度为18%左右，主要是由于亚洲金融危机的影响，居民生活能耗有所降低，同期居民消费支出的增长速度降低了5个百分点。反映出虽然在脱钩弹性方面，居民生活直接用能与居民消费支出表现出强脱钩的状态，理论上是最优状态，但实际上是在居民消费需求降低的情况下实现的，所以并不是理想的耦合关系。2003年、2009～2012年与2015年，居民生活直接用能与居民消费的耦合状态为扩张性复钩，反映出居民生活直接用能的增长速度超前于居民消费支出，居民消费需求的增长伴随着居民生活能耗的大幅度增加，是居民消费需求最不利的发展状态。在其他年份，居民生活直接能耗与居民消费支出呈现弱脱钩的状态，表现为居民消费支出逐渐增长时，居民生活直接用能以低于前者的速度增加，即滞后于居民消费需求。换言之，居民消费增长时，居民生活用能也是增长的，不过增速略低于前者，这是在不断刺激居民消费需求的情况下，居民消费与居民生活用能相对良好的发展状态；但从脱钩弹性的数值变动看，弱脱钩的状态不是很稳定，有向扩张性复钩变动的趋势与可能。

从居民生活直接用能与居民消费的强脱钩实现程度系数来看，1999年、2001年数值略大于1，2004年数值高达4.27。从数值来看，强脱钩实现程度很高，但结合实际情况，可知是"虚假强脱钩"。与脱钩弹性大于1的时间段相对应,相应的强脱钩实现程度系数小于0,表现为居民生活直接能耗强度上升的变动,反映出居民生活直接能耗的增长快于居民消费的变动,两者的协调性最弱,发展状态最不利。强脱钩实现程度系数最小为2013年的0.25,最高者为2005年的0.98,数值高于0.5的年份居多,并且数值有先增大、再减少、继而增大的趋势,表明强脱钩实现程度系数呈现升跌波动,同时也显示出两者的耦合状态不稳定。

（二）居民生活对不同种类能源的消耗与居民消费的耦合关系

居民生活直接用能总量与居民消费的脱钩和复钩状态并不意味着不同种类的能源消耗与居民消费呈现相同的耦合关系,以煤炭、汽油与柴油、电力为例,分别说明居民生活不同能源消耗与居民消费的协调发展关系。

居民生活直接煤炭消耗总量呈现先增加后下降的变动,占居民生活直接能耗总量的比重整体上逐年下降,由1992年的94.52%下降到2017年的40.14%,仍然占主导地位。整体上,居民生活直接煤炭消耗总量与居民消费支出呈现弱脱钩与强脱钩的交替,同时其强脱钩实现程度系数高于居民生活直接能耗总量与居民消费支出的强脱钩实现程度系数,这主要是由居民生活直接煤炭消耗的变动引起的。

与煤炭消费的变动不同,1992~2017年,居民生活私人车辆油耗与居民生活用电呈现逐年快速增长的趋势,尤其是对汽油与柴油的消耗。1992~2017年,居民生活私人车辆油耗占居民生活直接能耗的比重呈现快速上升的趋势,由1992年的0.13%上升到2017年的9.09%。居民生活直接汽油和柴油消耗与居民消费的耦合状态在大部分年份呈现扩张性复钩,意味着居民消费增长伴随着居民生活交通油耗的快速增加,并且居民生活直接汽油与柴油消耗的增长速度高于居民消费,两者的关系尚未实现协调发展。一方面,经济发展要求刺激内需,尤其是汽车消费已经成为新的消费热点,不断刺激居民的消费需求;另一方面,居民的可持续消费模式有待发展完善,相关生产部门的节能技术水平有待提高,居民消费的节能意识有待加强,引起了居民生活对汽油和柴油目前的需求与潜在的需求。

表7-3 居民部门、政府部门不同能源直接消耗与居民消费、政府消费的耦合状态

年份	煤炭 最终消费	煤炭 居民消费	煤炭 政府消费	汽油 最终消费	汽油 居民消费	汽油 政府消费	柴油 最终消费	柴油 居民消费	柴油 政府消费	电力 最终消费	电力 居民消费	电力 政府消费
1993	弱脱钩	弱脱钩	弱脱钩	扩张性复钩	扩张性复钩	扩张性复钩	扩张性复钩	扩张性复钩	扩张性复钩	扩张性复钩	扩张性复钩	弱脱钩
1994	弱脱钩	弱脱钩	强脱钩	弱脱钩	扩张性复钩	强脱钩	弱脱钩	扩张性复钩	弱脱钩	扩张性复钩	扩张性复钩	扩张性复钩
1995	弱脱钩	弱脱钩	强脱钩	弱脱钩	强脱钩	弱脱钩	扩张性复钩	强脱钩	弱脱钩	弱脱钩	弱脱钩	弱脱钩
1996	强脱钩	强脱钩	弱脱钩	扩张性复钩	扩张性复钩	弱脱钩	弱脱钩	扩张性复钩	弱脱钩	扩张性复钩	扩张性复钩	扩张性复钩
1997	弱脱钩	弱脱钩	强脱钩	弱脱钩	扩张性复钩	弱脱钩	弱脱钩	扩张性复钩	弱脱钩	扩张性复钩	扩张性复钩	弱脱钩
1998	弱脱钩	弱脱钩	弱脱钩	弱脱钩	扩张性复钩	弱脱钩	扩张性复钩	扩张性复钩	扩张性复钩	扩张性复钩	扩张性复钩	扩张性复钩
1999	强脱钩	强脱钩	强脱钩	强脱钩	扩张性复钩	强脱钩	扩张性复钩	扩张性复钩	扩张性复钩	扩张性复钩	扩张性复钩	扩张性复钩
2000	强脱钩	强脱钩	扩张性复钩	扩张性复钩	扩张性复钩	衰退性脱钩	扩张性复钩	扩张性复钩	强复钩	扩张性复钩	扩张性复钩	衰退性脱钩
2001	强脱钩	强脱钩	衰退性脱钩	扩张性复钩	扩张性复钩	弱脱钩	扩张性复钩	扩张性复钩	弱脱钩	扩张性复钩	扩张性复钩	扩张性复钩
2002	弱脱钩	弱脱钩	强脱钩	扩张性复钩	扩张性复钩	弱脱钩	弱脱钩	扩张性复钩	弱脱钩	弱脱钩	扩张性复钩	弱脱钩
2003	弱脱钩	扩张性复钩	强脱钩	扩张性复钩	扩张性复钩	弱脱钩	扩张性复钩	扩张性复钩	弱脱钩	扩张性复钩	扩张性复钩	扩张性复钩
2004	强脱钩	强脱钩	弱脱钩	弱脱钩	扩张性复钩	弱脱钩	弱脱钩	扩张性复钩	弱脱钩	弱脱钩	弱脱钩	弱脱钩
2005	强脱钩	强脱钩	弱脱钩	弱脱钩	扩张性复钩	强脱钩	扩张性复钩	扩张性复钩	弱脱钩	扩张性复钩	扩张性复钩	扩张性复钩
2006	强脱钩	强脱钩	弱脱钩	弱脱钩	扩张性复钩	弱脱钩	扩张性复钩	扩张性复钩	弱脱钩	扩张性复钩	扩张性复钩	弱脱钩

续表

年份	煤炭 最终消费	煤炭 居民消费	煤炭 政府消费	汽油 最终消费	汽油 居民消费	汽油 政府消费	柴油 最终消费	柴油 居民消费	柴油 政府消费	电力 最终消费	电力 居民消费	电力 政府消费
2007	强脱钩	强脱钩	强脱钩	弱脱钩	弱脱钩	弱脱钩	扩张性复钩	扩张性复钩	弱脱钩	扩张性复钩	扩张性复钩	弱脱钩
2008	强脱钩	弱脱钩	强脱钩	弱脱钩	弱脱钩	强脱钩	弱脱钩	弱脱钩	弱脱钩	扩张性复钩	扩张性复钩	弱脱钩
2009	弱脱钩	弱脱钩	强脱钩	弱脱钩	扩张性复钩	强脱钩	弱脱钩	弱脱钩	弱脱钩	弱脱钩	扩张性复钩	弱脱钩
2010	扩张性复钩	扩张性复钩	强脱钩	扩张性复钩	扩张性复钩	弱脱钩	扩张性复钩	扩张性复钩	扩张性复钩	扩张性复钩	扩张性复钩	扩张性复钩
2011	弱脱钩	弱脱钩	扩张性复钩	弱脱钩	扩张性复钩	弱脱钩	弱脱钩	弱脱钩	弱脱钩	弱脱钩	扩张性复钩	弱脱钩
2012	弱脱钩	弱脱钩	弱脱钩	扩张性复钩	扩张性复钩	弱脱钩	弱脱钩	弱脱钩	弱脱钩	扩张性复钩	扩张性复钩	弱脱钩
2013	弱脱钩	弱脱钩	强脱钩	弱脱钩	弱脱钩	强脱钩	弱脱钩	弱脱钩	弱脱钩	弱脱钩	扩张性复钩	弱脱钩
2014	强脱钩	弱脱钩	强脱钩	弱脱钩	扩张性复钩	弱脱钩	弱脱钩	弱脱钩	弱脱钩	弱脱钩	扩张性复钩	弱脱钩
2015	弱脱钩	弱脱钩	弱脱钩	弱脱钩	扩张性复钩	强脱钩	弱脱钩	弱脱钩	强脱钩	弱脱钩	弱脱钩	弱脱钩
2016	弱脱钩	弱脱钩	弱脱钩	弱脱钩	扩张性复钩	弱脱钩	弱脱钩	弱脱钩	弱脱钩	扩张性复钩	弱脱钩	强脱钩
2017	强脱钩	强脱钩	弱脱钩	扩张性复钩	扩张性复钩	弱脱钩	扩张性复钩	扩张性复钩	弱脱钩	弱脱钩	弱脱钩	弱脱钩

对于电力消费，由于居民收入的提高与居民消费需求的不断升级，居民生活直接用电量近似呈现线性增长，与居民消费的耦合关系在21个年份呈现扩张性复钩。这表明居民生活用电的增长速度快于居民消费，居民消费增长伴随着对电力的强烈需求，表现为居民生活用电强度呈现上升趋势。1995年、2005年、2015年与2017年，居民生活用电与居民消费呈现弱脱钩状态，表明居民生活用电的增长率出现平缓波动的趋势，表现为居民消费直接电耗强度有所下降，反映出居民生活用电与居民消费的协调性由复钩向相对脱钩转变，两者的协调性逐渐加强。

三 政府消费与能源消耗脱钩分析

（一）政府消费与政府部门直接能耗的耦合关系

1992~2017年，政府部门能源消耗总量与政府消费的耦合状态在16个年份里为弱脱钩，表明在政府消费增长的同时，政府部门直接能耗总量也在增加，但增长速度略低于前者。政府部门能耗与政府消费在其他年份呈现三种关系：扩张性复钩、强脱钩与衰退性脱钩。其中，2000年、2003年、2010~2012年呈现扩张性复钩，单位政府消费直接能耗强度表现为上升的变动趋势；1994年、2001年与2004年两者的耦合状态发生变化，在政府消费增长的同时，政府部门直接能耗总量出现轻微的下降波动，表现为政府消费直接能耗强度下降，政府部门直接能耗与政府消费呈现强脱钩状态。理论上，这是理性的发展状态，即政府消费增长的同时，政府部门直接能耗是下降的。以2004年为例，政府部门直接能耗的下降主要是外因造成的，并且政府消费增速下降，尚未达到真正意义上的协调发展关系，属于"虚假强脱钩"。政府消费与政府部门直接能耗理想的协调关系是政府部门进一步提高节能减排意识，调整能源消耗结构以及采用绿色采购的政府消费模式，推动政府部门能耗总量的下降，这样既满足了政府消费需求，又尽可能减少能源消费对资源环境的影响。剔除价格因素后，2002年政府消费支出轻微下降，幅度为1.35%，同期政府部门能耗总量出现12%的降低波动，两者的脱钩弹性数值大于1，表现为衰退性脱钩的关系。

整体上政府部门直接能耗与政府消费呈现弱脱钩的耦合关系，但同时处于扩张性复钩的波动。弱脱钩的状态不是很稳定，强脱钩实现程度系数只有与强脱钩对应的3年是大于1的，呈现弱脱钩的年份对应的强脱钩实现程度系数小于1，其中最小的是1993年的0.15，最大者为2014年的0.91，数值处于升跌波动中，与居民消费相比，两者的协调性较弱。

（二）政府部门不同种类能源直接消耗与政府消费的耦合关系

政府部门不同种类能源的直接消耗与政府消费的耦合关系同政府部门直接能耗总量与政府消费的协调性略有不同，以煤炭、公务用车油耗与办公用电为例分别进行说明。

由于能源消费结构的调整与节能减排的要求，1992~2017年，政府部门直接煤炭消耗量整体上呈现逐渐下降的变动，个别年份出现轻微上升，并且2012年以后变动方向出现持续性改变。同期政府消费整体上逐年增加，其中1995年出现轻微的下降，由此政府部门直接消耗煤炭强度整体上呈现逐渐下降的趋势。从脱钩弹性的数值看，政府部门煤炭消耗量与政府消费的耦合状态大致呈现两种：一是在13个年份为强脱钩，二是在9个年份为弱脱钩。2001年和2012年为扩张性复钩，2002年为衰退性脱钩。从强脱钩实现程度系数变动看，两者的协调性呈现由强脱钩向弱脱钩变动的趋势，协调性有所减弱，表明政府部门需要进一步调整能源消费结构，减少煤炭消费，实现强脱钩的稳定状态。

1992~2017年，政府部门公务用车油耗增长较快，若干年份出现不到1个百分点的下降波动。从脱钩弹性的数值来看，政府部门直接汽油消耗量与政府消费的耦合关系有4种，其中13个年份为弱脱钩、7个年份为强脱钩、4个年份为扩张性复钩、2002年为衰退性脱钩。政府部门直接柴油消耗量与政府消费的协调关系有4种：15个年份为弱脱钩、8个年份为扩张性复钩、2002年为强脱钩与2016年为强复钩。整体上，政府部门公务用车油耗与政府消费的耦合状态呈现弱脱钩，即政府消费增长的同时，伴随着政府部门公务用车油耗的增加，但整体上增长速度低于前者，表现为政府消费直接油耗强度逐渐下降。不过在呈现弱脱钩的同时，有向扩张性复钩变动的趋势。强脱钩实现程度系数普遍偏小，并且处于波动中，2011年以后政府部门公务用车油耗的增长速度与政府消费增长率的关系发生逆转，政府消费的增长快于前者，这反映出政府部门生产与提供政府消费的同时，车辆燃料的需求不断加大，政府部门有必要逐渐深入实施公车改革，在满足政府消费需求的同时，减少公务用车油耗。

1992~2017年，政府部门直接耗电量呈现快速增长的趋势，与政府消费的耦合关系大致有4种：14个年份为弱脱钩，9个年份为扩张性复钩，2002年为衰退性脱钩，2016年为强脱钩。政府部门用电与政府消费在20世纪90年代以前主要为弱脱钩，20世纪90年代与21世纪初趋于扩张性复钩，表明政府部门用电的增长速度处于逐渐提高的变动中，先是低于政府消费增长率，后逐渐超过，反映出政府部门对电力的消耗不断增加，并且两者的协调性为由相对脱钩趋向复钩的波动，强脱钩实现程度系数的变动普遍小于1，而且数值较小，表明两者耦合状态的变动尚未达到节能减排的目标。

四 居民消费与能耗二氧化碳排放的脱钩分析

1992~2017年，居民生活能耗直接二氧化碳排放总量呈现先上升、再下降、继而上升的波动，随着居民生活直接用能的增加，二氧化碳排放量也随之增加。从脱钩弹性数值的变动看，居民生活二氧化碳排放与居民消费的耦合关系大致呈现三种。一是强脱钩，共有12个年份，分别是1996~2002年、2004~2007年、2015年，其中2015年的二氧化碳排放量比2014年下降0.13%；二是弱脱钩，共11个年份，分别为1993~1995年、2003年与2008~2009年、2011年、2013~2014年、

2015~2017年。2010年、2012年，居民生活能耗二氧化碳排放增长速度快于居民消费，两者呈现扩张性复钩的耦合状态。从强脱钩实现程度系数的变动看，居民生活能耗二氧化碳排放与居民消费的协调性由强脱钩向弱脱钩或扩张性复钩转变，协调程度有所减弱，耦合状态呈现不稳定的波动。

五 政府消费与能耗二氧化碳排放的脱钩分析

1992~2017年，政府部门能耗直接二氧化碳排放总量呈现逐渐上升的趋势，增长率在波动中呈现上升态势。从脱钩弹性数值来看，政府部门能耗直接二氧化碳排放与政府消费的耦合状态主要有3种：一是弱脱钩，共17个年份，即1993年、1996~2000年、2003年、2005年、2007~2010年与2013~2017年；二是强脱钩，分别在1994~1995年、2001年与2004年；三是扩张性复钩，分别在2006年、2011~2012年。2002年由于不变价政府消费出现轻微的下降，两者呈现衰退性脱钩的耦合状态。整体上，政府部门能耗直接二氧化碳排放与政府消费的协调性呈现相对脱钩的状态，但是由于政府部门能耗增加，两者的协调性由相对脱钩逐渐向复钩的状态演变，表现为政府消费直接二氧化碳排放强度虽然有所下降，但下降的速度有所放缓。

第三节 最终消费与能源消耗、二氧化碳排放的情景分析

情景分析是根据不同的影响因素未来可能的变动，根据不同的假设推断相应的结果，展示未来可能的发展情况。根据居民消费、政府消费与能源消耗、二氧化碳排放的历史趋势，随着居民收入的提高与城镇化建设，居民消费与政府消费的能源消耗以及二氧化碳排放总量呈现增长的趋势。由此根据各变量的历史趋势，运用外推法进行预测，结合经济发展政策与目标以及"十二五"规划中能源与碳排放约束等因素，分

别设置基准情景、碳排放约束情景与协调发展情景，运用情景分析法对三种情景下的发展进行模拟分析。

一 情景设定[①]

（一）基准情景

按照历史趋势进行外推，假定经济发展平均增长速度为7.8%，最终消费中居民消费超前于经济增长，政府消费占GDP的比重相对稳定，与经济同步发展。相关设定分别为农业劳动力向农业以外的行业转移，技术进步、中间投入率与全要素生产率为外生，保持过去的发展水平（2.5%左右）；最终消费与能源消耗、二氧化碳排放保持1992~2017年的发展趋势。

（二）碳排放约束情景

"十二五"规划中提出"大幅度降低能源消耗强度和二氧化碳排放强度"，考虑到最终消费对经济发展的推动作用不断增强，本文假定为满足最终消费需求能耗二氧化碳排放强度在2020年降低45%左右。在此碳排放约束情景下，产业结构调整速度、居民储蓄倾向、政府消费增长速度皆低于基准情景的水平，全要素生产率的增长率低于基准情景的平均水平，保持在2%左右。

（三）协调发展情景

最终消费与能源消耗、二氧化碳排放三者要实现协调发展。一方面保持最终消费的快速增长，高于基准情景1.5~2个百分点；另一方面能源消耗与二氧化碳排放的增长速度有所放缓，即最终消费获得快速发展，同时对资源环境的不利影响有所减少，逐步实现最终消费与能源消耗、二氧化碳排放的"绝对脱钩"。其他设定分别为在基准情景的基础上能源利用效率提高0.2%~0.5%，产业结构调整与生产部门能源消费结构的调整在2020年之前每年快1个百分点。

---

① 三种情景人口总量的增长趋势采用中国人口信息中心的预测数据。

二 模拟结果

（一）基准情景

基准情景下，中国最终消费保持较快增长，其中居民消费年均增速达9.7%，快于经济发展的增长速度，政府消费的年均增速为12.43%。从经济增长的源泉来看，2020年投资与出口仍然是中国经济发展的主要驱动力，最终消费对经济增长的拉动作用有待加强，2020年占GDP比重为48%左右；到2050年最终消费的比重超过50%，最终消费对经济发展的拉动作用超过投资与出口，成为经济发展的主导因素。

居民消费模式中交通和通信类、娱乐教育文化用品及服务类与医疗保健类等支出的比重保持快速增长，食品类支出比重的主导性下降，居民消费模式由衣、食、住逐渐向行、用转变，从工业型产品向服务型产品转变，从高能耗高碳排放向低能耗低排放的产品转变。居民消费模式的转变进一步推动产业结构调整，从第二产业向第三产业转变。居民能源消费结构中，对汽油、液化石油气、天然气、电力的消耗快于对其他能源的消耗，并且占能源消耗的比重逐渐提高，煤炭与石油消耗的比重不断下降。居民生活的能源需求量在2005~2050年快速增加，2050年居民直接能耗总量相当于2005年的54倍，电力消耗在45年间将增长570倍；2050年，居民生活二氧化碳排放量相当于2005年的15倍，间接能耗比2005年增长16倍。2050年，政府部门能源消耗和二氧化碳排放量与2005年相比分别增长25倍与12倍，人均能耗增加3倍。

（一）碳排放约束情景

依照到2020年单位GDP二氧化碳排放强度降低40%~45%的目标，最终消费的增长受到碳排放约束的限制有所放缓，与基准情景相比，居民消费与政府消费增长速度分别降低了0.8个与0.4个百分点，居民消费与政府消费能耗与二氧化碳排放量分别降低1.2%与0.6%。产业结构调整中，第一产业比重提高2个百分点，第三产业比重降低1.5%。

(三) 协调发展情景

在协调发展情境下，最终消费增长速度快于经济发展，2050年占GDP的比重超过60%，成为经济发展的主导因素。随着节能减排意识提高，政府部门节能工程逐步实施、节能新技术更为推广、公共用车改革稳步推进，居民消费模式向服务型、低能耗低排放型产品转变。2050年，居民生活能源消耗与二氧化碳排放量分别比2005年下降12%与10%；政府部门能源消耗总量与二氧化碳排放量以及人均能耗与2005年相比分别下降5%、8%与10%。

居民生活能源消耗占终端能源消费比重由2005年的15%上升到2050年的35%，政府部门能源消耗所占比重由2005年的3.4%下降到2050年的3%。产业结构调整中，与基准情景相比，第一产业比重降低1.2%，第三产业比重提高5个百分点。协调发展情景下，随着居民与政府部门节能减排意识增强，居民生活与政府部门能源消费结构中清洁能源、新能源消费比重提高，居民消费与政府消费模式中服务型和低能耗低排放型产品与服务的比重不断上升。随着居民消费与产业结构不断调整以及能源利用效率不断提高，一方面实现最终消费的快速增长，另一方面降低最终消费对资源环境的影响，实现最终消费与能源消费、二氧化碳排放的协调发展。

本章小结

本章所做的工作包括主要两个方面，一是结合弹性脱钩理论与强脱钩实现程度系数等脱钩理论，对最终消费与为满足最终消费的能耗和二氧化碳排放的耦合状态进行评价；二是运用情景分析法对最终消费与能源消耗、碳排放的协调发展进行模拟分析。

一方面，结果表明1992~2017年居民生活直接能耗与居民消费支出在大部分年份呈现弱脱钩，同时存在扩张性复钩的变动，在极少年份呈现强脱钩是因为居民消费需求增长放缓，并不是理想的最佳耦合状态。

与居民消费相比，政府部门公务用车油耗占最终消费车辆油耗的比重较大。居民私人交通油耗的增长速度高于政府部门公务用车油耗，居民生活交通油耗占总油耗的比重逐渐上升，而后超过政府部门。因此在车辆油耗上，居民私人交通油耗与居民消费的耦合关系在大部分年份为扩张性复钩；政府部门公务用车油耗与政府消费的耦合状态在大部分年份为弱脱钩，但呈现向扩张性复钩变动的趋势。相比较而言，居民消费与相应的车辆油耗协调性低于政府消费。类似的是，居民生活直接用电与居民消费的协调性低于政府部门办公用电与政府消费的耦合关系，前者在大部分年份呈现扩张性复钩，后者主要是弱脱钩与扩张性复钩并存，并且呈现由相对脱钩向复钩变动的趋势。

与此同时，居民生活能耗直接二氧化碳排放与居民消费、政府部门能耗直接二氧化碳排放与政府消费的耦合状态由相对脱钩向复钩演变，消费与能耗二氧化碳排放的协调性有所减弱。与居民消费相比，二氧化碳排放与政府消费的协调性稍高一些。居民消费与居民生活用能及二氧化碳排放、政府消费与政府部门能耗及二氧化碳排放的耦合状态表明，为满足最终消费需求，相应的直接能耗与二氧化碳排放量增长的趋势难以避免，并且增长速度会逐渐超过消费需求的增长，反映出居民部门与政府部门必须转变生活和工作方式、调整消费模式以满足刺激内需、考虑对资源环境产生的影响的双重要求。

另一方面，在消费与能源消耗和二氧化碳排放的耦合状态分析的基础上，利用情景分析法对其未来发展的可能情景进行模拟分析。三种情景下居民消费、政府消费与能源消耗以及二氧化碳排放的发展趋势表明，根据过去的发展趋势，居民消费、政府消费能源消耗以及二氧化碳排放量呈现明显的增加趋势。居民消费与政府消费在碳排放约束情境下的增长速度明显慢于基准情景与协调发展情景。在三种情景下，碳排放约束情景下最终消费的增长低于基准情景；只有在协调发展情景下，一方面实现最终消费对经济发展的主导拉动作用，另一方面降低最终消费对资源环境的影响。结合前几章因素分析的结果与模拟分析可知，要实现最终消费与能源消耗、二氧化碳排放的协调发展，一方面要求逐渐增强公众节能减排意识，改变居民消费模式与能源消费结构，逐步推进政府机构节能重点工程；另一方面要求生产部门转变生产方式，增强节能环保的意识与社会责任感，提高能源利用效率，从消费领域与生产领域双向出发，根据可持续发展的要求，采取可持续消费与可持续生产模式，尽可能降低对资源环境的影响。

结　语

本书以能源消耗与相应的二氧化碳排放为例，度量最终消费对资源环境的影响。首先，在投入产出方法的基础上对居民消费与政府消费的间接能耗和二氧化碳排放的核算模型进行推导，对原有公式进行转换与变形。其次，以指标相近与总量控制原则对政府部门的直接能耗与二氧化碳排放进行估算。再次，结合因素分解方法与计量方法分别对居民消费、政府消费的能源消耗及二氧化碳排放特征、影响因素进行分析。最后，运用脱钩理论和情景分析对最终消费与能源消耗、二氧化碳排放的协调发展进行评价与模拟分析。

根据"自下而上"的原则对以投入产出方法为基础的居民消费与政府消费间接能耗与二氧化碳排放的核算模型做进一步变形、转换，简化核算模型，推导最终的核算模型。与初始核算方法相比，在没有投入产出表支撑的情况下，可以对居民消费与政府消费的间接能耗以及载能二氧化碳排放进行估算；在行业分类相同的情况下，保证精度；从操作性方面考虑，大大降低工作难度，应用性更强。另外，变形后的核算模型的适用性可以进一步推广，主要适用于能源消耗产生的其他污染排放、水资源消耗以及相应的污水排放等与各个产业部门密切相关的间接资源消耗与污染排放。估算结果与主要研究文献相比，本书在投入产出方法基础上推导的最终消费间接能耗与二氧化碳排放的核算模型是适用的，结果是可信的。本书的研究结论主要有如下七点。

第一，1992~2017年中国居民生活用能整体上呈现持续增长的趋势，用能结构以煤炭为主，逐渐呈现石油化与电气化特征，居民直接能耗与间接能耗、居民消费项目存在显著差异，并且城乡居民的生活用能存在不均衡的现象。直接能耗占居民完全能耗的比重不到30%，占终端能源消费总量的比重由1992年的17.37%下降到2017年的10.63%；完全能耗占能源消费总量的比重由1992年的60.04%下降到2017年的40.84%，在最终需求项目中排在第1位。居民消费结构中，食品类、交通和通信类与居住类消费属于高能耗消费项目，家庭设备用品及服务类、娱乐教育文化用品及服务类与衣着类属于中高能耗。城乡居民相比，农村居民的直接能耗总量与增长速度皆滞后于城镇居民，两者直接能耗总量的差距逐渐扩大，2017年农村居民直接能耗仅相当于城镇居民的56.94%。城镇居民人均生活用能发展趋势呈现"V"形，农村居民的人均生活能耗除了2003~2005年有轻微的下降波动外，则是逐渐上升；城乡居民人均生活用能的差距逐渐缩小，1992年1名城镇居民的年均生活用能相当于4.26名农村居民年均生活用能，2017年两者的差距为1.81倍。

第二，政府消费能耗与二氧化碳排放的增速快于居民消费能耗与二氧化碳排放，其中公务用车油耗大于其他日常办公能耗。政府消费的直接能耗与二氧化碳排放均小于居民消费，但政府消费间接能耗及其二氧化碳排放自2011年开始大于居民消费间接能耗与二氧化碳排放量。与居民消费相比，政府部门消费的人均能耗水平和单位建筑面积能耗与二氧化碳排放水平较高，能源利用效率有待提高。

第三，城镇居民与农村居民生活直接用能的影响因素和贡献程度、居住直接能耗和交通直接能耗存在差异。人均可支配收入、户数与能耗结构引起居民生活能耗增加。对于居住直接能耗与交通直接能耗，能耗强度与平均消费倾向的作用方向刚好相反。收入的影响效应最大，呈现高收入高能耗的特点，能源消费压力人口模型使其人口分布的格局发生很大的改变。能源消费结构变动的作用不明显，影响效应呈现机制转移的非线性特点，能耗强度是促使能耗降低的有利因素。平均家庭规模的影响效应排在最后，并且其未来的影响效应有限。对于农村居民而言，各因素的影响程度低于城镇居民，并且户数与能耗强度在有些年份的影响方向与城镇居民相反。

第四，居民生活间接能耗的影响因素中，人均收入呈现显著的增加效应；居民消费能耗强度与平均消费倾向整体上呈现明显的降低效应，但不同消费项目的能耗强度与平均消费倾向的影响方向存在差异；平均家庭规模呈现降低效应；户数对城镇居民间接能耗产生明显的增加效应，但对农村居民间接能耗在2005年前后影响方向相反，户数对农村居民的影响程度低于城镇居民。

第五，政府部门能源消费与二氧化碳排放的影响因素中，政府规模呈现显著的增加效应；生产部门直接能耗强度的降低效应最大；政府消费结构变动使其总量增加；政府消费总量与间接能耗强度的影响程度不分伯仲，但影响方向相反；对政府消费进行三次分解的4个因素中存在两种不同的影响方向。

第六，中国居民生活能源消耗直接二氧化碳排放近似于"U"形分布，占终端能源消费总排放的比重由1992年的14.34%下降到2017年的3.57%，2004年之后比重开始低于交通运输、仓储与邮政业，居于第3位；与直接排放不同，居民消费载能间接二氧化碳排放量持续增加，占完全二氧化碳排放的比重超过60%；居民生活能耗完全二氧化碳排放占二氧化碳排放总量的比重由38.4%下降到25.52%，2011年之后开始低于政府消费，在最终需求项目中居于第3位，仅次于净出口间接排放。

分别基于修正与扩展的STIRPAT模型对居民生活直接与间接二氧化碳排放进行计量分析，结果表明整体上无论是直接排放，还是间接排放，居民消费直接或间接二氧化碳排放强度是使总量减少的有效因素。人口规模、人均收入或人均消费水平以及城乡居民二氧化碳排放差距扩大对居民消费二氧化碳排放总量呈现明显的增加效应。但不同消费项目的人均消费水平、排放强度的影响方向因其变动方向不同而有所差别。

降低效应与增加效应相互博弈，因此居民生活直接与间接二氧化碳排放呈现如上文分析的变动趋势。

第七，最终消费与能源消耗及碳排放的耦合状态在大部分年份为弱脱钩，向复钩方向变动，三者的协调性呈现不稳定的态势；居民消费与居民私人交通油耗、电力消耗，政府消费与政府部门公务用车油耗、电力消耗呈现扩张性复钩关系。在设置的三种情景下，碳排放约束情景下最终消费的增长低于基准情景，只有在协调发展情景下，才能既实现最终消费对经济发展的主导拉动作用，又能降低最终消费对资源环境的影响。

基于以上研究结论，本书提出以下几点建议。其一，提高居民节能减排意识、优化居民生活能源消费结构与鼓励居民采取节能减排的消费模式。居民生活能耗与碳排放的影响因素分解中，能耗强度与碳排放强度的降低有利于居民部门节能减排，采取相应措施降低其能耗强度与碳排放强度是有效的手段，其中有三点很重要。一是对于居民消费而言，除了基本生活需求外，在居民生活中尽量减少不必要浪费造成的能源消耗。提高节能环保意识、节约能源，调整生活方式与消费习惯，杜绝过度铺张浪费的现象，养成节能减排的生活习惯。二是提高清洁型、节能型能源所占比重，降低煤炭等非可再生能源占比。农村居民生活能源消费中煤炭占比更大，需要提高商品能源的消费比例，优化居民能源消费结构。三是调整消费结构，更多地采取资源节约型、环境友好型的消费方式。在满足生活需求与生活质量的前提下，居民消费结构要向低能耗、低排放的方向演变，选择低能、低碳的消费产品，逐渐构建节能减排的消费模式。同时兼顾公平，尽可能缩小城乡居民消费差异，提高居民整体的生活能源利用效率。

其二，提高政府部门工作人员节能减排意识、适当控制政府规模与逐步完善政府机构能源消费统计制度。减少政府部门直接能耗总量，可以尝试从政府消费直接能耗强度、政府规模与政府部门能源消费结构方面入手。通过控制政府规模来降低人均消费水平，同时进一步改进与优化能源结构和消费结构，进而降低政府能耗。可以从两方面入手降低能耗强度。一是提高政府公务人员节能减排意识，落实相关节能政策。二是逐步完善政府机构能源消费统计制度，将数据对外公布，接受公众的监督。同时，政府机构要以身作则，大力倡导节能型社区、节能型居民消费模式，大力促进节能型政府、节能型机关的建设，起到带头模范作用。

其三，健全低能耗、低排放的公共服务体系。政府部门应进一步完善绿色政府采购制度与低能耗、低排放的公共服务体系。

其四，优化产业结构与能源消费结构，提高产业部门能源利用效率。生产部门的能耗强度与排放强度有利于消费能耗及碳排放的降低，生产部门的生产技术与能源效率是促使消费间接能耗降低的有效途径。一方面，生产部门应提高能源利用效率；另一方面，居民与政府消费时尽量选择低能耗、低污染排放的商品，推动类似商品的需求，进一步促使生产部门通过提高生产技术与能源利用效率来满足居民与政府的消费需求。同时政府应该多鼓励企业生产低能耗、低碳型的产品，在政策上进行引导与倾斜，在价格方面适当提供补贴以弥补企业的相关损失，这样也有利于吸引消费者购买此类产品与服务。

总之，在中国居民消费与政府消费不断增加的同时，随着居民收入的增加与城镇化建设，最终消费引起的能源消耗及二氧化碳排放随之增长。一方面，可以通过提高居民与政府部门节能减排意识、转变消费结构、优化能源消费结构、采取可持续消费与"绿色"政府采购模式，降低消费对资源环境的直接影响；另一方面，可以通过调整产业结构与能源消费结构，采取可持续的生产方式，降低最终消费对资源环境的间接影响。双管齐下，减少最终消费对资源环境的影响。

参考文献

中文文献

阿兰·尼斯、詹姆斯·斯威尼：《自然资源与能源经济学手册》，经济科学出版社，2010。

柴士改：《公共部门能源消耗的核算方法研究》，《中国科技论坛》2015年第10期。

柴士改：《居民生活私人交通碳排放驱动因素的"三级分解"模型》，《数学的实践与认识》2017年第11期。

柴士改：《中国居民消费结构对居民消费碳排放系数的阈值协整效应》，《软科学》2016年第1期。

柴士改：《终端居民消费不同项目间接碳排放的高效核算模型研究》，《统计研究》2015年第11期。

陈东景、徐中民、陈仁升：《水资源账户的建立——环境经济综合核算的一个实例》，《水科学进展》2003年第5期。

陈家瑛、彭希哲、朱勤：《家庭模式对碳排放影响的宏观实证分析》，《中国人口科学》2009年第10期。

陈琨、姚中杰、姚光：《我国实施水资源循环经济模式的途径》，《中国人口·资源与环境》2003年第5期。

樊纲、苏铭、曹静：《最终消费与碳减排责任的经济学分析》，《经济研究》2010年第1期。

凤振华、邹乐乐、魏一鸣：《中国居民生活与CO2排放关系研究》，《中国能源》2010年第3期。

高敏雪、许建、周景博编著《资源环境统计》，中国统计出版社，2004。

高敏雪、许健、周景博：《综合环境经济核算》，经济科学出版社，2007。

高铁梅：《计量经济分析方法与建模》，清华大学出版社，2009。

高振宇、王益：《我国生产用能源消费变动的分解分析》，《统计研究》2007年第3期。

耿海青、谷树忠、国冬梅：《基于信息熵的城市居民家庭能源消费结构演变分析——以无锡市为例》，《自然资源学报》2004年第2期。

耿莉萍：《我国居民消费水平提高对资源、环境影响趋势分析》，《中国人口·资源与环境》2004年第1期。

耿丽敏、付加锋、宋玉祥：《消费型碳排放及其核算体系研究》，《东北师大学报》（自然科学版）2012年第2期。

郭娟：《对市县级全社会能源消费量核算方法的思索》，《统计研究》2009年第1期。

韩颖、马萍：《一种能源消耗强度影响因素分解的新方法》，《数量经济技术经济研究》2010年第4期。

胡书东：《中国财政支出和民间消费需求之间的关系》，《中国社会科学》2002年第6期。

黄林楠、张伟新、姜翠玲：《水资源生态足迹计算方法》，《生态学报》2008年第3期。

黄耀：《中国的温室气体排放、减排措施与对策》，《第四纪研究》2006年第5期。

籍艳丽、邹元兴：《二氧化碳排放强度的实证研究》，《统计研究》2011年第7期。

李广众：《政府支出与居民消费：替代还是互补》，《世界经济》2005年第5期。

李艳梅、杨涛：《城乡家庭直接能源消费和CO2排放变化的分析与比较》，《资源科学》2013年第1期。

李艳梅、张雷：《中国居民间接生活能源消费的结构分解分析》，《资源科学》2008年第6期。

李忠民、尹英琦：《我国城乡家庭居民食物消费低碳化比较研究》，《经济问题探索》2010年第9期。

廖明球：《绿色消费的核算与分析——以北京市为例》，《首都经济贸易大学学报》2011年第1期。

刘霖：《一个衡量政府规模的新指标》，《当代财经》2005年第5期。

刘占伟：《我国绿色消费存在的问题及营销对策》，《改革与战略》2009年第5期。

刘竹、耿涌、薛冰、郄凤明、焦江波：《城市能源消费碳排放核算方法》，《资源科学》2011年第7期。

陆慧、卢黎：《农民收入水平对农村家庭能源消费结构影响的实证分析》，《财贸研究》2006年第3期。

陆旸：《从开放宏观的视角看环境污染问题：一个综述》，《经济研究》2012年第2期。

罗乐勤：《政府支出与狭义政府消费核算的问题研究》，《统计研究》2005年第12期。

罗婷文、欧阳志云：《北京城市化进程中家庭食物碳消费动态》，《生态学报》2005年第12期。

孟维华：《资源消费弹性系数与降低经济增长中的资源消耗》，《中国人口·资源与环境》2008年第3期。

欧阳志刚：《阈值协整及其在我国的应用研究》，华中科技大学，博士学位论文，2008。

潘彬、罗新星、徐选华：《政府购买与居民消费的实证研究》，《中国社会科学》2006年第5期。

彭希哲、钱炎：《试论消费压力人口与可持续发展人口学研究新概念与方法的尝试》，《中国人口科学》2001年第5期。

彭希哲、朱勤：《我国人口态势与消费模式对碳排放的影响分析》，《人口研究》2010年第1期。

秦耀辰、牛树海：《生态占用法在区域可持续发展评价中的运用与改进》，《资源科学》2003年第1期。

申琳、马丹：《政府支出与居民消费：消费倾斜渠道与资源撤出渠道》，《世界经济》2007年第1期。

涂正革：《中国的碳减排路径与战略选择》，《中国社会科学》2012年第3期。

汪奎、邵东国、顾文权等：《中国用水量与经济增长的脱钩分析》，《灌溉排水学报》2011年第3期。

汪同三、吴承业：《21世纪数量经济学第11卷》，社会科学文献出版社，2011。

汪臻、赵定涛、余文涛：《中国居民消费嵌入式碳排放增长的驱动因素研究》，《中国科技论坛》2012年第7期。

王德发：《绿色GDP：环境与经济综合核算体系及其应用》，上海财经大学出版社，2008。

王宏利：《中国政府支出调控对居民消费的影响》，《世界经济》2006年第10期。

王建明：《消费者资源节约与环境保护行为及其影响机理——理论模型、实证检验和管制政策》，中国社会科学出版社，2010。

王金南、於方：《绿色国民经济核算研究文集》，中国环境科学出版社，2009。

王明霞：《脱钩理论在浙江循环经济发展模式中的运用》，《林业经济》2006年第12期。

王少平、欧阳志刚：《中国城乡收入差距对实际经济增长的阈值效应》,《中国社会科学》2008 年第 2 期。

王妍、石敏俊:《中国城镇居民生活消费诱发的完全能源消耗》,《资源科学》2009 年第 12 期。

魏一鸣:《关于我国碳排放问题的若干对策与建议》,《气候变化研究进展》2006 年第 1 期。

吴文恒:《基于消费水平的中国人口对资源环境影响研究》,兰州大学,博士学位论文,2007。

吴文恒、牛叔文:《中国省区消费水平差异对资源环境影响的比较》,《中国人口·资源与环境》2008 年第 4 期。

向书坚、柴士改:《最终需求间接能耗核算模型的改进研究——基于投入产出法的变形与转换》,《中国人口·资源与环境》2014 年第 2 期。

向书坚、卢小兰:《湖北生态足迹和经济增长的协整关系分析》,《中南财经政法大学学报》2009 年第 6 期。

向书坚:《2003 年 SEEA 需要进一步研究的主要问题》,《统计研究》2006 年第 6 期。

向书坚、平卫英:《循环经济统计核算问题研究述评——兼论我国循环经济统计核算的可行模式》,《统计研究》2008 年第 11 期。

向书坚、郑瑞坤:《中国绿色经济发展指数研究》,《统计研究》2013 年第 3 期。

谢高地:《中国生态空间占用研究》,《资源科学》2001 年第 6 期。

谢建国、陈漓高:《政府支出与居民消费:一个基于跨期替代模型的中国经验分析》,《经济科学》2002 年第 6 期。

熊德国:《生态足迹理论在区域可持续发展评价中的应用及改进》,《地理科学进展》2003 年第 1 期。

徐中民、陈东景、张志强:《中国 1999 年的生态足迹分析》,《地理学报》2000 年第 5 期。

徐中民、程国栋、张志强:《生态足迹方法:可持续定量研究的新方法——以张掖地区 1995 年的生态足迹计算为例》，《生态学报》2001 年第 9 期。

薛黎明：《中国能源需求因素分析》，中国矿业大学，博士学位论文，2010。

杨灿：《国民经济核算教程》，中国统计出版社，2008。

杨选梅、葛幼松：《基于个体消费行为的家庭碳排放研究》，《中国人口·资源与环境》2010 年第 5 期。

杨子晖：《政府消费与居民消费期内替代与跨期替代》，《世界经济》2006 年第 8 期。

姚亮、刘晶茹、王如松：《中国城乡居民消费隐含的碳排放对比分析》，《中国人口·资源与环境》2011 年第 4 期。

叶红、潘玲阳、陈峰、汪凯、黄少鹏：《城市家庭能耗直接碳排放影响因素——以厦门岛区为例》，《生态学报》2010 年第 14 期。

于谨凯、李东：《基于 IPAT 模型的生态足迹测算及压力机制分析——以山东省为例》，《山东经济》2011 年第 3 期。

张莉、徐元春：《绿色消费的模型建立及相关探讨》，《社会主义研究》2011 年第 5 期。

张彦宇：《生态承载力模型的改进及其应用》，《兰州大学学报》（自然科学版）2007 年第 2 期。

张玉龙、葛继稳、张志祥：《改进生态足迹模型在湖北省可持续发展中的应用》，《中国地质大学学报》（社会科学版）2009 年第 9 期。

张治觉：《我国政府支出对居民消费的动态效应分析》，《消费经济》2006 年第 12 期。

赵先贵：《基于生态足迹的可持续评价指标体系的构建》，《中国农业科学》2006 年第 6 期。

赵一平、孙祁红：《中国经济发展与能源消费响应关系研究——基于相对"脱钩"与"复钩"理论的实证研究》，《科研管理》2006 年第 3 期。

智静、高吉喜：《中国城乡居民食品消费碳排放对比分析》，《地理科学进展》2009年第3期。

中国能源和碳排放研究课题组：《2050中国能源和碳排放报告》，科学出版社，2009。

钟太洋：《经济增长与建设用地扩张的脱钩分析》，《自然资源学报》2010年第1期。

周平、王黎明：《中国居民最终需求的碳排放测算》，《统计研究》2011年第7期。

朱启贵：《绿色国民经济核算理论》，上海交通大学出版社，2005。

朱勤、彭希哲、吴开亚：《基于结构分解的居民消费品载能碳排放变动分析》，《数量经济技术经济研究》2012年第1期。

外文文献

Akimoto, K., Sano, F., Homma, T., Oda, J., Nagashima, M., Kii, M., "Estimates of GHG Emission Reduction Potential by Country, Sector and Cost", *Energy Policy*, 2010, 38 (7): 3384-3393.

Alfredsson, E. C., "'Green' Consumption: No Solution for Climate", *Energy*, 2004, 29 (4): 513-524.

Allan, J. A., "Fortunately There Are Substitutes for Water Otherwise Our Hydro-political Futures would be Impossible", in *Priorities for Water Resources Allocation and Management*, London, ODA, 1993.

Allan, J. A., "Overall Perspectives on Countries and Regions", in Peter Rogers, Peter Lydon, eds., *Water in the Arab World: Perspectives and Prognose*, Massachusetts: Harvard University Press, 1994.

Allan, J. A., "Virtual Water: A Long-term Solution for Water Short Middle Eastern Economics?", Paper Presented at the 1997 British Association Festival of Science Livestock Products, Virtual Water Trade:

Proceedings of the International Expert Meeting on Virtual Water Trade, 2003.

Amano, R. A., Wirjanto, T. S., "Intertemporal Substitution and Government Spending", *Review of Economics and Statistics*, 1997, 79 (4): 605 – 609.

Ang, B. W., "Decomposition Analysis for Policymaking in Energy: Which is the Preferred Method?", *Energy Policy*, 2004, 32 (9): 1131 – 1139.

Ang, B. W., Liu, F. L., "A New Energy Decomposition Method: Perfect in Decomposition and Consistent in Aggregation", *Energy*, 2001, 26 (6): 537 – 548.

Ang, B. W., Liu, Na, "Handling Zero Values in the Logarithmic Mean Divisia Index Decomposition Approach", *Energy Policy*, 2007, 35 (1): 238 – 246.

Ang, B W., Liu, Na, "Negative-value Problems of the Logarithmic Mean Divisia Index Decomposition Approach", *Energy Policy*, 2007, 35 (1): 739 – 742.

Ang, B. W., Zhang, F. Q., Choi, K. H., "Factorizing Changes in Energy and Environmental Indicators through Decomposition", *Energy*, 1998, 23 (6): 489 – 495.

Barrett, John, Scott, Anthony, "The Ecological Footprint: A Metric for Corporate Sustainability", *Corporate Environment Strategy*, 2001, 8 (4): 316 – 325.

Bastianoni, S., Pulselli, F. M., Tiezzi, E., "The Problem of Assigning Responsibility for Greenhouse Gas Emissions", *Ecological Economics*, 2004, 49 (3): 253 – 257.

Benders, R. M. J., Kok, R., Moll, H. C., Wiersma, G., Noorman, K., "New Approaches for Household Energy Conservation: In

Search of Personal Household Energy Budgets and Energy Reduction Options", *Energy Policy*, 2006, 34 (18): 3612 –3622.

Benders, R. M. J., Wilting, H. C., Moll, H. C., Kramer, K. J., "Description and Application of the EAP Computer Program for Calculating Life-cycle Energy Use and Greenhouse Gas Emissions of Household Consumption Items", *Environment and Pollution*, 2001, 15 (2): 171 – 182.

Bennett, C. J., Whiting, M., *Managing for a Carbon-Concerned Future: A Decision-making Framework*, New York: Conference Board, 2007.

Bin, S., Dowlatabadi, H., "Consumer Lifestyle Approach to US Energy Use and the Related CO2 Emissions", *Energy Policy*, 2005, 33 (2): 197 –208.

Blok, K., "The Direct and Indirect Energy Requirement of Households in the European Union", *Energy Policy*, 2003, 65 (5): 34 –40.

Brainard, L., Jones, A., Purvis, N., *Climate Change and Global Poverty: A Billion Lives in the Balance*, Washington, D. C.: Brookings Institution Press, 2009.

Brouhle, K., Harrington, D. R., "GHG Registries: Participation and Performance under the Canadian Voluntary Climate Challenge Program", *Environmental and Resource Economics*, 2010, 47 (4): 521 –548.

Brown, S., "Economic Impacts of the Kyoto Protocol: Accounting for the Three Major Greenhouse Gases", Canberra: Australian Bureau of Agricultural and Resource Economics, 1999.

Bulkeley, H., "Down to Earth: Local Government and Greenhouse Policy in Australia", *Australian Geographer*, 2000, 31 (3): 289 –308.

Bullard, C. W., Herendeen, R. A., "The Energy Costs of Goods and Services: An Input Output Analysis of the USA, 1963 and 1967", *Energy*

Policy, 1975, 3 (4): 268 -278.

Bun, R., Hamal, K., Gusti, M., Bun, A., "Spatial GHG Inventory at the Regional Level: Accounting for Uncertainty", *Climatic Change*, 2010, 103 (12): 227 -244.

Choi, In, Saikkonen, P., "Testing Linearity in Cointegrating Smooth Transition Regressions.", *Journal of Econometrics*, 2004, 7 (2): 341 - 365.

Cohen, C., Lenzen, M., Schaeffer, R., "Energy Requirements of Households in Brazil", *Energy Policy*, 2005, 33 (4): 555 -562.

Coley, D. A., Goodliffe, E., Macdiarmid, J., "The Embodied Energy of Food: The Role of Diet", *Energy Policy*, 1998, 26 (6): 455 - 459.

Consoli, Frank, SETAC, *Guidelines for Life-Cycle Assessment: A Code of Practice*, Society of Environmental Toxicology and Chemistry, 1993.

DeBruyn, S. M., Opshoor, J. B., "Developments in the Throughput-Income Relationship: Theoretical and Empirical Observations", *Ecological Economics*, 1997, 20 (3): 255 -268.

Dijk, V. D., Teräsvirta, T., Franses, P. H., "Smooth Transition Autoregressive Models: A Survey of Recent Developments", *Econometric Reviews*, 2002, 21 (1): 1 -47.

Engelenburg, B. C. W., Rossum, T. F. M., Blok, K., Vringer, K. "Calculating the Energy Requirements of Household Purchases: A Practical Step by Step Methods", *Energy Policy*, 1994, 22 (8): 648 -656.

Fazily, Rizan, "Greenhouse Gas Emissions Inventory for the University of Wyoming: Fiscal Year 2012", The Camps Sustainability Committee of Unitersity of Wyoming and The American College and University President Climate Commitment, 2013.

Feng, Z. H., et al., "The Impact of Household Consumption on Energy

Use and CO2 Emissions in China", *Energy*, 2011, 36 (1): 656 – 670.

Gerbens-Leenes, P. W., Nonhebel, S., "A Method to Determine Land Requirements Relating to Food Consumpation Patterns", *Agriculture, Ecosystems & Enviroment*, 2002, 90 (1): 47 – 58.

Gerbens-Leenes, P. W., Nonhebel, S., "Critical Water Requirements for Food, Methodology and Policy Consequences for Food Security", *Food Policy*, 2004, 29 (5): 547 – 564.

Gray, David, Anable, Jillian, Illingworth, Laura, "Decoupling the Link between Economic Groth, Transport Growth and Carbon Emissions in Scotland", Research Report, 2006.

Hancheng Dai, Toshihiko Masui, and Yuzuru Matsuoka, "The Impacts of China's Household Consumption Expenditure Patterns on Energy Demand and Carbon Emission towards 2050", *Energy Policy*, 2012, 50: 736 – 750.

Ho, Tsung-wu, "The Government Spending and Private on Consumption: A Panel Integration Analysis", *International Review of Economics and Finance*, 2001, 10 (1): 95 – 108.

Hubacek, Klaus, Gilijum, Stefan, "Applying Physical Input-output Analysis to Estimate Land Appropriation (Ecological Footprint) of International Trade Activities", *Ecological Economics*, 2003, 44 (1): 137 – 151.

Kathryn B. Bicknell, et al., "A New Methodology for the Ecological Footprint Application to the New Zealand Economy", *Ecological Economics*, 1998, 27 (2): 149 – 160.

Kim, J. H., "Changes in Consumption Patterns and Environmental Degradation in Korea", *Structural Change and Economic Dynamics*, 2002, 13 (1): 1 – 48.

Koenker, Roger, and Gilbert Bassett, Jr., "Regression Quantiles",

Ecometrica, 1978, 46 (1): 33 – 50.

Lenzen, M., Dey, C. J., "Energy and Greenhouse Emissions Impacts of Some Consumer Choice, Technology and Government Outlay Options", *Energy Economics*, 2002, 24 (4): 377 – 403.

Lenzen, M., "Energy and Greenhouse Gas Cost of Living for Australia during 1993/94", *Energy Economics*, 1998a, 23 (6): 497 – 516.

Lenzen, M., "Primary Energy and Greenhouse Gases Embodied in Australian Final Consumption: An Input-output Analysis", *Energy Policy*, 1998b, 26 (6): 495 – 506.

Mathis Wackernagel, Onisto, L., Bellhop, "Ecological Footprints of Nations: How Nature to They Use? How Much Nature Do They Have?", Costa Rica, The Earth Council, 1997.

Moll, H. C, et al., "Pursuing More Sustainable Consumption by Analyzing Household Metabolism in European Countries and Cities", *Journal of Industrial Ecology*, 2005, 9 (1 – 2): 259 – 275.

Munksgaard, J., Pedersen, K. A., Wien, M., "Impact of Household Consumption on CO2 Emission", *Energy Economics*, 2000, 22 (4): 423 – 440.

Munksgaard, J., Pedersen, K. A., Wier, M., "Changing Consumption Patterns and CO2 Reduction", *International Journal of Environment and Pollution*, 2001, 15 (2): 146 – 158.

Nieth, Chien – chung, Ho, Tsung – wu, "Does the Expansionary Government Spending Crowd out the Private Consumption?: Cointegration Analys is in Panel Data", *The Quarterly Review of Economics and Finance*, 2006, 46 (1): 34 – 41.

OECD, "Indicators to Measure Decoupling of Environmental Pressure from Economic Growth", SG/SD (2002) /FINAL, 2002.

Pachauri, S., "An Analysis of Cross-sectional Variations in Total

Household Energy Requirements in India Using Micro Survey Data", *Energy Policy*, 2004, 32 (15): 1723 – 1735.

Pachauri, S., "An Energy Analysis of Household Consumption in India", Ph. D. Dissertation, 2002.

Papathanasopoulou, E., "Household Consumption, Associated Fossil Fuel Demand and Carbon Dioxide Emissions: The Case of Greece between 1990 and 2006", *Energy Policy*, 2010, 38 (8): 4152 – 4162.

Parikh, J. K., Panda, M. K., and Murthy, N. S., "Consumption Patterns by Income Groups and Carbon-dioxide Implications for India: 1990 – 2010", *International Journal of Global Energy Issues*, 1997, 9 (4 – 6): 237 – 255.

Park Hi-Chun, Eunnyeong Heo, "The Direct and Indirect Household Energy Requirements in the Republic of Korea from 1980 to 2000: An Input-Output Analysis", *Energy Policy*, 2007, 35 (5): 2839 – 2851.

Peet, N. J., Carter, A. J., Baines, J. T., "Energy in the New Zealand Household, 1974 – 1980", *Energy*, 1985, 10 (11): 1197 – 1208.

Peet, N. J., "Input-output Methods of Energy Analysis", *Global Energy Issues*, 1993, 5 (1): 10 – 18.

Penning de Vries, F. W. T, "Natural Resources and Limits of Food Production in 2040", in J. Bouma, et al., eds., *Eco-regional Approaches for Sustainable Land Use and Food Production*, Kluwer Academic Publishers, 1994.

Poortinga, W., Steg, L., Vlek, C., "Value, Environmental Concern and Environmental Behavior: A Study into Household Energy Use", *Environmental Behavior*, 2004, 36 (1): 70 – 93.

Reinders, A. H. M. E., Vringer, K., "The Direct and Indirect Energy Requirement of Households in the European Union", *Energy Policy*,

2003, 31 (2): 45 -50.

Sarantis, Nonlinearities, "Cyclical Behavior and Predictability in Stock Markets: International Evidence", *International Journal of Forecasting*, 2001, 34 (6): 42 -45.

Shorrocks, A. F., "The Class of Additively Decomposable Inequality Measures", *Econometrica*, 1980, 48 (3): 613 -625.

Sun, J. W., "Change in Energy Consumption and Energy Intensity: A Complete Decomposition Model", *Energy Economics*, 1998, 20 (1): 85 -100.

Tapio, P., "Towards a Theory of Decoupling: Degrees of Decoupling in the EU and the Case of Road Traffic in Finland between 1970 and 2001", *Transport Policy*, 2005, 12 (2): 137 -151.

Terasvirt, T., "Specification, Estimation and Evaluation of Smooth Transition Autoregressive Models", *Journal of the American Statistical Association*, 1994, 89 (425): 208 -218.

Tukker, A., Sto, E., Vezzoli, C., "The Governance and Practice of Change of Sustainable Consumption and Production", Introduction to the Ideas and Recommendations Presented in the Articles in This Special Issue of the Journal of Cleaner Production, *Journal of Cleaner Production*, 2008, 16 (11): 1143 -1145.

Turner, Karen, et al., "Examining the Global Environmental Impact of Regional Consumption Activities-parts 1: A Technical Note on Combining Input-output and Ecological Footprint Analysis", *Ecological Economics*, 2007, 62 (1): 37 -44.

Vringer, K., Blok, K., Engelenburg, B., "Determining the Primary Energy Requirement of Consumption Patterns", *Economics for Industrial Ecology*, 2006, 45 (9): 45 -53.

Vringer, K., Blok, K., "The Direct and Indirect Energy Requirements of

Households in the Netherlands", *Energy Policy*, 1995, 23 (10): 893 – 910.

Wackernagel, M., "Methodological Advancements in Footprint Analysis", *Ecological Economics*, 2009, 68 (7): 1925 – 2007.

Weber, C., Perrels, A., "Modeling Lifestyles Effects on Energy Demand and Related Emissions", *Energy Policy*, 2000, 28 (8): 549 – 566.

Weigel, B. A., Development of a Calculator for Estimation and Management of GHG Emissions from Public Transit Agency Operations, School of CIvil and Environmental Engineering, The Master Degree Thesis, 2010.

Weidman, Thomas, et al., "Examining the Global Environmental Impact of Regional Consumption Activities-parts 2: Review of Input-output Models for the Assessment of Environmental Impacts Embodied in Trade", *Ecological Economics*, 2007, 61 (1): 15 – 26.

Weisz, H., Tukker, A., "Handbook of Input-Output Economics in Industrial", *Ecology*, 2009, 13 (5): 830 – 832.

Wier, M., Lenzen, M., Munksgaard, J., Smed, S., "Effects of Household Consumption Patterns on Requirements", *Economic Systems Research*, 2001, 13 (3): 259 – 274.

Wilting, H. C., "An Energy Perspective on Economic Activities", University of Groningen, The Netherlands, Ph. D. Thesis, 1996.

图书在版编目(CIP)数据

最终消费能源消耗核算研究:基于经济高质量发展视角/柴士改著.--北京:社会科学文献出版社,2020.11
ISBN 978-7-5201-7301-8

Ⅰ.①最… Ⅱ.①柴… Ⅲ.①能源消费-经济核算-研究-中国 Ⅳ.①F426.2

中国版本图书馆CIP数据核字(2020)第174415号

最终消费能源消耗核算研究
——基于经济高质量发展视角

著　　者 / 柴士改
出 版 人 / 王利民
责任编辑 / 郭红婷
出　　版 / 社会科学文献出版社·当代世界出版分社 (010) 59367004
　　　　　 地址:北京市北三环中路甲29号院华龙大厦　邮编:100029
　　　　　 网址:www.ssap.com.cn
发　　行 / 市场营销中心 (010) 59367081　59367083
印　　装 / 三河市尚艺印装有限公司
规　　格 / 开本:787mm×1092mm　1/16
　　　　　 印张:19　字数:271千字
版　　次 / 2020年11月第1版　2020年11月第1次印刷
书　　号 / ISBN 978-7-5201-7301-8
定　　价 / 98.00元

本书如有印装质量问题,请与读者服务中心(010-59367028)联系

▲ 版权所有 翻印必究